对外经济贸易大学国际贸易教材编写组
经济管理类课程教材·国际贸易系列

国际贸易结算

（第三版）

庞　红　编著

中国人民大学出版社
·北京·

图书在版编目（CIP）数据

国际贸易结算/庞红编著. —3 版 . —北京：中国人民大学出版社，2016. 3
经济管理类课程教材 . 国际贸易系列
ISBN 978-7-300-22479-4

Ⅰ. ①国… Ⅱ. ①庞… Ⅲ. ①国际贸易-国际结算-高等学校-教材 Ⅳ. ①F830. 73

中国版本图书馆 CIP 数据核字（2016）第 028528 号

对外经济贸易大学国际贸易教材编写组
经济管理类课程教材 · 国际贸易系列
国际贸易结算（第三版）
庞 红 编著
Guoji Maoyi Jiesuan

出版发行	中国人民大学出版社		
社 址	北京中关村大街 31 号	邮政编码	100080
电 话	010－62511242（总编室）		010－62511770（质管部）
	010－82501766（邮购部）		010－62514148（门市部）
	010－62515195（发行公司）		010－62515275（盗版举报）
网 址	http://www. crup. com. cn		
经 销	新华书店		
印 刷	北京东君印刷有限公司	版 次	2007 年 6 月第 1 版
规 格	185 mm×260 mm 16 开本		2016 年 3 月第 3 版
印 张	15	印 次	2021 年 1 月第 3 次印刷
字 数	347 000	定 价	32. 00 元

总　序

在经济全球一体化的大背景之下，尽快培养出我国国际贸易的专业化、国际化人才，已经成为当前市场经济发展迫在眉睫的任务。

本着加强国际贸易学科建设、努力培养适应社会需要的贸易人才的理念，由对外经济贸易大学牵头，中国人民大学等校鼎力合作，并经过联合攻关，编写了这套适应新时期教学需要的国际贸易教材。

纵观本套教材，其特点主要有三：

第一，内容前瞻新颖。本套教材立足于市场经济发展的前沿，借鉴了国际领先水平的贸易工作经验，具有新结构、新内容、新观点、新方法，并紧跟时代发展的步伐。

第二，知识丰富实用。本套教材对国际贸易工作从理论到操作的方方面面做了介绍。它以实务为中心，将应掌握的知识和技能贯穿于每一个案例中，使学生明确在工作中应做什么、怎样才能做好以及怎样不断提高工作效率。

第三，架构系统全面。该系列是由多本教材组成的相互关联、衔接有序的动态系统，囊括了国际贸易的全部内容。

总之，我们在教材的先进性、实用性、规范性等方面做了集思广益的工作。真诚地期待广大师生和其他读者提出宝贵的意见和建议。

对外经济贸易大学国际贸易教材编写组

第三版前言

庞红，中国人民大学财政金融学院货币金融系教授，长期工作在教学科研第一线，十分注重理论联系实际。她所开展的互动教学和案例教学在本校及大中型国有商业银行培训、MBA 教学中受到广泛好评。2001 年、2002 年两次被评为中国人民大学十大教学标兵；2003 年获得全国宝钢优秀教师奖；2004 年获得北京市教育创新标兵奖。主持过国务院、省部级及中国国际金融公司等机构的科研项目，在 SSCI、EI 及 ISTP 等刊物上发表过论文，曾担任国家重点项目的金融咨询工作。

当前，中国经济进入了“新常态”并启动了新一轮的深化改革与开放，从“一带一路”战略到主导成立亚洲基础设施投资银行，从金砖国家开发银行到上海合作组织开发银行，从丝路基金到南南合作援助基金，中国经济发生了翻天覆地的变化，30多年前中国从海外招商引资、卖资产买资本，发展到今天在海外买资产卖资本，中国的实体经济和金融经济都发展壮大了。国家外汇管理局认为从2017年开始，中国将成为全球最大的资本输出国。这一系列变化都带动了国际结算的发展和繁荣，使国际结算有了更大的发展舞台。中国第一次在国际多边金融机构亚洲基础设施投资银行中担当重要的领导角色，不仅提高了中国的国际地位，也让中国进一步融入世界。中国将以遵守国际惯例、践行国际通行准则的负责任的大国形象屹立于世界舞台。随着人民币国际化进程的逐步推进，人民币将作为全球贸易结算货币、国际投融资货币和国际储备货币冉冉升起，人民币在国际结算中越来越被“广泛使用”和“广泛交易”，达到了国际货币基金组织规定的进入SDR即特别提款权篮子货币的要求，成为SDR定值货币，提高了人民币的国际地位。人民币与美元、欧元、英镑、日元比肩同台，是世界上最重要的货币之一。在修订《国际贸易结算》（第三版）之际，人民币在全球贸易结算中第一次超过日元成为全球贸易结算的第四大货币。人民币跨境支付结算系统在上海成立，得到了全球商业银行的积极响应，这是人民币国际化的重大进展。对于从事国际结算教学多年的教学工作者，没有比这更让我们振奋和欣喜的了。

近年来，国际结算的发展还得益于科技革命的推动，特别是第三次工业革命以信息、移动互联网、通信、纳米、生物电子、数码技术的兴起为标志，而移动互联网与金融功能的结合诞生了新的金融业态也即新的金融服务模式——互联网金融。近年来，互联网金融以它的高效率、低成本、广受众、便捷性得到了迅猛发展。特别是电子商务已经占到零售商业的50%以上，第三方支付、网上理财、网上投资、P2P、O2O、股权众筹、供应链金融、手机银行、微信银行、生物支付、大数据金融都带来了网上结算的繁荣发展。2015年7月，中央银行等十个部门联合发布了《关于促进互联网金融健康发展的指导意见》，一方面对互联网金融的创新性持鼓励和支持态度，另一方面强调了监管的重要性，明确了监管责任，同时通过健全制度以规范市场秩序，使互联网金融告别野蛮成长，进入规范化发展。

《国际贸易结算》（第三版）的修订正是在以上两个大背景下进行的，这次修订我们为互联网金融与结算专门增加了一章内容，对互联网金融的基本问题进行了梳理归纳，对互联网金融中的支付与结算实践进行了案例式说明，更直观地展现了互联网金融的支付和结算流程。并且对“网络银行”、“直销银行”做了解释，让学生们全面了解互联网金融、互联网+、大数据金融、+互联网的发展。

国际贸易结算是国际经济和国际贸易专业的实务课程，是国际贸易学、国际金融学、商业银行业务与经营等课程的延伸。由于货币结算是所有经济活动的最后一个环节，因此它在整个经济贸易活动中意义重大。它不仅可以打通经济贸易的各个分支学科，也是进入金融领域的重要通道，是传统金融与新兴金融的必争之地。随着经济全球化的不断推进，国际国内结算越来越凸显出它集客户管理、信贷融资、产品创新、信用提供、大数据预测等于一身的一体化的综合金融服务的特点。

教材的修订本着与时俱进和吸引学生课外喜欢阅读的原则。如果教材难以让学生接受，没有吸引力，那么我们整体的教学也是失败的，因为教与学是对立统一的。特别是高等院校课堂不同于大专和中专院校的课堂，高等院校受课时的限制，对学科的基本原则和原理讲述较多，因此更需要学生通过课外阅读和在实际部门实习来弥补实践性和可操作性内容的学习，教材在学科的深度广度以及指导实践上都有重要的意义。

在本教材修订完成之际，真诚地感谢中国人民大学出版社经济分社副社长崔惠玲女士的理解和帮助，感谢策划编辑陈静老师的规划和安排，感谢责任编辑王素克老师的精益求精、细心、耐心和敬业精神，感谢我的前辈、我的同事、我的学生在教材修订上对我提供的帮助。

国际国内货币资金结算的实践永远走在结算理论的前面，由于自身水平有限，教材中会有疏漏和不妥之处，敬请广大读者和尊敬的同行批评斧正。

庞　红

2016 年 2 月

第一版前言

在我国加入WTO五年之后，以不可逆转的趋势逐渐融入世界经济体中，金融变革更加深化，金融服务竞争也日趋激烈，国际贸易结算的理论与实务也随之发生了诸多变化，在此背景下笔者组织编写了这本《国际贸易结算》。

这本《国际贸易结算》是专门为国际贸易、金融学等专业相关人士编写的，是国际金融的实务部分，属于商业银行的中间业务，实用性较强。本书界面轻松活泼，内容丰富，每章均设置了学习目标，提供了丰富实用的参考资料、拓展训练以及课外阅读推荐，章节之间的内容安排连贯，对学生自学有很强的指导性，也便于高校老师教学和从业人员实际工作中参考之用。

本书主要包括国际贸易结算概述与惯例、国际贸易结算工具、国际贸易结算方式、国际贸易中的融资、风险管理五大内容共十章。

国际贸易结算是基于国际贸易往来的具体需求发展而来，又通过商业银行的中间业务的发展得以推动，这使得贸易与银行紧密结合在一起。在国际贸易结算发展的过程中，由于相关国际组织的推动，使得结算方式与工具得以规范化，产生了通行的国际惯例，大大便利了国际贸易结算，推动了国际贸易的发展。国际贸易结算的核心是结算工具和方式，主要包括汇票、本票、支票、信用卡、汇款、托收、信用证、银行保函、保付代理、担保业务、包买票据等。在国际贸易结算实务的发展中，又派生出了融资需求和风险管理，本书对此均做了系统而较为详尽的阐述。

笔者从事国际结算教学和科研工作二十多年，在国际结算的教学过程中发现我们教学工作者往往重视教学而忽略了教材，也有不少学生反映不喜欢阅读教材，认为教材比较难懂、复杂，不便于学生学习、理解和应用，没有吸引力。笔者有感于多年教学的困惑，在结合自己多年教学经验和与学生互动交流的基础上，编写了这本《国际贸易结算》。

在此书完成之际，笔者真诚地感谢中国人民大学出版社，也感谢为此书相关资料的搜集与整理作出重大贡献的蒲延杰、贺丽熔、李沙叶、王丽霞、邓贺斐、胡艳敏同学，尤其是蒲延杰同学还创新性地把笔者“国际结算”课堂上的拓展内容很好地融入此书中，为本书的最终脱稿做了诸多协调工作。

庞红

第二版前言

目　录

第一章 国际贸易结算导论

学习目标

- 掌握国际贸易结算的含义、分类及研究对象，理解其范围和特点。
- 理解国际惯例和规则的含义，熟悉主要的国际惯例和规则的内容。
- 掌握主要的贸易术语和标准货币符号。

2016 年 1 月 16 日，中国主导成立的亚洲基础设施投资银行（简称亚投行，AIIB）开业。中国在亚投行的认缴股本额为 297.804 亿美元，占比 30.34%，中国在亚投行的投票权占总投票权的 26.06%，中国成为亚投行第一大股东和投票权占比最高的国家。印度认缴股本 83.67 亿美元且拥有 7.5%的投票权，俄罗斯认缴股本 65.36 亿美元且拥有 5.92%的投票权。亚投行的 57 个创始成员以及日后加入的一般成员的股本都将汇入亚投行总部北京，亚投行的注册资本金为 1 000 亿美元。亚洲基础设施贷款需要 8 万亿美元。亚投行主要为“一带一路”战略服务，规模巨大的投融资及资金往来将在亚洲、欧洲、非洲之间进行，这些资金是如何完成国际结算的？

李克强总理每次出访都带回上千亿人民币的大订单，他是中国高铁、桥梁、核电、高速路的超级推销员。中国现在已经成为全球基础设施的主力军。无论是肯尼亚的高铁还是贝尔格莱德跨多瑙河大桥竣工，都输出了中国过剩的产能，也帮助当地发展了经济，解决了当地的就业问题。而这些大的项目是如何在国际银行间进行结算的？

让我们带着这些问题开始学习国际贸易结算吧！

国际贸易结算是一门理论与实践相结合的涵盖国际经济、国际金融、国际贸易和国际商法相关知识的应用课程。它以国际贸易的支付结算方式和融资方式为主要研究对象，着重分析、评介各类贸易结算方式和融资方式的信用基础、风险防范和效率。国际贸易结算是国际结算的主要内容，拥有较长的历史演变过程，其业务的顺畅开展离不开通用的贸易术语，它遵守相关的国际惯例和结算规则，依赖于全球性的银行网络构架和高效的国际贸易结算体系。

第一节　国际贸易结算的基本概念

一、国际贸易结算的含义

国际结算（International Settlement）是指为清偿国际债权债务①关系而发生在不同国家之间的货币收付行为。国际结算实质上是货币的跨国收付活动和资金转移活动，是保障与促进国际各项活动与交往正常进行的必要手段。

国际贸易结算（International Trade Settlement）是指以商品进出口为背景，即由有形贸易引起的国际结算，它是国际贸易的基础和国际结算的重要组成部分。它建立在商品交易货物与外汇两清的基础之上，又称为有形贸易结算（Visible Trade Settlement）。有形贸易即商品的进出口贸易，它是全球经济活动中最为重要的组成部分，也是引发国际债权债务关系与资金流动的主要经济行为。国际贸易结算与国际贸易的发生和发展、世界市场的变化、国际运输、货损保险、电讯传递有着紧密的联系。

> 国际贸易结算的典型特征是商品与货币的相对给付，受地域、当事人和贸易习惯等复杂因素的影响，表现为买卖双方不能一手交钱、一手交货，钱货不能当面两讫。

国际贸易以外的其他经济活动以及政治、文化等交流活动，例如服务供应、资金调拨和转移、国际借贷等引起的外汇收付，称为非贸易结算。它建立在非商品交易的基础之上，又称为无形贸易结算（Invisible Trade Settlement）。

理解国际贸易结算概念对于本书的学习至关重要，其要点在于：（1）有货币收付；（2）发生于不同的国家；（3）有形商品贸易。请看下例：

知识应用

我国青岛海尔集团与港、澳、台地区的厂商发生了基于有形贸易的货币收付，这属于国际贸易结算吗？

分析：香港、澳门已回归中国，但根据一国两制的方针，港、澳、台与大陆经济往来中仍享有境外金融机构的待遇。这是国际贸易结算中的特殊情况。我国大陆与港、澳、台地区尽管不是跨国货币收付，但因处于不同的货币区域和不同的监管辖区，故在实务中仍作为国际贸易结算来处理。

二、国际贸易结算的范围与分类

（一）国际贸易结算的范围

国际贸易结算是国际结算的基础，它在国际结算中占有主导地位，其结算范围有：

（1）有形贸易引起的货币收付活动。随着国际贸易的发展，国际商品交易的数量、品种、金额迅速扩大，传统的买卖双方一手交钱一手交货、钱货当面两讫的结算方式是无法

① 从理论上说，除了国际结算，债权债务还可以凭借易货、黄金偿还等手段来清偿。

适应现代国际贸易结算需求的。目前，绝大多数进出口交易都是由经办国际结算业务的银行通过票据、单据等结算工具的转移与传递，并借助某种结算方式结清该项国际债权债务，从而实现贸易的最终完结的。

（2）记账贸易结算，也称为协定贸易结算。它是在两国政府所签订的贸易协定项下的商品进出口贸易结算。它虽不涉及现汇的收付，但要通过银行办理记账结算。

（3）由国际资本流动所引起的商品贸易或资本性货物贸易的结算。例如，国际直接投资与企业跨国经营都属于长期资本流动的范畴，伴随着资金的投入，也会发生商品的进出口交易。像买方信贷就是一种广泛用于国际资本货物交易的中长期资本借贷行为，进口商往往需要通过信用证方式最终实现对买方信贷款项的使用。

（4）综合类经济交易中的商品贸易结算。在国际经济交易中，一些经济交易既包含了商品贸易，又包含了非商品贸易。如国际工程承包、“三来一补”贸易、技术服务贸易等，它们既有无形资产的进出口，也伴随着有形资产的进出口。如我国承包的叙利亚纺织厂项目，被称为“交钥匙工程”，从设计、施工、设备出口、技术转让到试车成功。这种综合类经济交易除了可以用货币清偿债权债务外，还可以用融资款项以及采用抵补、返销、互购、回购产品等方式结算。

（二）国际贸易结算的分类

国际贸易结算可以从不同的角度按照不同的标准进行分类，常见的有如下两种：

1. 按是否直接使用现金分为现金结算和非现金结算

现金结算（Cash on Delivery，COD）是指通过收付货币或现金来结清债权债务关系。现金结算与以货易货[①]相比是一个重大进步，但存在诸多缺陷：直接运送金银或现金很不安全，风险大；负担运送过程中的各项费用；占用和积压资金，影响企业资金的周转率。

非现金结算是指使用各种支付工具，通过银行间的划账冲抵来结清债权债务关系。在这种结算方式下，两国进出口商各自向本国银行买卖各种不同金额、不同支付时间的票据，将企业之间的结算转变为两国银行间的结算，银行则通过相互之间的账户冲抵或资金划拨来抵偿债权债务关系。非现金结算的原则是同一银行的支票内部转账，不同银行的支票交换转账。与现金结算相比，它的优点在于：迅速、简便，可以节约现金和流通费，加快了资金的循环和周转，促进了国际经济贸易关系的发展。

> 现代国际贸易结算是以票据为基础、单据为条件、银行为中枢、结算与融资相结合的非现金结算体系。

2. 按付款方式分为现汇结算和记账结算

现汇结算是指在贸易往来中通过两国银行用可兑换货币进行的逐笔结算，这是国际贸易结算的主要形式。按其信用保证、支付时间和付款依据的不同，可细分为汇付结算、托收结算和信用证结算。该方式下的可兑换货币可自由运用，既可以用于支付从对方国家或从第三国进口货物的货款，也可换成第三国的货币。

① 我国古代同日本和东南亚各国的海上贸易、同中东各国的陆上贸易，主要用这种方式结算，也曾长期使用黄金、白银和部分铜铸币进行结算。

记账结算是指两国银行使用记账外汇进行的定期（一年一清）结算。记账外汇是两国政府签订的支付协定项下收付的外汇，只能用于支付对方国的债务，不能自由运用。记账外汇在货币符号前加上C或CL字样。

参考资料

洗钱（Money Laundering）：通过有组织的活动来掩盖大量以贩毒、走私军火、贪污、偷税漏税等非法手段获得的资金，通过“放置、伪装、整合”使其以合法资金的身份进入流通体系的犯罪行为。

货币的可兑换性：某种货币能不受限制地随时兑换成黄金。在现今世界上，任何一种货币包括美元在内均不能兑换成黄金，因为黄金平价已不复存在。一种货币只要不受限制地可以自由兑换成其他货币，即为可兑换货币。

可兑换货币必须具备以下三个条件：(1) 它能自由兑换成其他货币；(2) 它在国际经常项目的支付中不受限制；(3) 该货币国的管理当局不采用或不实行多种汇率制度或差别汇率制度。目前世界上完全可自由兑换的货币有70～80种。

支付协定（Payment Agreement）：也称清算协定，是两国政府之间由于进出口贸易和其他往来而产生的债权债务，通过在两国中央银行或其指定银行开立的清算账户收付记账，不必逐笔支付外汇而签订的协议。以支付协定为背景的贸易现在呈逐年下降趋势，特别是市场经济国越来越少采用。

三、国际贸易结算的特点

（一）国际贸易的产生和发展是国际贸易结算的基础与前提

国际贸易结算以国际贸易的产生和发展为前提，国际贸易的发展促进了国际贸易结算的发展，同时国际贸易结算的演进又反作用于国际贸易的发展。

（二）国际贸易结算与金融学科密切相关

国际贸易结算是一门科学性强、知识丰富、国际惯例众多、发展较快的学科。它所涉及的知识领域极为广泛，例如，它涉及国际金融中的货币与汇率问题、国际收支与国际资本流动问题、国际金融市场与外汇风险防范问题等，还涉及信用管理学、商业银行学等学科内容。

（三）国际贸易结算是现代商业银行的中间业务

国际性商业银行在国际贸易结算中发挥了“两个中心”的职能，既是结算的中心，又是信贷的中心。贸易结算业务促进了国际信贷的拓展，国际信贷的发展也促进了国际贸易的扩大和国际贸易结算的顺利实现。作为一项国际性的中间业务，它使商业银行承担了较少的风险并获得了丰厚的利润，同时还带动银行资产、负债及表外业务的开展。

（四）国际贸易结算实行推定交货的原则

在国际贸易结算中，普遍实行推定交货的原则。所谓推定交货，又称象征性交货，是相对于实物交货而言的。推定交货原则的实质就是货物单据化，以货物单据代表货物所有权，常称为以单代物。从表面上看，一笔贸易是商品的买卖，而在实际操作上却是货运单据的买卖。因此在一定的条件下，货运单据就是货物，可以买卖、抵押、抵债、转让、流通，从而在一定程度上成为流通证券，成为国际贸易结算的实体和依据。

四、国际贸易结算的研究对象

（一）国际贸易结算工具

国际贸易结算工具包括各种支付凭证和信用工具。支付凭证有支付授权书、托收委托书等。信用工具是以书面形式发行和流通，用来证明债权人权利和债务人义务的契约书，常见的有汇票、本票、支票等，主要功能在于确定货币收付的数量。

（二）国际贸易结算方式

以一定的条件实现国际贸易结算的方式称为国际贸易结算方式，是国际贸易结算最主要的内容。它主要包括汇款、托收、信用证、银行保函、保付代理、担保业务、包买票据等，前三种是基本的国际贸易结算方式，后几种为派生物。其中信用证是使用最广泛的结算方式，占全球国际贸易结算的 50%以上，我国国际贸易结算的 70%都采用信用证的方式。

（三）国际贸易结算单据

国际贸易结算单据是结算中涉及的反映货物特征及说明交易情况的一系列证明文件或商业凭证，主要包括运输单据、保险单、商业发票等，附属单据有海关发票、装箱单、商检证明、产地证书等。

（四）国际贸易结算惯例

国际贸易结算的国际惯例是指在长期的国际贸易和贸易结算实践中逐渐形成的一些通用的习惯做法和普遍规则。按照国际贸易结算的惯例行事是从事国际经贸活动的基本要求。一些重要的国际惯例往往由国际商会编写出版。本课程涉及的重要国际惯例有：《托收统一规则》、《跟单信用证统一惯例》、《见索即付保函统一规则》等。

参考资料

人民币跨境结算

人民币跨境结算始于 2009 年 4 月 8 日国务院常务会议决定在上海市和广东省广州、深圳、珠海、东莞共五个城市开展跨境贸易人民币结算试点。跨境贸易人民币结算意味着人民币将在国外担当计价和结算工具，与中国有贸易来往的海外非居民也可以持有人民币。人民币不再仅是中国的“通货”，而变成区域性的“通货”。这是人民币在漫长的国际化路途上迈出的关键性的第一步。

一般来说，一国货币的国际化要经历从结算货币到投资货币再到储备货币三个阶段。通过开展跨境贸易人民币结算试点，可以减少对美元结算的依赖性，从而为将来人民币在区域内履行投资和储备货币职能打下基础。而此前中国人民银行与韩国、中国香港、马来西亚、白俄罗斯、印度尼西亚以及阿根廷等国家和地区签订了一定规模的人民币货币互换协议，扩大了人民币的国际使用量以及覆盖面，为今后人民币跨境结算提供了资金支持。2015 年 10 月，中国在上海成立了人民币跨境结算中心，并得到全球众多商业银行的响应，人民币在全球的贸易结算量第一次超过日元的结算量，成为全球贸易结算的第四大货币。

第二节　国际贸易结算惯例和规则

一、国际惯例和规则概述

当今世界，法律、惯例是维系整个市场经济体制正常运转的重要因素。从业务实践看，由于国际贸易结算涉及多边关系，所以在国际贸易结算和贸易融资交易量增加的同时，该领域发生的纠纷、矛盾乃至各种信用工具项下的欺诈、滥用权利等现象均相应地增加，为此而产生的各种诉讼案、仲裁案也越来越多。

因此，公认的法规和惯例就成为国际贸易结算业务开展的前提。一些商业团体、国际组织在国际贸易与结算的实践中制定和修订了各种有关的公约与规则，这些公约和规则经过长期的贸易实践日趋完善，最终得到了国际商贸界的广泛承认和采纳，并成为各国银行处理国际结算业务时必须共同遵守的准则。这些公约和惯例极大地保障和推动了国际贸易与结算的发展。其作用主要体现在：

（1）国际惯例和规则规范人们的商业行为，减少纠纷，降低交易成本。

（2）交易的当事人声明按国际惯例行事，体现了一种国际化的风范，提高了自身的商业信用。

（3）国际惯例和规范还可供法院、仲裁机构作为对贸易纠纷进行调解、仲裁和判决的依据。①

二、国际惯例和规则的特点

所谓惯例，是指经过人们长期实践，加以总结，被人们普遍认可、愿意遵守并在一定范围内反复运用的习惯做法或特定方式。它一般应具备下述三个特点或条件：

（1）必须在一定范围内或在某一个行业内被人们经常不断地反复采用。

（2）必须具有明确的、易于被人们接受的内容。

（3）必须在该范围内为人们所公认并对当事人具有约束力。

国际惯例是指在法律上没有明文规定但为国际普遍接受的通行做法。国际规则是指国际性的行业规定。国际惯例是惯例的组成部分，只是适用范围不同。它超越一个国家或地区的界限，在国际上通行。

① 大多数国家的法院把《跟单信用证统一惯例》作为裁决跨国跟单信用证纠纷的法律准则。当然，国际惯例毕竟不是法律，对贸易的当事人不具备强制性。如果当事人不按国际惯例行事，对方很可能不愿与其交易。

三、国际惯例和规则的完善

国际惯例经过长期实践，特别是近百年来在国际贸易中得到不断完善和发展，至今已经形成了一系列被各国银行、贸易、航运、法律界人士公认并广泛采用的国际惯例。与国际贸易结算相关的国际惯例或规则主要有：

（1）《国际贸易术语解释通则》（2000 年）（INCOTERMS 2000），即国际商会第 560 号出版物，于 2000 年 1 月 1 日起在全世界使用。

《国际贸易术语解释通则》（2010 年）（INCOTERMS 2010），即国际商会第 715 号出版物，于 2011 年 1 月 1 日起在全世界使用。

目前 INCOTERMS 2000 和 INCOTERMS 2010 并用。

（2）《跟单信用证统一惯例》（Uniform Customs and Practice for Documentary Credits，ICC Publication No. 600），即国际商会第 600 号出版物，简称 UCP 600，于 2007 年 10 月 1 日起在全世界实行，属国际结算中的最新国际惯例之一。

（3）《托收统一规则》（Uniform Rules for Collections），即国际商会第 522 号出版物，简称 URC 522，于 1996 年 1 月 1 日起在全世界实行。

（4）《见索即付保函统一规则》（The Uniform Rules for Demand Guarantees，ICC Publication No. 758，2010 Edition），即国际商会第 758 号出版物，简称 URDG 758。

（5）《银行间偿付办法》（Bank to Bank Reimbursements），即国际商会第 525 号出版物，于 1996 年 7 月 1 日起在全世界实行。

（6）《合约保函统一规则》（Uniform Rules for Contract Guarantees，URCG），即国际商会第 325 号出版物。

（7）票据方面的有：《英国票据法》（Bill of Exchange，1882）、《日内瓦统一票据法》。

（8）单据方面的有：《海牙规则》（Hague Rules）、《汉堡规则》（Hamburg Rules）、《联合运输单证统一规则》（Uniform Rules for a Combined Transport Documents）、《伦敦保险协会货物保险条款》（Institute Cargo Clauses，ICC）。

参考资料

国际商会

国际商会（International Chamber of Commerce，ICC）是国际性的民间组织。它由世界上 100 多个国家和地区的经济联合会（商业、工业、金融、交通等行业协会）组成，共有 7 000 多个会员。它于 1919 年 10 月在美国新泽西州大西洋城举行的国际贸易会议上发起，1920 年 6 月于法国巴黎正式成立，总部设在巴黎。它的宗旨是：推动国际经济的发展，促进自由贸易和市场经济的繁荣，发展会员之间的经济往来，协助解决国际贸易中出现的争议与纠纷，制定有关贸易、金融、货运方面的规章制度。国际商会自成立以来，制定了一系列重要的国际统一规则和惯例。这些统一规则和惯例并非强制性公约，但仍被世界各国普遍接受和采用并承诺受其约束。

从 20 世纪 70 年代起，我国经过与国际商会的多次谈判，终于在 1994 年 11 月成为该组织的成员，1995 年 1 月 1 日成立了国际商会中国国家委员会，又名中国国际商会。1974 年 4 月，国际商会第 32 届年会就是在中国上海市举行的。

资料来源：林孝成：《国际结算实务》，11 页，北京，高等教育出版社，2004。

四、主要国际惯例和规则介绍

(一)《托收统一规则》

《托收统一规则》主要内容包括总则及定义，托收的形式和结构，提示方式，义务与责任，付款，利息、手续费及其他费用，其他规定七个部分，共 26 条。主要条款内容介绍如下：

(1) 银行办理托收必须有委托人的指示，托收指示中须注明该项托收应按照《托收统一规则》办理。

(2) 不提倡 D/P 远期。

(3) 银行的义务和免责。

(4) 委托业务受所在国法律的约束。

(5) 托收指示应做出当发生不付款和不承兑时关于拒绝证书的明确规定。

(二)《跟单信用证统一惯例》

《跟单信用证统一惯例》主要内容包括总则及定义、信用证的形式和通知、责任与义务、单据、杂项规定、可转让信用证和款项让渡等七个部分，共 39 条，各条款规定了不同的责任范畴。

随着国际贸易与银行业务的发展，《跟单信用证统一惯例》的规则不能完全涵盖与信用证有关的结算业务及具体操作程序。为此，国际商会制定了《国际标准银行惯例》(ICC 645)、《跟单信用证标准格式》(ICC 516)、《〈跟单信用证统一惯例〉电子交单补充规则》(eUCP)、《跟单信用证项下银行间偿付统一规则》(URR 525)，作为《跟单信用证统一惯例》的完善、补充和解释或实施细则，形成了信用证结算规则体系。

(三)《见索即付保函统一规则》

《见索即付保函统一规则》由导言与规则的适用范围、定义及总则、义务与责任、要求、有效期的规定、适用法律及司法管辖权六个部分，共 35 条组成。

《见索即付保函统一规则》阐述了该规则的目的及适用范围、各当事人的合理愿望及国际商会对鼓励采用好的、有关各方均感公平的见索即付保函惯例所给予的关注。当出现违约时，在要求快速补偿的受益人和要求防范不适当要求的委托人之间保持一种公正的平衡。该规则为担保人与受益人之间、指示人与担保人之间，在某些方面还为委托人与担保人或指示人之间的交易提供了一个合同框架。

知识应用

What do these abbreviations below stand for?

COD ICC INCOTERMS UCP URC URR URCG URDG

第三节　贸易术语和标准化货币符号

一、贸易术语概述

（一）什么是贸易术语

一笔国际贸易的完成需要销售合约、运输合约、保险合约和支付融资合约。销售合约内容十分全面，包括卖方名称、销售货物、价格金额，合约中最重要的是贸易术语。

贸易术语（Trade Terms）是规定价格的构成及买卖双方各自应承担的责任、费用、风险以及确定货物所有权转移时限的专门用语。

贸易术语用三个英文缩写字母来表示以下概念：（1）出口商品的交货地点；（2）出口商品的价格构成；（3）进出口双方各自应办的进出口手续；（4）进出口双方各自应负担的费用及应承担的风险。

> 贸易术语又称价格术语(Price Terms)、报价术语(Quotation Terms)、交货术语(Delivery Terms)。

贸易术语必须在理论上订立两个临界点。第一个是交货临界点（Critical Point for Delivery），又称风险临界点（Critical Point for Risk），货物运到这个临界点，从法律观念上可以认为卖方已经尽到交货责任，将货物交与买方，故在这个临界点以前货物遇到风险发生损失由卖方承担责任，在这个临界点以后货物遇到风险发生损失由买方承担责任。第二个是费用临界点（Critical Point for Cost），在这个临界点以前发生的运费由卖方负担，在这个临界点以后发生的运费由买方负担。

参考资料

最早的贸易术语叫“国际商业条件”（International Commercial Terms），其缩写为INCOTERMS，后来贸易界将其改称为贸易条件、贸易术语，但一直沿用过去的缩写。1936年国际商会制定和公布了《国际贸易术语解释通则》，以后于1953年、1967年、1976年、1980年、1990年和2000年做了补充和修订，现在则是在2010年版本中做出补充和修订，以便使这些规则适应当前国际贸易实践的发展，现在使用的版本是INCOTERMS 2000和INCOTERMS 2010两个版本。

需要强调的是，INCOTERMS涵盖的范围只限于销售合同当事人的权利义务中与已售有形货物交货有关的事项。首先，INCOTERMS只涉及销售合同中买卖双方明确的关系。其次，INCOTERMS涉及为当事方设定的若干特定义务以及双方之间的风险划分，但并不规定当事人可能希望包含在销售合同中的所有责任。另外，INCOTERMS涉及货物进口和出口清关、货物包装的义务，买方受领货物的义务，以及证明各项义务得到完整履行的义务。尽管INCOTERMS对于销售合同的执行有着极为重要的意义，但销售合同中可能引起的许多问题却并未涉及，如货物所有权和其他产权的转移、违约、违约行为的后果以及某些情况下的免责等。需要指出的是，INCOTERMS 无意取代那些完整的销售合同所需订入的标准条款或商定条款。

通常，INCOTERMS 不涉及违约的后果或由于各种法律阻碍导致的免责事项，这些问题必须通过销售合同中的其他条款和适用的法律来解决。

INCOTERMS 一直主要用于跨国境的货物销售交付，是一套国际商业术语。然而，有时 INCOTERMS 也被用于纯粹国内市场的货物销售合同中。

进一步学习可参考邵景春：《国际商会〈2000 年国际贸易术语解释通则〉评析——兼论正确使用国际贸易术语》，载《云南大学学报》（法学版），2001（4）；上海国际经济贸易仲裁委员会关于《2010 年国际贸易术语解释通则》的全部内容，见 http：//www.cietac-sh.org/ResourcesDetail.aspx?tid=37&aid=179&zt=2。

（二）INCOTERMS 2000 和 INCOTERMS 2010 的结构

INCOTERMS 2000 中贸易术语分为 4 个基本不同的类型。第一组为 E 字组，指卖方仅在自己的地点为买方备妥货物；第二组为 F 字组，指卖方需将货物交至买方指定的承运人；第三组为 C 字组，指卖方须订立运输合同，但对货物灭失或损坏的风险以及装船和启运后发生意外所发生的额外费用，卖方不承担责任；第四组为 D 字组，指卖方须承担把货物交至目的地国所需的全部费用和风险。表 1—1 反映了这种分类方法。

表 1—1　INCOTERMS 2000 贸易术语一览表

EXW	Ex Works	工厂交货（……指定地点）
FCA	Free Carrier	货交承运人（……指定地点）
FAS	Free Alongside Ship	船边交货（……指定装运港）
FOB	Free On Board	船上交货（……指定装运港）
CFR	Cost and Freight	成本加运费（……指定目的港）
CIF	Cost，Insurance and Freight	成本、保险费加运费（……指定目的港）
CPT	Carriage Paid To	运费付至（……指定目的港）
CIP	Carriage and Insurance Paid To	运费、保险费付至（……指定目的地）
DAF	Delivered at Frontier	边境交货（……指定地点）
DES	Delivered Ex Ship	目的港船上交货（……指定目的港）
DEQ	Delivered Ex Quay	目的港码头交货（……指定目的港）
DDU	Delivered Duty Unpaid	未完税交货（……指定目的地）
DDP	Delivered Duty Paid	完税后交货（……指定目的地）

INCOTERMS 2010 按照运输方式对贸易术语分类，共分为两大类，见表 1—2。

表 1—2　INCOTERMS 2010 贸易术语一览表

适用于任何运输方式类	EXW	Ex Works	工厂交货（……指定地点）
	FCA	Free Carrier	货交承运人（……指定地点）
	CPT	Carriage Paid To	运费付至（……指定目的港）
	CIP	Carriage and Insurance Paid To	运费、保险费付至（……指定目的地）
	DAT	Delivered At Terminal	终点站交货（……指定目的港或目的地）
	DAP	Delivered At Place	目的地交货（……指定目的地）
	DDP	Delivered Duty Paid	完税后交货（……指定目的地）

仅适用于水运类	FAS	Free Alongside Ship	船边交货（……指定装运港）
	FOB	Free on Board	船上交货（……指定装运港）
	CFR	Cost and Freight	成本加运费（……指定目的港）
	CIF	Cost，Insurance and Freight	成本、保险费加运费（……指定目的港）

（三）贸易术语与运输方式的匹配①

INCOTERMS 中贸易术语与运输方式的匹配见表 1—3。

表 1—3　INCOTERMS 2000 贸易术语与运输方式匹配表

运输方式	贸易术语
任何运输方式，包括多式联运	EXW FCA CPT CIP DAF DDU DDP
空运	FCA
铁路运输	FCA
海运及内河运输	FAS FOB CFR CIF DES DEQ

INCOTERMS 2010 中贸易术语与运输方式的匹配见前面表 1—2。

二、标准化货币符号

（一）采用国际标准化货币符号的重要性

通用货币：在国际经济活动中，能起到贸易结算、国际储备、国际干预作用的货币。

全球经济的一体化、国际贸易和国际金融活动的发展以及电子计算机的广泛应用要求各国在货币的表示方法上具有一致性和通用性。特别是各国银行与贸易机构在贸易与金融信息的交换中需要准确地传递和接收货币信息，所以每种货币都要有一个易于识别的和专一的表示方法。如果在信息交换中频繁出现的货币名称长短不一，或各国沿用自己的习惯表示法，那么将给国际清算与结算带来严重的混乱或降低其结算速度，严重时还会引起整个银行体系运作的瘫痪。

为了能够准确而简易地表示各国货币的名称，便于开展国际的贸易金融业务和计算机数据通信，1970 年联合国欧洲经济委员会首先提出要制定一项国际贸易单证和信息交换中所使用的货币代码。

1973 年，国际标准化组织（International Organization for Standardization，ISO）第 68 技术委员会在其他国际组织的通力合作下制定了一项适于贸易、商业和银行使用的货币和资金代码，即国际标准 ISO－4217 三字符货币代码。1978 年 2 月，联合国贸易和发展会议与欧洲经济委员会将三字符货币代码作为国际通用的货币代码或货币名称缩写向全世界推荐。国际贸易界、金融界反应积极，很快接受了这套三字符货币代码。

这套代码的前两个字符代表该种货币所属的国家和地区，它采用的是早已被国际社会承认和接受的 ISO－3166《国家名称代码》，在此基础上，再加一个字符表示货币单位。如美国 US，美国货币单位 D（Dollar 的第一个字母），二者组成美元的通用代码 USD；英

① 关于 13 种贸易术语的运输义务、费用和风险情况可参见苏宗祥、景乃权、张林森编著：《国际结算》，3 版，506～535 页，北京，中国金融出版社，2004。

国 GB，英国货币单位 P（Pound Sterling 的第一字母），二者组成英镑的通用代码 GBP；中国 CN，中国货币单位 Y（Yuan），二者组成人民币的通用代码 CNY。

这套符号没有采用传统的特殊字符，如＄、￡和￥，因此避免了电子计算机输入输出装置缺少这些特殊字符所造成的麻烦，从而为计算机的数据处理和通信创造了有利条件，也为国际贸易结算业务经办人员迅速识别和记忆货币创造了条件。特别是在被环球银行金融电信协会（SWIFT）系统、纽约清算所银行同业支付系统（CHIPS）、伦敦票据交换自动支付系统（CHAPS）等国际性、区域性电子计算机通信网络和数据处理系统、货币清算系统采用后，这套货币代码更加国际化了。另外，这套代码不仅使用在计算机上，还使用在合同文本、信用证、各类授权书、代理行协议、有价证券、财务凭证、各类单据和财务报表上。由于我国的商业银行都是 SWIFT 和 CHIPS 的成员行，因此，我们必须使用货币的国际标准代码，掌握标准化货币符号是从事国际贸易和国际贸易结算业务最基本的常识。

（二）常用国家或地区的货币名称符号代码表

常用国家或地区的货币名称符号代码（部分）见表 1—4。

表 1—4　　常用国家或地区的货币名称符号代码（部分）

<table>
<tr><th colspan="2" rowspan="2">国家或地区</th><th colspan="2">ISO 国际标准国家或地区</th><th rowspan="2">货币名称</th><th rowspan="2">ISO 国际标准三字符货币代码</th></tr>
<tr><th>字符代码</th><th>数字代码</th></tr>
<tr><td colspan="2">中国</td><td>CN</td><td>156</td><td>人民币元</td><td>CNY</td></tr>
<tr><td colspan="2">美国</td><td>US</td><td>840</td><td>美元</td><td>USD</td></tr>
<tr><td colspan="2">中国香港</td><td>HK</td><td>344</td><td>港元</td><td>HKD</td></tr>
<tr><td colspan="2">英国</td><td>GB</td><td>826</td><td>英镑</td><td>GBP</td></tr>
<tr><td colspan="2">瑞士</td><td>CH</td><td>756</td><td>瑞士法郎</td><td>CHF</td></tr>
<tr><td colspan="2">瑞典</td><td>SE</td><td>752</td><td>瑞典克朗</td><td>SEK</td></tr>
<tr><td colspan="2">丹麦</td><td>DK</td><td>208</td><td>丹麦克朗</td><td>DKK</td></tr>
<tr><td colspan="2">挪威</td><td>ND</td><td>578</td><td>挪威克朗</td><td>NDK</td></tr>
<tr><td rowspan="12">欧元区国家</td><td>德国</td><td>DE</td><td>280</td><td rowspan="12">欧元</td><td rowspan="12">EUR</td></tr>
<tr><td>法国</td><td>FR</td><td>250</td></tr>
<tr><td>荷兰</td><td>NL</td><td>528</td></tr>
<tr><td>意大利</td><td>IT</td><td>380</td></tr>
<tr><td>芬兰</td><td>FI</td><td>246</td></tr>
<tr><td>希腊</td><td>DR</td><td>300</td></tr>
<tr><td>西班牙</td><td>ES</td><td>724</td></tr>
<tr><td>葡萄牙</td><td>PT</td><td>620</td></tr>
<tr><td>奥地利</td><td>AT</td><td>040</td></tr>
<tr><td>比利时</td><td>BE</td><td>056</td></tr>
<tr><td>爱尔兰</td><td>IE</td><td>372</td></tr>
<tr><td>卢森堡</td><td>LU</td><td>442</td></tr>
<tr><td colspan="2">澳大利亚</td><td>AU</td><td>036</td><td>澳大利亚元</td><td>AUD</td></tr>
<tr><td colspan="2">新西兰</td><td>NZ</td><td>554</td><td>新西兰元</td><td>NZD</td></tr>
<tr><td colspan="2">加拿大</td><td>CA</td><td>124</td><td>加拿大元</td><td>CAD</td></tr>
<tr><td colspan="2">新加坡</td><td>SG</td><td>702</td><td>新加坡元</td><td>SGD</td></tr>
</table>

续前表

国家或地区	ISO 国际标准国家或地区		货币名称	ISO 国际标准三字符货币代码
	字符代码	数字代码		
巴基斯坦	PK	586	卢比	PKR
日本	JP	392	日元	JPY
泰国	TH	764	泰铢	THB
马来西亚	MY	458	林吉特	MYP
蒙古	MN	496	图格里克	MNT
印度	IN	356	卢比	INR
朝鲜	KP	408	圆	KPW
越南	VN	704	越南盾	VND
伊拉克	IQ	368	第纳尔	IQD
伊朗	IR	364	里亚尔	IRR
科威特	KW	414	第纳尔	KWD

图 1—1 给出了贸易术语、货币符号在实际合约样本中的例子。

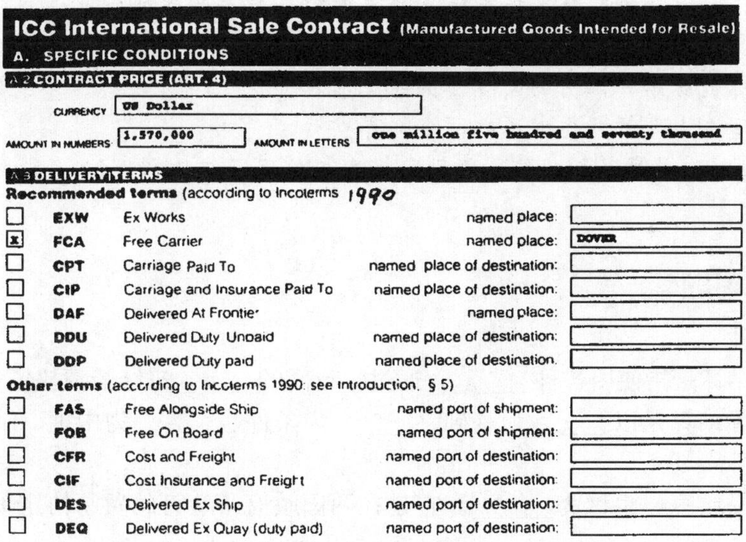
ICC International Sale Contract (Manufactured Goods Intended for Resale)
A. SPECIFIC CONDITIONS
A.2 CONTRACT PRICE (ART. 4)
CURRENCY: US Dollar
AMOUNT IN NUMBERS: 1,570,000 AMOUNT IN LETTERS: one million five hundred and seventy thousand
A.3 DELIVERY TERMS
Recommended terms (according to Incoterms 1990

☐	EXW	Ex Works	named place:	
☒	FCA	Free Carrier	named place:	DOVER
☐	CPT	Carriage Paid To	named place of destination:	
☐	CIP	Carriage and Insurance Paid To	named place of destination:	
☐	DAF	Delivered At Frontier	named place:	
☐	DDU	Delivered Duty Unpaid	named place of destination:	
☐	DDP	Delivered Duty paid	named place of destination:	

Other terms (according to Incoterms 1990: see introduction, § 5)

☐	FAS	Free Alongside Ship	named port of shipment:	
☐	FOB	Free On Board	named port of shipment:	
☐	CFR	Cost and Freight	named port of destination:	
☐	CIF	Cost Insurance and Freight	named port of destination:	
☐	DES	Delivered Ex Ship	named port of destination:	
☐	DEQ	Delivered Ex Quay (duty paid)	named port of destination:	

图 1—1 国际销售合约样本中的贸易术语、货币符号

资料来源：苏宗祥、景乃权、张林森编著：《国际结算》，3 版，500 页，北京，中国金融出版社，2004。

知识应用

What do these abbreviations below stand for?

EXW FAS FOB CIF CIP DES DEQ DDU DDP

CNY USD HKD GBP EUR JPY EDI NT MOP

本章小结

国际结算是指为清偿国际债权债务关系而发生在不同国家之间的货币收付行为。国际贸易结算是指以商品进出口为背景，即由有形贸易引起的国际结算，它是国际贸易的基础和国际结算的重要组成部分。国际贸易结算以结算工具、结算方式、结算单据和结算惯例或规则为主要研究对象。国际贸易结算从现金结算演进到非现金结算是一个漫长的过程，非现金结算的进一步发展表现在贸易结算惯例和规则的确立和完善、贸易术语和标准化货币符号在全球的通行上。

本章关键术语

国际贸易结算	现金结算	非现金结算	现汇结算	记账结算
洗钱	货币的可兑换性	国际商会	贸易术语	交货临界点
费用临界点	推定交货			

本章思考题

1. 如何理解国际贸易结算的概念？
2. 现金结算与非现金结算、现汇结算与记账结算有哪些区别？
3. 国际贸易结算有什么特点？
4. 列举国际贸易结算常用的国际惯例或规则。
5. 如何从理论上理解贸易术语的两个临界点？
6. 查阅文献①，熟悉《托收统一规则》、《跟单信用证统一惯例》、《见索即付保函统一规则》的主要条款。

本章练习题

一、填空题

1. 非现金结算是指使用各种______，通过银行间的______来结清债权债务关系。

2. 现代国际结算是以______为基础、______为条件、______为中枢、结算与融资相结合的非现金结算。

3. 记账贸易结算，也称为______。它是在两国政府所签订的贸易协定项下的商品进出口贸易结算。

4. 推定交货原则的实质就是______，以货物单据代表货物______，常称为以单代物。

二、判断题

1. 深圳华为集团与台北某厂商之间的货币收付，属于国内结算。（　　）

2. 目前的国际贸易结算绝大多数采用记账结算。（　　）

3. Without bank's participation，modern international trade payment system would not exist any more.（　　）

---

① 例如刘德标主编：《国际结算规则》，北京，对外经济贸易大学出版社，2004；李晓洁、徐曙娜等编著：《国际贸易结算》，299～342页，上海，上海财经大学出版社，2003。

4. International trade settlement is a theory rather than a practice. (　　)

5. International settlement can only be used in visible trade. (　　)

6. Bill of exchange, promissory note and check are commonly used payment instruments. (　　)

三、选择题

1. What INCOTERMS means the minimum cost coverage by the seller? (　　)

A. EXW　　B. FCA　　C. FAS

2. What INCOTERMS means the maximum cost coverage for the seller? (　　)

A. DEQ　　B. DDU　　C. DDP

3. What INCOTERMS is treated as domestic sales in the seller's country? (　　)

A. EXW　　B. FCA　　C. FAS

4. What INCOTERMS is treated as domestic sales in the buyer's country? (　　)

A. DEQ　　B. DDU　　C. DDP

第二章 国际贸易结算工具——票据

学习目标

- 了解票据的作用和票据法的相关概念。
- 理解票据的概念、票据的性质及票据当事人。
- 掌握汇票的定义、汇票的内容及票据行为。
- 了解汇票、本票和支票的种类。
- 理解本票、支票的概念。
- 掌握支票的特征和票据欺诈的防范。

票据作为市场经济发展到一定阶段的必然产物，已成为现代经济生活中主要的信用支付工具。现代国际贸易结算是以票据为基础的非现金结算，因此，票据就是国际贸易结算中普遍使用的信用工具。尽管计算机和通信技术的发展使国际贸易结算业务朝无纸化方向发展，但票据仍然是国际贸易结算的重要工具，票据的原理并不过时。

第一节 票据概述

一、票据的基本概念

所谓票据（Instrument），是指由出票人签发的，具有一定格式，约定债务人按期无条件支付一定金额，并经过背书可转让的书面支付凭证。票据是国际结算中用以抵消国际债权债务关系的、具有流通及支付手段功能的信用工具，它的产生和普及开启了非现金结算的历史。现代国际贸易结算的基本方法是非现金结算，票据在非现金结算中承担着支付工具和信用工具的角色。它在货币和商品的让渡中，为反映债权债务关系的发生、转移、偿付而诞生，它首先是以支付一定金钱为目的的特定证券。在商务实践中，它又被赋予了可流通转让的功能和反映当事人债权债务关系的功能。它被誉为“有价证券之父”。在它之后，又衍生出一系列代表商业上的各种权利的凭证，如商业发票、货运单据、股息凭证等被称为广义的票据。我们在本章中要讲述的票据则是狭义的票据。

> 票据是出票人委托他人或自己承诺在特定时期向指定人或持票人无条件支付一定款项的书面凭证，它是汇票、本票和支票的总称。

二、票据的性质

票据是非现金结算工具，它能够代替货币使用，因为票据有如下特征：

（一）设权性（Right to Be Paid）

票据一经设立并交付出去，票据的权利和义务便随之确立。票据做成后经过交付，就创设了对于给付一定金额的请求权，并由此派生出一系列相关权利。基本上，这些权利分两种：付款请求权和追索权。票据的权利人依法享有这两种权利，直至票据所代表的债权债务关系完全了结，票据退出流通。票据发行的目的不在于证明已经存在的权利，而是设定票据上的权利。票据上的权利、义务在票据做成之前可能存在也可能并不存在，但是在票据做成的同时它则产生并被确立。作为一种金融、信用或结算工具，票据发行的目的是支付，或者说是代替现金充当支付手段。

（二）无因性（Non-causative Nature）

票据上权利的发生当然是有原因的。付款人代出票人付款不是没有缘故的，他们之间一般存在资金关系，要么是付款人处有出票人的存款，要么是付款人欠出票人的款项，也可能是付款人愿意向出票人贷款；出票人让收款人去收款，他们之间通常存在对价关系，即出票人对收款人肯定负有债务，可能是出票人购买了货物，也可能是出票人以前的欠款。这些原因是票据当事人的权利义务的基础，因此也叫票据原因。票据的无因性并非否认这种关系，而是指票据一旦做成，票据上的权利即与其原因关系相分离，成为独立的票据债权债务关系，不再受先前的原因关系存在与否的影响。如果收款人将票据转让给他人，对于票据受让人来说，他无须调查票据原因，只要是合格的票据，他就能享受票据权利。票据上权利的内容完全依票据上所记载的内容确定，不能进行任意解释或者根据票据以外的其他文件来确定。因此，善意持票人（Holder in Due Course/Bona Fide Holder）可以要求票据债务人承担完全的票据责任。这一特性进一步保证了票据得以广泛流通。

（三）要式性（Requisite in Form）

票据的存在不重视其原因，但却非常强调其形式和内容。所谓要式性是指票据的形式必须符合法律规定：票据上的必要记载项目必须齐全且符合规定。只有这样，才能发挥票据效力。否则，票据将有缺陷，且票据的流通及当事人之间的关系也无法受到法律的保障。各国法律对票据必须具备的形式和内容都做了详细规定，各当事人必须严格遵守这些规定，不能随意更改。只有形式和内容都符合法律规定的票据才是合格的票据，才会受到法律保护，持票人的票据权利才会得到保障。如果票据的形式不统一，重要事项记载不全或不清，没有按照法律的严格规定来记载，那么票据就是不合格的和无效的，也就不会受到法律的保护。

（四）流通性（Negotiability）

票据的流通性是指在法定的合理时限内，票据经过背书、交付而可以将票据权利转让给后手，手续简便但效力明确。这一特性对确立以票据关系为基础的收款和付款权利、促进票据的广泛应用有着重要意义。但是，票据的权利转让与股票的过户转让和提单的交付转让有所不同，它具有流通转让的特点，这些特点是：（1）持票人可经交付或背书后交付将票据转让给他人，而不必通知原债务人。（2）票据的受让人接受票据即获得了票据上的全部权利，若票据被拒付或出现其他问题，受让人有权以自己的名义提出诉讼。（3）善意而又付过对价的票据受让人不因其前手票据权利的缺陷而影响其票据权利。

（五）可追索性（Recoursement）

票据的可追索性是指票据的付款人或承兑人如果对合格票据拒绝承兑或拒绝付款，正当持票人为维护其票据权利，有权通过法定程序向所有票据债务人起诉、追索，要求得到票据权利。

三、票据的功能

（一）汇兑功能

汇兑功能是票据的传统功能。由于商品交换活动的发展，商品交换规模和范围不断扩大，经常会产生在异地或不同国家之间兑换和转移金钱的需要。直接携带或运送现金往往很不方便。在这种情况下，通过在甲地将现金转化为票据再在乙地将票据转化成现金或票款，通过票据的传递、汇兑，实现资金的转移①，不仅简单、方便、迅速，而且安全。

（二）支付功能

支付功能是票据的基本功能。在现实经济生活中，随时都会发生支付的需要，如果都以现金支付，不仅费时、费力，而且成本高、效率低、风险大。如果以银行为中介，以票据为手段进行支付，只需在银行转账即可。一纸票据可以把款项从付款人的账户上调出，存入收款人的账户上。这种支付方式方便、准确、迅速、安全。以票据作为支付手段，不仅可以实现单边支付，还可以实现多边支付；不仅可以进行一次性支付，也可通过背书转让进行多次支付。由于票据的出票人是付款人的债权人，收款人又是出票人的债权人，因此，出票人可以通过票据来抵消三方在两个基础合同下的债权债务关系，收款人也可以通过转让票据来实施支付。所以，票据可用以实施多边支付，而且这种作用随着票据的流通转让而更加明显。在票据到期时，只需通过最后持票人同付款人进行清算，付款人的付款将使此前发生的所有各次交易同时结清，该票据下所有债务人的债务一并得到清偿。因此，票据被誉为“商人的货币”。

（三）信用功能

信用功能是票据的核心功能，被称为“票据的生命”。票据经过签发和交付，即成为

---

① 在票据产生的最初几个世纪里，票据几乎成了转移资金的专门工具。在现代经济中，票据的汇兑功能仍具有很重要的作用，它克服了金钱支付上距离的间隔。

获得一定金额款项的权利凭证。事实上，票据本身并无价值，它能被接受并流通，是基于票据关系所形成的信用基础。换言之，票据之所以被接受，是因为接受者对其包含的信用有信心，确信持有票据的相关权利能得以实现，票据的债务人必定能履行其承诺和责任。在现代商品交易活动中，信用交易是大量存在的，卖方常常因竞争需要等原因而向买方提供商业信用。最早的商业信用表现在口头上或账面上，这种债权的表现形式是不明确的，清偿时间是不确定的，保障程度是较低的，并且难以转让和提前收回，从而阻碍了商业信用的发展。① 但如果使用票据，由买方向卖方开出远期支付票据，则可使债权表现形式明确，保障性强，清偿时间确定，转让手续简便，而且票据还可通过贴现提前转化为现金。票据的这种信用功能克服了金钱支付上时间的间隔。

（四）融资功能

随着现代金融的发展，人们不仅利用票据结算支付的传统功能，还通过贴现票据来实现资金的融通与加速运转。直接融资方式的兴起又使很多大型跨国企业选择票据作为筹措资金的信用载体，通过发行无交易背景的票据来获取资金。这类票据称为融通票据，主要作用在于融资，而不是结算支付。

四、票据法简介

（一）票据法的含义

票据法是规定票据种类、票据形式及票据当事人权利义务关系的法律规范的总称。票据法有广义和狭义之分。广义的票据法又称实质意义上的票据法，包括以各种法规表现出来的关于票据的规定，包括专门的票据法，也包括民法、刑法、诉讼法和破产法等法规中有关票据的规定。比如刑法中有关伪造有价证券的规定；民法中有关民事代理、票据资金、票据原因等的规定；破产法中涉及票据出票人、背书人宣告破产的规定等。我们常讲的票据法是狭义的票据法，指的是关于票据的专门立法，是形式意义上的票据法。由于票据是一种具有自身特点的有价证券，其法律关系有一定的特殊性，因此对票据要专门立法规定。

（二）票据法调整的对象

票据法调整的对象是票据关系中的主要当事人。票据的基本当事人（Immediate Parties）有三个：出票人、付款人和收款人。票据在流转过程中又会引出一系列附属当事人（Remote Parties）：背书人和被背书人，持票人，承兑人，保证人等。在一定情况下，同一主体可能具备多重当事人身份。

> 票据当事人是指票据在开立、交付、流通直至最后票据款项得以给付，完成其债权债务清偿的整个过程中，各自承担票据责任或取得票据权利的各种关系人。

1. 出票人（Drawer）

出票人是做成票据、在票据上签名并发出票据的人。票据关系因出票人的出票而产生。出票人对收款人及正当持票人承担责任，即保证票据在有效期内提示付款人一定要付

① 票据起信用作用的关键在于它是基于债权债务关系的书面协议，而且规定有明确的期限。

款或承兑。否则，出票人应自行履行付款责任。在票据未获得承兑以前，出票人为票据的主债务人；而票据一旦获得承兑，承兑人即成为主债务人，出票人则退为次债务人。汇票的出票人是进行委托支付或发出支付命令的人；本票的出票人（Maker）是承担或承诺付款的人；支票的出票人是向银行发出支付命令的人。

2. 付款人（Payer，Drawee）

付款人即受票人，是指票据上载明的承担付款责任的人。如果付款人不接受出票人的命令，收款人和出票人不能强迫付款人付款或承担到期付款的责任。但是，如果付款人对远期票据做了承兑，则就成为了票据的主债务人，必须承担到期付款责任。远期汇票的付款人在对汇票进行承兑后，即为承兑人；本票的付款人为出票人本人；支票的付款人为出票人指定的银行。汇票中还可记载预备付款人（Referee in Case of Need）和担当付款人（Person Designated as Payer）。

3. 收款人（Payee）

收款人是票据记载的获取票据款项的人，是票据的主债权人。收款人有权提示付款人，要求获得承兑或付款，但若遭到拒绝，可向出票人追索票款。票款到期前，收款人也可以背书将票据转让，转让后收款人就成为背书人。背书人向票据的受让人承担与出票人相同的保证责任，即受让人可向背书人追索票款。

4. 背书人（Endorser）和被背书人（Endorsee），持票人（Holder）

收款人或持票人在票据背面签字，称作“背书”，表示将票据权利转让给他人。转让票据之人称作“背书人”，受让者则称为“被背书人”。票据可经过多次连续背书转让而流通，对于某个背书人而言，他之前的背书人都是其“前手”（Prior Parties），他之后的背书人和持票人则是他的“后手”（Subsequent Parties）。背书人有责任向其后手证明在他之前（包括他本人）的所有背书真实有效且连续，同时对后手承担票据的付款人一定付款或承兑的保证责任。任何人以任何方式获得票据，便成为持票人。持票人有权要求票据的责任人履行票据规定的义务。收款人、被背书人都是自然的持票人。票据可以经过多次背书转让，因此，同一票据先后可能有多个持票人。

5. 承兑人（Acceptor）

经持票人提示票据，远期汇票的付款人在汇票正面签字，明确自己到期付款的责任，即成为承兑人。承兑人是票据的主债务人。如果远期票据的付款人拒绝承兑，其他第三方出于某种原因对汇票做出承兑，则第三方被称为参加承兑人。一旦成为承兑人，就不得再向正当持票人否认出票人的存在及出票人签字的有效性，不能再拒绝到期付款。

6. 保证人（Guarantor）

保证人是为了出票人、背书人等特定债务人，向付款人以外的第三人担保支付全部或部分票据金额的人。保证人的责任与被保证人（Person Guaranteed）相同。如果票据到期未能获得给付，保证人将会受到出票人的追索；保证人履行保证付款义务后，则取得向被保证人及其前手追偿的权利。

以上当事人可以组成不同的关系，其中出票人、持票人（收款人）、付款人三者间的关系是票据的基本关系，也是票据法调整的主要对象。调整票据基本关系的规定构成了票据法的核心内容。

（三）两大票据法系

19世纪末[①]，欧洲各国对于票据相继立法，从法律上保障票据的使用和流通。其后，逐步形成了目前世界上最有影响的两大票据法系，即以《英国票据法》为基础的英美法系和以《日内瓦统一票据法》为代表的大陆法系。这两大法系的主要内容基本相同，但在票据的分类、票据持票人的权利、伪造背书的处理和票据绝对必要项目的要求等方面有一定分歧。

参考资料

中国票据法

票据在中国的起源是很早的，大约在唐宋时期就出现了“飞钱”、“便钱”等原始的票据形态。商人们将现款交付本地的官署、富商或钱庄、票号，取得由其发出的票券，即可到异地相应的官署、富商或钱庄、票号那里凭票券兑取现款。但这种早期的票据雏形并未发展成近现代的票据，也没有形成相应的票据法。这主要是因为社会经济发展落后制约了票据的发展。

到了清朝，以汇票、本票、支票为主体的西方票据制度开始传入我国，票据立法被提上了日程。1911年，清政府聘请日本的学者起草了中国的票据法，但没有完成最后的立法工作。清朝被推翻后，北洋政府于1925年修改了清朝政府留下的票据法，增加了对支票的规定，但也未正式通过和公布。1929年，国民党政府在综合了历次草案的基础上再次修订了中国的票据法，于当年的9月28日由政府通过，10月3日正式颁布了《票据法》，内容包括汇票、本票、支票。这部法律至今仍在中国台湾施行。

中华人民共和国成立后，废除了旧票据法，在此后30余年的时间里，经济交易中没有汇票和本票，只有作为支付手段的支票；而且国家采用行政手段管理支票。在这种情况下，没有必要制定专门的票据法。

进入20世纪80年代以后，随着经济体制改革的深入发展，票据开始进入经济生活的各个领域。票据在商品交易、处理债权债务等方面已大量使用和流通，这在客观上迫切要求建立票据制度。为适应商品经济发展的需要，1988年12月19日经国务院同意，中国人民银行制定了《银行结算办法》，规定了银行汇票、商业汇票、银行本票、支票、汇兑、委托收款等六种信用支付工具和结算方式，并对票据的签发和使用做了具体的规定，这样就建立起了以汇票、本票、支票和信用卡为核心的“三票一卡”的银行结算制度。《银行结算办法》的制定及实施标志着我国结算制度开始从非票据结算向票据结算的全面转变，并推动了我国经济贸易的迅速发展。

为了进一步规范票据行为，保障票据活动及各当事人的合法利益，增强票据的流通性

① 早在1673年，路易十四颁布的《商事敕令》中就对汇票及本票的签发、流通做了规定，这是近代各国票据法的开端，也是法国票据法的基础。

和可接受性，充分发挥票据的经济性功能，1990年底，中国人民银行正式成立了票据法起草小组，研究制定我国统一的票据法。经过近5年的努力，于1995年5月10日颁布了《中华人民共和国票据法》。这是新中国第一部真正规范的票据法。至此，我国的票据法体系终于形成。

我国票据法的制定考虑到了我国国情，参照了《日内瓦统一票据法》和英美票据法系中的合理规定。从形式上看，它采取了汇票、本票和支票统一立法的方式。从内容上看，它比较系统全面，共有总则、汇票、本票、支票、涉外票据的法律适用、法律责任和附则7章111条。它既明确规定了票据各当事人的权利与义务，又进一步规范了票据的行为，特别是确立了我国票据法的国际地位，完成了与国际票据法律的对接。《中华人民共和国票据法》的出台标志着在我国经济生活中作用重大、涉及面甚广的票据，从此步入了有序发展的法制化轨道。2004年8月28日，经全国人民代表大会常务委员会通过，对《中华人民共和国票据法》进行了修正，使其更适应新形势下经济生活的需要。我国票据法为规范票据行为，保障票据活动中当事人的合法权益，维护我国经济秩序，促进国民经济发展，起了相当重要的作用。2015年，全国人民代表大会在修订《中华人民共和国商业银行法》的同时也在修订《中华人民共和国票据法》。

第二节　汇票

汇票（Bill of Exchange）既是一种结算工具，也是一种信贷工具。汇票是国际贸易结算最普遍使用的工具。同时，汇票是最典型的票据，只要掌握了汇票的原理，本票和支票就容易理解了。

一、汇票的定义

（一）《英国票据法》对汇票的定义

汇票是由出票人向另一人签发的要求即期、定期或在可以确定的将来时间向指定人或根据其指令向来人无条件支付一定金额的书面命令。

> A bill of exchange is an unconditional order in writing, addressed by one person to another, signed by the person giving it, requiring the person to whom it is addressed to pay on demand or at a fixed or determinable future time a sum certain in money to, or to the order of, a specified person, of to bearer.

（二）《日内瓦统一票据法》对汇票的定义

汇票需包括：（1）“汇票”字样；（2）无条件支付一定金额的命令；（3）付款人；（4）付款期限；（5）付款地点；（6）收款人；（7）出票日期和地点；（8）出票人签字。

（三）《中华人民共和国票据法》对汇票的定义

汇票是出票人签发的、委托付款人在见票时或者在指定日期无条件支付确定的金额给收款人或者持票人的票据。

二、汇票的内容

（一）汇票的必要记载项目

汇票要式中所包含的必要项目是指汇票的形式要项，亦即从形式上应具备的项目。只要这些项目齐全，符合票据法规定，汇票即可成立有效。

汇票的必要项目包括：（1）写明其为“汇票”字样①；（2）无条件的支付命令；（3）出票日期②；（4）一定金额的货币；（5）付款人名称；（6）收款人名称；（7）出票人签字。

（二）汇票的相对记载项目

汇票除了以上形式要项外，还可以有票据法允许的其他记载项目。现列举如下：（1）出票地点；（2）付款地点；（3）付款期限。

（三）汇票的任意记载项目

任意记载项目是指除以上两类项目以外的项目，它是由出票人等根据需要记载的限制或免除责任的内容。这些项目一旦被接受，即产生约束力。如：（1）出票条款；（2）“付一不付二”条款；（3）担当付款人和预备付款人；（4）必须提示承兑（Presentment for Acceptance Required）和不得提示承兑（Acceptance Prohibited）。

汇票的样式见图 2—1。

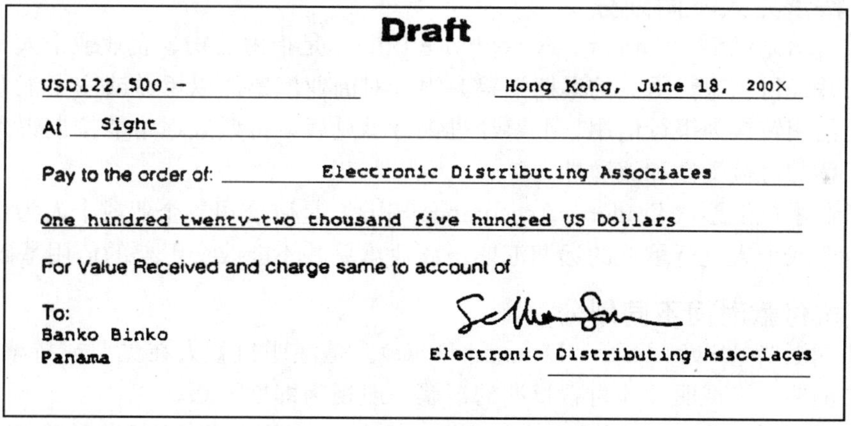
Draft

USD122,500.-　　Hong Kong, June 18, 200×

At Sight

Pay to the order of: Electronic Distributing Associates

One hundred twenty-two thousand five hundred US Dollars

For Value Received and charge same to account of

To:
Banko Binko
Panama

Electronic Distributing Associaces

图 2—1 汇票样式

资料来源：苏宗祥、景乃权、张林森编著：《国际结算》，3 版，397 页，北京，中国金融出版社，2004。

三、汇票的种类

（一）按出票人不同划分

（1）银行汇票（Banker's Draft）。是一家银行向另一家银行签发的书面支付命令，其出票人和付款人都是银行。银行汇票由银行签发后交汇款人，由汇款人带往或寄往收款人处，收款人持汇票向付款行请求付款，付款行在审核无误后即予付款。银行汇票的信用

① 如“Exchange for”、“Bill”、“Draft”等。

② 出票日期的作用在于：决定汇票有效期、决定付款到期日和决定出票人的行为效力。

基础是银行信用。银行汇票的样式见图 2—2。

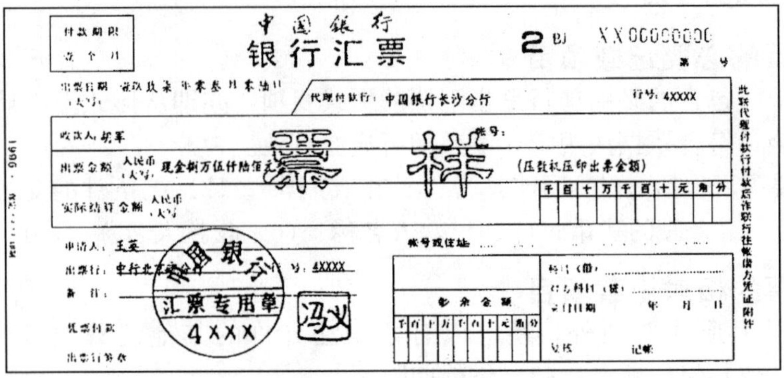
付款期限
壹个月
中国银行
银行汇票
2 BJ XX00000000
第 号
代理付款行：中国银行长沙分行 行号：4XXXX
收款人：胡军
账号：
出票金额 人民币（大写） 现金捌万伍仟陆佰元
票样
（压数机压印出票金额）
千 百 十 万 千 百 十 元 角 分
实际结算金额 人民币（大写）
申请人：王英
账号或住址：
出票行：中行北京分行 行号：4XXXX
备注：
汇票专用章
4XXX
冯义
多余金额
千 百 十 万 千 百 十 元 角 分
出票日期（大写）
复核 记账
此联代理付款行付款后作联行往帐借方凭证附件

图 2—2　银行汇票样式

资料来源：苏宗祥、景乃权、张林森编著：《国际结算》，3 版，93 页，北京，中国金融出版社，2004。

（2）商业汇票（Trade Bill）。是由公司、企业或个人签发的汇票，其付款人可以是公司、企业、个人，也可以是银行。商业汇票的信用基础是商业信用，其收款人或持票人承担的风险较大。

（二）按承兑人不同划分

（1）银行承兑汇票（Banker's Acceptance Bill）。是指由公司、企业或个人开立的以银行为付款人并经付款银行承兑的远期汇票。银行对商业汇票加以承兑改变了汇票的信用基础，使商业信用转换为银行信用。汇票经过银行承兑后，持票人通常能按期得到票款，从而增强了汇票的可接受性和流通性。

（2）商业承兑汇票（Trader's Acceptance Bill）。是以公司、企业或个人为付款人，并由公司、企业或个人进行承兑的远期汇票。商业承兑并不能改变汇票的信用基础。

（三）按付款时间不同划分

（1）即期汇票（Sight Draft，Demand Draft）。是注明付款人在见票或持票人提示时，立即付款的汇票。未载明具体付款日期的汇票一般视为即期汇票。

（2）远期汇票（Time Bill，Usance Bill）。是在一定期限或特定日期付款的汇票。根据付款期限的表示或确定方法的不同，远期汇票有定日付款、出票远期付款、见票远期付款三种形式。①

（四）按有无附属单据划分

（1）光票（Clean Bill）。是指无须附带任何单据即可收付票款的汇票。这类汇票全凭票面信用在市面上流通而无物资（货权单据）作保证。银行汇票多为光票。

（2）跟单汇票（Documentary Bill）。是指附带有关单据的汇票。跟单汇票一般为商业汇票。跟单汇票的流通转让及资金融通除与当事人的信用有关外，更取决于附属单据所代表货物的价值及单据质量。

---

① 实际中还有第四种，一般行文为：“提单日后若干天或若干月才付款”。

（五）按汇票的基本关系人不同划分

（1）一般汇票。是指出票人、付款人、收款人分别为不同人的汇票。

（2）变式汇票。是指基本当事人中有一人兼有两种或两种以上身份的汇票。在变式汇票中，出票人以自己为收款人的汇票，称己受汇票或指己汇票；出票人以自己为付款人的汇票，称己付汇票或对己汇票；以付款人为收款人的汇票，为收受汇票。

案例分析

善意持票人的法律权利

案情：某年8月，我国某市A公司与新加坡B商签订了一份进口胶合板的合同。合同总金额为700万美元，支付方式为托收项下付款交单。合同写明，允许分批装运胶合板。按照合同规定，第一批价值为60万美元的胶合板准时到货。经检验A公司认为其质量良好，对双方合作很满意。但在第二批货物的交货期前，新加坡B商向A公司提出：鉴于A公司资金周转困难，允许A公司对B商开出的汇票远期付款，汇票的支付条款为：见票后一年付款700万美元。但要求该汇票请中国某国有商业银行的某市分行承兑。承兑后，B商保证将700万美元的胶合板在一年内交货。A公司全部收货后，再付B商700万美元货款。A公司对此建议欣然接受。A公司认为只要承兑了一张远期汇票，就可以得到货物，并在国内市场销售，这是一笔无本生意，而且货款还可以投资。但让A公司始料不及的是，B商将这张由中国某国有商业银行某市分行承兑的远期汇票在新加坡M银行贴现了600万美元，从此一张胶合板都不交给A公司。事实上，B商将这笔巨额资金骗到手后就无影无踪了。一年后，新加坡M银行将这张承兑了的远期票据请中国某国有商业银行某市分行付款。尽管B商没有交货，承兑银行却不得以此为理由拒绝向善意持票人M银行支付票据金额。由于本票金额巨大，中国某国有商业银行报请上级批准，由我方承兑银行付给M银行600万美元而结案。

分析：对于这张由新加坡B商作为出票人和收款人的汇票，中国某国有商业银行的某市分行承兑后成为汇票的付款人。A公司与B商之间的胶合板买卖合同是该票据的原因关系，因此，B商向A公司开出远期付款命令。而A公司与某国有商业银行某市分行有账户往来关系，即存款于该银行。它们之间的这种资金关系使得该行某市分行愿意向A公司提供信用，承兑了这张远期汇票。M银行与B商之间有对价关系，M银行善意地付了600万美元的对价而成为受让人，从而成为这张汇票的善意持票人。票据基础关系的存在和有效与否并不对善意持票人的票据权利产生影响，所以，B商实际上没有交货，或者A公司没有足够的美元存在银行，都不影响M银行对承兑人的付款请求权。对M银行来说，这张票据上并没有写什么胶合板，只有一句话："见票后一年付款700万美元。"票据法律关系应依票据法的规定加以解决，票据基础关系则应依民法规定加以解决。B商正是利用了票据的特性才行骗得逞的。如果这张票据没有在市场流通，那么情况就不一样了，因为各国票据法都认为，票据在投入流通前，票据的基础关系与由此而产生的法律关系便没有分离，两者是有联系的。也就是说，当票据的原因关系与票据法律关系存在于同一当事人身上时，债务人可以利用原因关系对抗法律关系。在该案中，如果是B商来中国某国有商业银行某市分行要求付款，某分行可提出：既然卖方不交货，买方也拒绝付款。这就是买方可向卖方提出同时履约的抗辩理由。

资料来源：《经济学伊甸园——金融学案例》，见 http：//www. ecoedu. cn/ecoedu/ShowArticle. asp? ArticleID=878。

第三节　本票及支票

一、本票

（一）什么是本票（Promissory Note）

本票是一个人向另一个人签发的，保证于见票时或定期或在可以确定的将来时间，对某人或其指定人或持票来人无条件支付一定金额的书面付款承诺。本票的基本样式见图2—3。

A promissory note is an unconditional promise in writing made by one person to another, signed by the maker, engaging to pay on demand or at a fixed or determinable future time, a sum certain in money to, or to the order of a specified person or to bearer.

PROMISSORY NOTE

Hong Kong，March 15，1998

USD 5 000. 00

On demand we promise to pay to the order of D Company the sum of Five Thousand U. S. dollars only.

For A Company

Hong Kong

Signed

图2—3　本票样式

从本票的样式看，其内容应包括：无条件支付一定金额的承诺；付款期限；付款地点；收款人；出票地点与日期；出票人签字。

（二）本票的特点

与汇票相比，本票具有以下特点：

（1）本票是无条件的支付承诺。本票的出票人就是付款人，因而本票是“无条件的支付承诺”，而不是汇票的“无条件的支付命令”。

（2）本票与汇票在名称和性质上不同。为强调本票是出票人或付款人的付款承诺这一特性，在英文名称上，本票称为 Note（付款承诺），而不是 Bill（债权凭证），后者是票据的统称。

（3）本票不必办理承兑。本票本来就是付款承诺和保证，因此，即使是远期本票也不必办理承兑。除承兑和参加承兑外，其他的票据行为如出票、背书、保证等均适用于本票。

（4）本票只有一张。汇票可以有一式几张，通常是两张，而债权债务只有一笔，因此要注明“付一不付二”或“付二不付一”的字样；远期汇票只承兑一张，以避免重复付款。而本票如同承兑后的汇票，所以只有一张。

（三）本票的主要种类

按本票的出票人不同，可以分为商业本票和银行本票两种。但是，我国没有商业本票，也就是说我国企业不能签发本票。

（1）商业本票（Commercial Promissory Note）。由工商企业或个人出具的本票是商业本票，其基础是商业信用。相对银行信用而言，商业信用较不可靠，因此商业本票的使用范围渐趋缩小。

（2）银行本票（Cashier's Order/Check）。银行本票是指由银行签发的本票。银行多签发即期本票，在对公或对私的结算业务中有广泛应用。银行开立的即期的来人抬头式本票就相当于我们天天经手的钞票。钞票的前身是可兑换黄金的银行券，现在是不可兑换黄金的纸币，说到底就是一国的中央银行发行的不记名的、给持票来人的、小额的定额银行本票；纸币上往往写着：凭此票即付来人。[①]

> A check is an unconditional order in writing addressed by the customer (the drawer) to a bank (the drawee) signed by that customer authorizing the bank to pay on demand a specified sum of money to, or to the order of, a named person or to bearer (the payee).

（3）国际汇票（Overseas Money Order）。国际汇票其实也应归入本票之列，不妨称为国际小额本票（International Money Order），更名副其实。

英国、美国、加拿大等国的大银行发行的国际汇票（简称 MO），让持有者带往海外或邮寄到海外使用时兑付，再回流到本国的货币中心。对于这种 MO，银行发行后并不往外拨付头寸，而是等国外的金融机构来银行托收时再由本行付款，其占用了购买 MO 的人的资金。这是银行应用本票技术创立的对本行有利的支付手段，由本行出票，最终由本行付款。其作用相当于汇款中的票汇或旅行支票。

（4）旅行支票（Traveler's Check）。旅行支票虽被称为支票，但其实也应归类为本票。虽然其名称叫做“支票”，但就其本质而言，归根到底是发行旅行支票的大银行、大旅行社自行付款。就此点而言，其应属一种定额本票。

旅行支票由美国于 1891 年首创，继而在全球推广，迄今已有百余年的历史，流通领域逐年扩大，经久不衰，其原因在于旅行支票对因公因私的出境人员具有方便、安全的好处，既可以在境外支付服务项目的开支和购物的花销，又可在一定范围内兑付现金，非常

① 如 5 英镑的纸币上写着：“We promise to pay bearer five pounds”。

方便。另外，旅行支票即便丢失被窃，也因为旅行支票上没有持票人的复签，而避免了被人冒领的危险。

二、支票

（一）支票的定义

支票（Check/Cheque）是银行存款户根据协议向银行签发的即期无条件支付命令。支票样式如图 2—4 所示。

支　票

BANK OF CHINA HUBEI PROVINCE BRANCH

A/C No. ______

Wuhan，Date ______

Pay to ______

Renminbi（in words）______

in figures ￥______

Cheque No. ______

Signature ______

图 2—4　支票样式

（二）支票的特点

支票是一种特殊的汇票，因此，它在许多方面都同汇票类似。如都是无条件的付款命令，都有三个基本关系人，主要条款的规定也较类似。但与汇票相比，其特点是：

（1）支票的出票人必须具备一定条件。首先，支票的出票人必须是银行的存款户，即在银行要有足够的存款，在银行没有存款或存款不足的人绝不可能成为支票的出票人，即不允许签发“空头支票”；其次，要与存款银行订有使用支票的协定，即存款银行要同意存款人使用支票；最后，支票的出票人必须使用存款银行统一印制的支票，支票不能像汇票和本票一样由出票人自制。

（2）支票为见票即付。支票都是即期付款，所以付款银行必须见票即付。由于支票没有远期，因而也不需办理承兑手续。

（3）支票的付款人仅限于银行，而汇票的付款人可以是银行、企业或个人。

（4）通常情况下，支票的出票人是主债务人，但保付支票除外，它的主债务人为保付银行。

（5）支票上一般不附带利息条款，即便有关于利息的记载，该记载也无效，付款时无须支付。

（6）对于超过法定或合理的流通期限而晚提示付款的支票，付款人可以不付款，但出票人并不因此解除对持票人的票据责任，除非晚提示对出票人造成了损失。

（7）支票只开立一张，不能像汇票那样可以开成一式多份。

（三）支票的种类

（1）记名支票与不记名支票。这里所谓记名与不记名，是指支票上收款人这一栏内的行文。凡记名支票者，必须在这一栏写明某某人为收款人；凡不记名支票者，这一栏里就写成持票来人（Bearer）。

（2）划线支票与不划线支票。所谓划线支票就是在支票的正面划上两条平行线，以此表明该支票不能在付款行的柜台提现，而只能付到收款人的账户；与此相反的是 Uncrossed Check，又称 Open Check，叫“未划线支票”，这种支票当然既可转账，又可提现，也称为现金支票。

（3）保付支票（Certified Check）。支票是以银行为付款人的即期汇票，因为是即期，当然受票银行就无须承兑。但是，付款银行可以在支票正面加上“保付”字样，表明付款行将保证对这一支票兑付，说明支票的出票人在其存款账户上确有足够的余额，本行加以确认，凡收款人或持票人以该支票向本行提示付款时，银行一定照付不误。

（4）银行支票（Banker's Check）。存款者并非某个人，而是一家银行，发展成银行与银行间的关系，是一家银行在另一家银行开立支票账户。

第四节　票据行为

一张票据从开立到正当付款而注销，需要经历一系列步骤，我们一般将这些步骤称为票据行为。票据行为有狭义和广义之分。

狭义票据行为是围绕票据发生的，是以确立、转移或保障票据权利义务关系为目的的法律行为。狭义票据行为可简称为票据行为，它是基于当事人的意志表示而发生的相应法律效力的行为，被称为票据的法律行为，包括出票、背书、承兑、保证、保付、参加承兑六种行为。

广义的票据行为统指一切能够引起票据法律关系的发生、变更、消灭的各种行为。它除了包括狭义票据行为外，还包括提示、付款、拒付、追索等行为。广义票据行为被称为准法律行为或其他票据行为。狭义票据行为是票据行为的基础。

一、出票（Issue）

所谓出票，指出票人在空白的票据格式上按具体交易情况填全必要项目后再签名，然后把它交到收款人之手。这样，出票这一票据行为才算完成。出票是把票据投入流通的第一个票据行为，也叫做主票据行为，其他行为都是以出票为基础而衍生的附属票据行为。

二、背书（Endorsement）

背书是指持票人在票据背面签名，并交付给受让人的行为。通过背书，票据权利由背书人转让给了受让人（又称被背书人）。通过背书转让，后者就取得了该张票据，而背书人对票据所负的责任同出票人是一样的。

> 背书行为包括两个动作：一是在票据背面或粘单上记载有关事项并签名；二是交付。

三、承兑（Acceptance）

承兑是指远期汇票的付款人在汇票上签名，同意按出票人指示到期付款的行为。承兑是仅限于远期汇票的一种票据行为。远期汇票在付款到期日前应先提示受票人让其确认到期付款的责任，具体做法是：由受票人在汇票正面空白处写上“承兑”二字，签上本人姓名，以此确认责任，表明到时一定付款不误，然后交还给提示人（见下图）。付款人对远期汇票承兑后，其身份随之发生质的变化，从受票人的地位转化成了承兑人的地位，成为汇票上的主债务人。

承兑 年　　月　　日 承兑人签名：

四、保证（Guarantee）

保证就是非票据义务人为票据义务承担保证。保证人同样也属非债务人之列，其目的是为了增强票据的可接受性，使之便于流通和融资。保证人为出票人、背书人、承兑人等被保证人进行担保。此时，保证人与被保证人所负责任完全相同，在付款到期日负付款责任。

五、提示（Presentation）

提示是指持票人向付款人出示票据，要求承兑或要求付款的行为。即提示是持票人要求票据权利的行为。

六、付款（Payment）

付款是指即期票据或到期的远期票据的持票人向付款人提示票据时，付款人支付票款的行为。付款是票据流通过程的终结，是票据债权债务的最后清偿。

七、拒付（Dishonour）

拒付又叫退票，它是指付款人在持票人按票据法规定作提示时，拒绝承兑或拒绝付款的行为。汇票、本票、支票都可能遭到拒付。

八、追索（Recourse）

追索或行使追索权是指持票人向出票人或向前手追回票款的行为和权利。持票人在追索时要具备一定条件：持有合格票据；持票人在法定时效内提示；发生拒付并在规定时效内做成了拒绝证书[①]。

① 拒绝证书（Protest）是由拒付地点的法定公正机构或其他有权出具证书的机构出具的证明拒付事实的书面文件。它不同于拒付通知（Notice of Dishonor），拒付通知亦称退票通知，是持票人将遭到拒付的事实以书面形式通知前手。

案例分析

利用银行承兑汇票诈骗

案情：某年10月，中国H省A服装公司与埃及B公司签订了一份合同，金额约150万美元，采用即期信用证结算。但是，信用证规定A公司必须出具一份经中国第一流银行承兑的汇票，且规定汇票的收款人是B公司，汇票金额为信用证金额的10%，付款期限为3个月，以此作为质量保证金，信用证才开始生效。通知行M在通知信用证时，对该风险条款做了标注。由于该笔业务利润比较丰厚，并考虑到汇票付款时间晚于信用证收汇时间，A公司以从国外采购原材料为由向国内C银行提出了“承兑”要求。银行为避免风险，特与该公司办理了预贷款手续。

银行承兑汇票办妥后，A公司将汇票直接寄给了B公司。1个月后，A公司生产的第一批货物装运后，及时向银行办理了交单。10天后，议付行收到了开证行的拒付通知，称信用证未生效，开证行可以不付款。

A公司立即联系B公司，但是联系不上。A公司向中国驻埃及总领馆寻求帮助，得到的答复是该公司已宣告破产。2个月后，C银行收到了D银行转来的银行承兑汇票，要求C银行付款。C银行为了保护自己的信用，只得付款，该损失最终由A公司承担。

分析：后经银行查询，该进口商与开证行进行勾结，其目的是利用银行承兑汇票向其他银行贴现转卖，从中得利。而出口商因疏于业务管理和缺乏业务知识，没有对信用证条款的内容反复核查，从而导致巨大损失。

本案是利用骗取的汇票进行欺诈的典型案例，在本案例中诈骗分子以丰厚的利润为诱饵，骗取出口方的信任而获得汇票。遇到具有风险条款的信用证和对外开立汇票时，出口企业必须慎重从事，多与银行进行协商与沟通。

资料来源：蒋琴儿、秦定：《国际结算：理论·实务·案例》，北京，清华大学出版社，2007。

本章小结

现代国际贸易结算是以票据为基础的非现金结算，票据具有设权性、无因性、要式性、流通性和可追索性等重要特征。汇票、本票、支票是现代社会最重要的三大票据，构成了整个票据体系，也是学习国际贸易结算的基础。

本章关键术语

汇票	本票	支票	设权性	无因性	要式性
出票人	付款人	收款人	承兑人	背书人	保证人
被背书人	票据行为	出票	背书	承兑	保证
提示	付款	拒付	追索		

本章思考题

1. 简述票据的特点及功能。
2. 汇票、本票、支票各有什么特点？
3. 列举票据的当事人。
4. 汇票的种类有哪些？
5. 本票的种类有哪些？
6. 支票的种类有哪些？
7. 简述票据行为的含义及具体内容。

本章练习题

一、填空题

1. ______又叫______，它是指付款人在持票人按票据法规定作提示时，拒绝承兑或拒绝付款的行为。

2. 汇票付款期限为出票后 3 个半月，出票日期为 2006 年 12 月 19 日，此汇票到期日应为______。

3. 本票根据出票人不同，可分为______和______。

4. 按照出票人不同，汇票可分为______和______。

5. 按照有无附货运单据，汇票可分为______和______。

6. 票据的保证是指由______对票据的______做出保证的行为，保证人和______同责。

二、判断题

1. 票据的无因性就是票据的基本当事人之间，不存在资金关系和对价关系等票据原因关系。（　　）

2. 票据的流通性是保护受让人的权利，就是使票据受让人能得到十足的票据权利，甚至受让人可以得到让与人没有的权利。（　　）

3. 汇票与支票的区别在于：前者以银行为付款人，而后者的付款人不限于银行。（　　）

4. 普通支票可以经划线而成为划线支票，一般划线支票可以经记载指定银行而成为特殊划线支票。（　　）

5. 付款人对票据付款是终局性付款，因此，付款人只要对票据付了款，就解除了付款义务。（　　）

6. 当持票人提示汇票时，付款人拒绝付款，或拒绝承兑，或破产或逃匿等，这就是拒付。（　　）

三、选择题

1. 票据的形式必须符合法律的规定，票据上必要记载项目齐全且符合规定，被称为票据的（　　）。

A. 文义性　　B. 要式性　　C. 设权性　　D. 法律性

2. 某银行签发一张汇票，以另一家银行为受票人，则这张汇票是（　　）。

A. 商业汇票　　B. 银行汇票　　C. 商业承兑汇票　　D. 银行承兑汇票

3. 在汇票的使用过程中，使汇票一切债务终止的票据行为是（　　）。

A. 提示　　B. 承兑　　C. 背书　　D. 付款

第三章 国际贸易结算方式——汇款

学习目标

- 掌握汇款的含义、各当事人的职责、汇款的种类及其业务流程。
- 理解汇款结算方式在国际贸易中的应用。
- 理解电汇、信汇和票汇三种汇款方式的特点及流程。
- 理解顺汇和逆汇的区别。
- 理解调拨头寸常用语。

国际贸易结算的全过程大致可归纳为：运用结算工具按照一定的结算方式，通过国际商业银行非现金结算即转账结算的办法，实现可兑换货币的转移，从而清偿国际债权债务关系。如何运用金融票据（汇票）这一结算工具？以什么方式，在什么条件下运用？这就是结算方式要回答的问题。

第一节 国际贸易结算方式概述

一、国际贸易结算方式的种类

当前，国际上通行的结算方式有以下几种：

（1）汇款方式（Remittance）。

（2）跟单托收方式（Documentary Collection）。

（3）跟单信用证方式（Documentary L/C）。

（4）保函方式（Letter of Guarantee，L/G）。

（5）记账方式（Clearing Method），等等。

二、结算方式应具备的条件

任何一种结算方式之所以能在国际上被广泛采用，经受时间的考验而经久不衰，绝非偶然。比如，跟单信用证用于国际贸易结算已有近百年的历史。这百年来，尽管信用证的内容有所发展完善，具体做法也有变化，但至今仍未突破信用证这一框架，它广泛应用于全球，成为最主要的结算方式之一，是有其内在原因的。

作为一种完善的结算方式，它必须具备以下三个条件：

（1）须能保证比较安全、快捷地结清对外贸易中的债权债务。

（2）须能保证买卖双方的利益都能获得充分照顾。在支付贸易货款方面，买卖双方的利益是相互矛盾的。概括地说，前者希望收到货物后再付款；后者则希望在发货前先收到货款。凡是双方都愿意采用的结算方式，必须是不偏袒买卖双方中的任一方，全面照顾双方利益的那种结算方式。

（3）须能便于资金融通。也就是说，应能使买卖双方（也包括中间商）容易从国际和国内金融市场与商业银行筹措其所需资金。

对外贸易结算方式发展的历史说明，一种结算方式之所以被另一种结算方式所取代，究其原因，就是因为前者不具备上述全部要素或缺乏其中某些要素。

三、“顺汇”与“逆汇”

考察结算方式，首先需要弄清“顺汇”和“逆汇”这两个概念。所谓“顺汇”（Remittance），系指结算工具的流向与货款的流向是同一个方向，是作为债务方的买方主动将进口货款通过汇款方式汇付给作为债权人的卖方的一种方法。“逆汇”（Reverse Remittance）则相反，是结算工具的流向与货款的流向呈相反方向。前者称“汇付法”，后者称“出票法”。

顺汇与逆汇的区别关键在于结算工具的流向与货款的流向是否相同。

例如：现假定甲国某出口公司向乙国某进口公司出口一批电气用品，货款为100 000美元。这笔货款的支付，可以使用两种方法，其一，如图3—1所示。

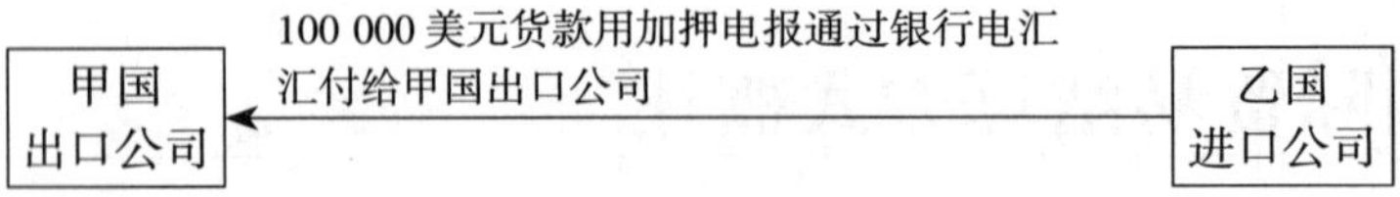

图3—1　顺汇结算

从图3—1可以看出：

第一，结算工具（此处指带有密码的加押电报）的走向与100 000美元货款的流向是同一个方向。

第二，这种支付方法是债务方即进口电气用品的付款方主动将进口货款汇付给债权方收款人的，此法谓之“顺汇”，其基本特征是：结算工具的走向与资金的流向呈相同方向。

这笔交易的支付也可用另一种方法实现，如图3—2所示。

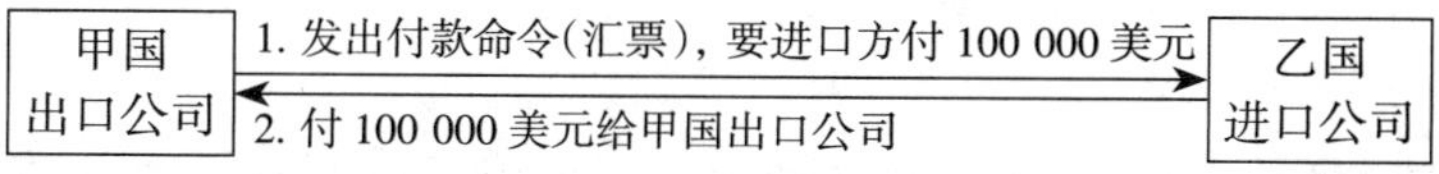

图 3—2　逆汇结算

从第二种方法可以看出：

第一，结算工具（此处为汇票）的走向与货款的流向呈相反方向。

第二，这种支付方法是债权方即收款人主动向债务方索取货款，前者发出付款命令令后者付款。

知识应用

在银行业务中，电汇、信汇、票汇、托收、信用证业务分别属于哪种范畴？

分析：按照资金的流向和结算工具传送的方向，电汇、信汇、票汇均属于顺汇；托收、信用证业务则属于逆汇结算的范畴。随着银行卡的普及和互联网支付的兴起，汇款中的信汇方式几乎完全被淘汰。

第二节　汇款概述

汇款（Remittance）又称汇付，是银行应汇出人的要求，以一定的方式将款项通过国外联行或代理行交付收款人的结算方式。由于结算工具的流向与货款的流向是同一个方向，所以汇款属于顺汇性质。国际汇款又称国际汇兑。

> 汇款方式既可以用于贸易结算，也可用于非贸易结算。凡属外汇资金的调拨都是采取汇款的方式。

一、汇款的当事人

汇款结算方式有四个当事人：汇款人（Remitter）、汇入行或解付行（Paying Bank）、汇出行（Remitting Bank）以及收款人或受益人（Payee or Beneficiary）。

（一）汇款人

汇款人即付款人，是委托汇出行将款项汇交收款人的当事人，通常是国际贸易合同中的买方。汇款人在委托汇出行办理汇款时要出具汇款申请书，该申请书是汇款人与汇出行之间的契约。汇款人应当正确填写汇款申请书，申请书填制上的错漏所引起的后果由汇款人自己负责。

（二）汇入行或解付行

汇入行或解付行即接受汇出行委托，并解付一定金额给收款人的银行。汇入行解付汇入款必须严格按照汇出行的支付委托书执行，收到支付委托书后不论电汇、信汇和票汇都应该验收印鉴密押，若有疑惑必须与汇出行进行联系，并通过加押电报来确认。汇入行通常是收款人所在地的银行，即出口地银行。

（三）汇出行

汇出行是接受汇款人委托而汇出款项的银行。汇出行对汇款申请书的内容应该仔细阅读审核，如果有危及汇款解付的内容，应予指出，或者要求汇款人修改，或者将申请书退给汇款人。汇款申请书一旦被接受，汇款人和汇出行之间的契约关系就立即正式生效。汇出行应该完全遵照汇款申请书的内容办理汇款业务。汇出行通常是汇款人所在地的银行，即进口地银行。

（四）收款人或受益人

收款人或受益人是接到汇入行通知后收取汇款金的当事人，通常是国际贸易中的卖方。收款人是汇款金额的最终接受者，通常是出口方或债权人，也可是汇款人本人，其权利是凭证取款。

二、汇款当事人的相关关系

汇款当事人的相关关系如图 3—3 所示。

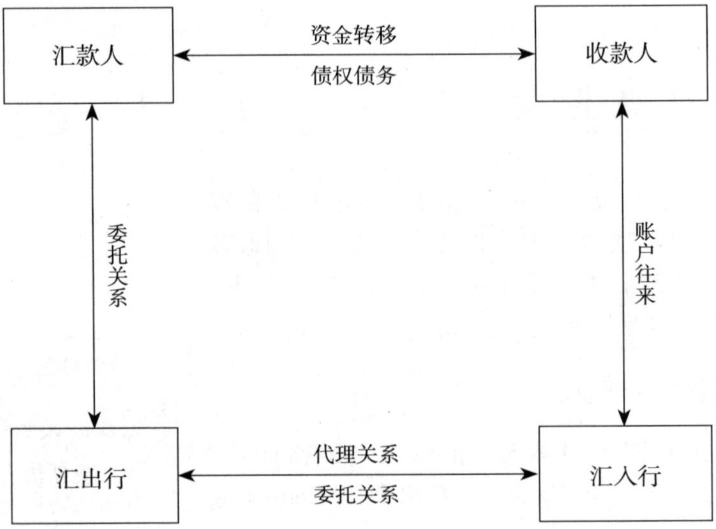

图 3—3　汇款当事人的相关关系

（1）汇款人与收款人之间的关系。在实务中表现为两个方面：在非贸易汇款中，由于资金单方面转移的特性，使汇、收双方表现为资金提供与接受的关系；在贸易汇款中，由于商品买卖的原因，使汇、收双方表现为债权债务关系。

（2）汇款人与汇出行之间是委托与被委托的关系。汇款人委托汇出行办理汇款时，要出具汇款申请书，这是当事双方委托与接受委托的契约凭证，它明确了双方在该项业务中的权利与义务。

（3）汇出行与汇入行之间既有代理关系又有委托与被委托的关系。一般代理关系在前，即两行事先签有业务代理合约或有账户往来关系，在代理合约规定的业务范围内，两行各自承担所尽之责。就一笔汇款业务而言，汇出行通过汇款凭证，传递委托之信息，汇入行接受委托，承担解付汇款之义务。

(4) 收款人与汇入行之间通常表现为账户往来关系。即收款人在汇入行开有存款账户。此外，它们两者也可以没有关系，汇入行有责任向收款人解付该笔款项。

三、汇款类型及业务流程

汇款人汇款必须向汇出行递交汇款申请书，委托汇出行办理汇出汇款业务。汇出行根据申请书的要求以不同的传递方式通知汇入行，而汇入行则根据汇出行的汇款指示向收款人解付汇款。

按照汇款使用的支付工具不同，汇款可分为电汇、信汇、票汇三种。

(一) 电汇 (Telegraphic Transfer, T/T)

电汇是汇出行应汇款人的申请，拍发加押电报或电传给国外汇入行，指示其解付一定金额给收款人的汇款方式。

电汇的业务程序是：汇款人填写电汇申请书，向汇出行交款付费，取得电汇回执。汇出行根据电汇申请书内容，将汇款金额、收款人和汇款人姓名、地址以及汇款人附言等以电报或电传通知汇入行，委托其解付。为了使汇入行核对金额，证实电报的真实性，汇出行在电报、电传中必须加注双方银行约定使用的密押 (Test Key)。汇入行收到电文，首先要核对密押，确认无误后才能办理解付手续。汇出行发出电文后，一般还须寄发电报证实书 (Cable Confirmation)，它既可证实所发的电汇电文，又可作为该笔汇款业务的有效文本留底备查。随着电信设备与银行电脑的联机使用，每一笔电汇业务委托书的内容都将完整地显现在汇入行的电脑或电传机上，因此电报证实书的使用已越来越少了。汇入行如果发现汇款电文金额与密押有问题，应立即回电查询，而不必等待电报证实书。汇入行解付前要缮制电汇通知书，通知收款人取款，收款人在收据上盖章，交给汇入行，汇入行凭以解付款项。对在汇入行开有存款账户的单位，汇入行凭汇款电文将款项收入收款单位账户，然后向收款单位发出收账通知单。这是国际贸易结算电汇中常用的通知方式。汇入行在接到国外电汇头寸后，还须将付讫的借记通知书 (Debit Advice) 寄给汇出行。

电汇业务程序如图 3—4 所示。

电汇的特点：

(1) 电汇是以电报或电传作为结算工具，其传递方向与资金流动方向相同，所以电汇属于顺汇结算。

(2) 电汇是收款速度最快的汇款方式，但汇款人必须承担较高的费用，所以一般在金额较大或比较紧急的情况下才予以使用；随着高新技术的发展，电汇成本有了下降的趋势。

(3) 在银行汇款业务中，电汇优先级别较高，均当天处理。电汇交款迅速，银行无法占用电汇资金。

(4) 电汇还具有安全可靠的特点。目前电汇大部分采用电传和 SWIFT 系统发出。它们是银行之间的直接通信手段，减少了邮递环节，产生差错的可能性很小。加上电传是按分钟计价，相比按字计价的电报费用降低了成本；SWIFT 系统是非营利组织的系统，费

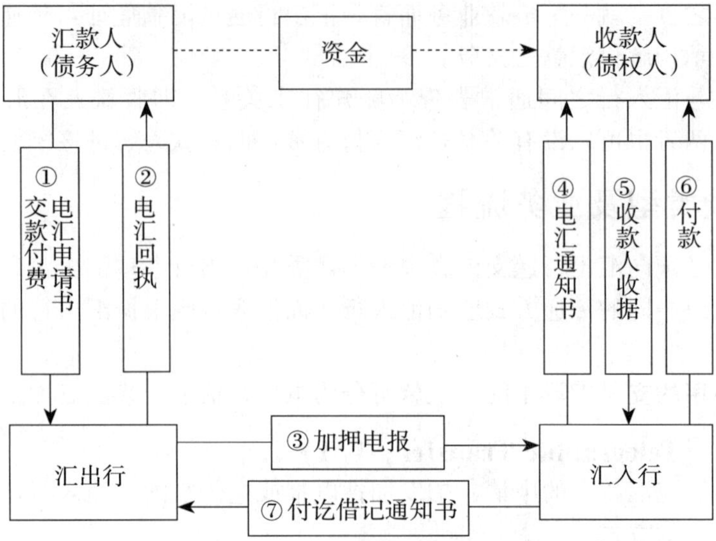

图 3—4　电汇业务程序

用也不高。因此，在汇款实务中，电汇业务的比例在逐渐增大。

（二）信汇（Mail Transfer，M/T）

信汇是汇出行应汇款人的申请，用航空信函指示汇入行解付一定金额给收款人的汇款方式。信汇业务的程序与电汇程序基本相同，所不同的是汇出行应汇款人的申请，以信汇委托书（M/T Advice）或支付委托书（Payment Order）为结算工具，通过航空邮寄至汇入行，委托其解付。

信汇委托书或支付委托书上须加具有权签字人的签字，汇入行收到委托书后，凭汇出行的印鉴样本核对无误后，即按委托书的地址通知收款人前来领取汇款。收款人领取汇款时，必须持证明自己身份的证件，并在汇款收据上签名或盖章。

信汇的特点：

（1）信汇费用低廉。

（2）信汇速度较慢。因邮递关系，收款时间较长。

（3）信汇资金可被银行短期占用。信汇在途时间较长，因此汇出行可占用一个邮程时间内的信汇资金。

信汇方式越来越无法适应国际贸易结算的发展，步入淘汰的趋势。

（三）票汇（Remittance by Banker's Demand Draft，D/D）

票汇是汇出行应汇款人的申请，代其开立以汇入行为付款人的银行即期汇票，并交还汇款人，由汇款人自寄或自带给国外收款人，由收款人到汇入行凭票取款的汇款方式。

办理票汇业务时，汇出行要出具汇票通知书或票根（Advice of Drawing）并寄至汇入行，以便汇入行在收款人持票向其取款时，凭票根核对汇票的真伪，待证实汇票无误后，解付票款给收款人，并将付讫收据寄至汇出行，从而完成了一笔票汇业务。

目前，一些联行和代理行之间为了简化手续，取消了邮寄汇票通知书或票根这一手续，仅凭核对印鉴相符便可付款。但如果遇到没有往来关系的银行开出的汇票，汇入行原则上必须待汇票头寸收妥后才能付给收款人。

票汇结算业务程序如图 3—5 所示。

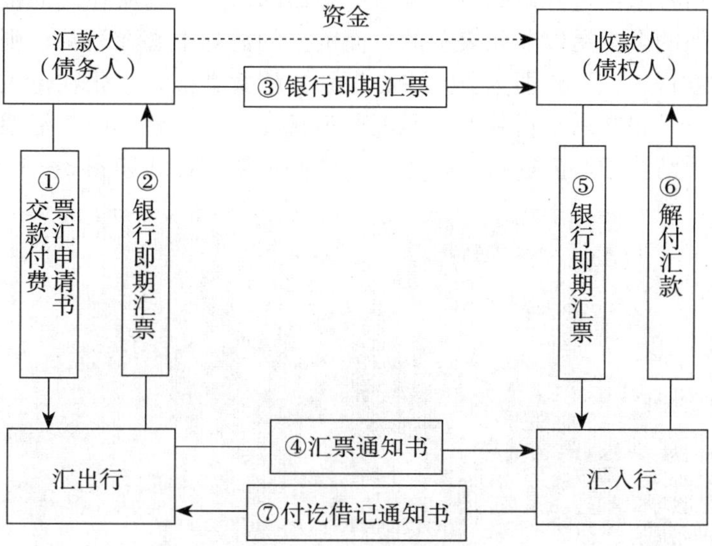

图 3—5　票汇结算程序

票汇以银行即期汇票为结算工具，其传送方向与资金的流向相同，所以票汇亦属于顺汇结算。票汇与其他汇款方式相比较，其特点为：

（1）票汇取款灵活。信汇、电汇的收款人只能向汇入行一家取款，而票汇汇款中的持票人可以在任何一家汇出行的代理行取款，只要汇入行有汇出行的印鉴册，能核对汇票签字的真伪，汇入行确认签字无误后，就会解付其汇款。

（2）汇票可代替现金流通。汇票经收款人背书后，可以在市场上流通转让，到银行领取票款的持票人不一定是原收款人，而信汇委托书则不能流通转让。票汇的汇票因是银行汇票，故在流通中较受人们欢迎。

（3）票汇是由汇款人自己将汇票寄给收款人或自己携带出国，并根据收款人的方便，在有效期内随时到银行取款。而信汇、电汇是由汇出行通过电讯或邮寄方式将汇款委托书交汇入行的。

（4）票汇汇入行无须通知收款人取款，是由收款人持汇票登门自取；而信汇、电汇都是汇入银行通知收款人来领取汇款。

知识应用

试对汇款的三种方式进行比较。

分析：三者产生差异的根本原因在于结算工具的传递方式不同。可以从结算工具、成本费用、安全性、速度四个方面进行简要比较，当然也可从其他方面入手。[①]

① 参见林孝成：《国际结算实务》，72 页，北京，高等教育出版社，2004。

四、中心汇票

中心汇票是指各家银行开出的以汇票票面货币的清算中心所在地的银行为付款行的汇票。例如一张汇票的金额是以美元表示的，而美元的清算中心在纽约，则应选择纽约的一家银行为汇票付款行。该汇票即为美元中心汇票。依此类推，一张在伦敦付款的英镑汇票为英镑中心汇票；一张在东京付款的日元汇票为日元中心汇票。中心汇票上的付款行一般是出票行在各货币清算中心的联行或代理行。中心汇票的样式如图 3—6 所示。

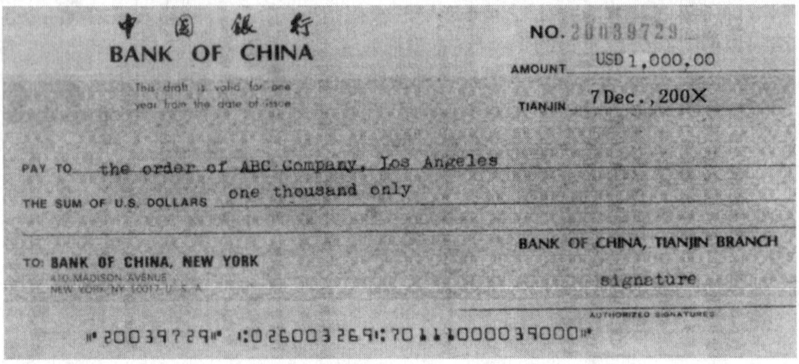
中国银行
BANK OF CHINA
NO. 20039729
AMOUNT USD 1,000.00
This draft is valid for one year from the date of issue
TIANJIN 7 Dec.,200X
PAY TO the order of ABC Company, Los Angeles
THE SUM OF U.S. DOLLARS one thousand only
BANK OF CHINA, TIANJIN BRANCH
TO: BANK OF CHINA, NEW YORK
410 MADISON AVENUE
NEW YORK NY 10017 U.S.A.
signature
AUTHORIZED SIGNATURES
⑈20039729⑈ ⑆026003269⑆70111000039000⑈

图 3—6 中心汇票

资料来源：苏宗祥、景乃权、张林森编著：《国际结算》，3 版，113 页，北京，中国金融出版社，2004。

汇款业务中采用“中心汇票”的优点在于：

（1）中心汇票的流通性较强。开出中心汇票的银行可以使汇票上的收款人不论在任何地点均可通过任何一家银行将中心汇票辗转送到货币清算中心，通过票据交换向付款行提示，转账划收，使收款人最终收到票款。

（2）采用中心汇票汇款可不占用汇出行的资金。汇出行开出中心汇票后，并不向海外联行和代理行寄发票根，也不拨头寸，而是利用自己在海外联行和代理行的存款资金进行支付。这样从出票时起，到中心汇票付款时止的一段时间里，避免了汇出行的资金占压。

（3）方便了银行客户。收款人接到中心汇票后，既可委托他的往来银行托收票款，也可就地出售，还可要求银行买入该票，或背书转让他人。

知识应用

采用中心汇票支付的票汇和信汇业务发生了什么变化？

分析：在票汇业务中，中心汇票代替了银行即期汇票，而其他业务程序不变。在信汇业务中，如果汇款收款人在中心汇票付款行所在地，则汇出行用挂号信将中心汇票寄给收款人即可完成“信汇支付”；如果收款人不在汇票付款行所在地，则汇出行应首先制作“信汇委托书”，以收款人所在地的一家银行作为解付行，然后再制作“中心汇票”。该票的出票人是汇出行，付款人是该票所示货币的清算中心所在地的联行或代理行，收款人是解付行。汇出行将信汇委托书和中心汇票一并寄解付行，解付行凭中心汇票收妥票款后通知收款人前来解付行取款。

案例分析

装运后T/T收汇失败案

案情：浙江A公司与俄罗斯B进口公司签订了一份五金产品的CIF合同，两个40 FCL。合同约定分两次等量装运，两次交货的时间间隔为30天，约定付款方式为装运日后30天内T/T付款。A公司备货后将第一个货柜按时装运出口，并将单据用快邮寄给进口商供其提货。30天后，A公司催B公司支付货款，B公司先是推脱过几天，后又使用各种借口，最后索性不再接听A公司的电话也不回复任何邮件。货物到港后两个月，A公司催收无果，只得联系船公司将货物运回，大量的滞港费、来回运费再加上清关费等使得A公司损失惨重，而之后这个货柜也只能转为库存。

分析：采用汇款方式结算货款，属于商业信用，本身就有一定的风险，更何况是本案中的到付。宁波到俄罗斯口岸的运输时间一般为30天左右，本案中的付款方式对进出口双方来说，货款平衡应该是比较合理的。本案中的出口商采用这种方式造成了巨额损失，主要是由汇款的本质特点（商业信用）决定的。

出口商对客户的资信情况不甚了解时，与其进行交易最好不要采用装运后付款的方式，而应采用装运前付款的方式，至少采用部分在装运前付款的方式。装运前预付的比例可视具体情况而定。

与高风险国家或地区开展贸易往来，最好采用预付或信用证结算，否则应采用出口信用保险等方式降低风险。

第三节 汇款头寸调拨与退汇

一、汇款头寸调拨

汇款头寸调拨是汇款头寸偿付（Reimbursement of Remittance Cover）的俗称，是指汇出行在办理汇出业务时应及时将汇款金额拨交给解付汇款的汇入行的行为。汇款头寸偿付必须通过代理行之间的资金往来而实现，它是通过账户上的划拨来完成的，称为银行划拨。

按照国际惯例，汇出行在发出汇款委托书的同时，必须将头寸拨付给付款行，使付款行不致因执行付款指示而垫付头寸。因此，每一笔汇款都必须注明拨付头寸的具体指示，即每一笔汇款都必然引起一笔相同金额的头寸偿付业务。有的银行在相互建立业务代理关系时，在代理合约中订明汇款头寸偿付的方法，有的银行则在逐笔汇款委托书或汇票通知书中注明头寸如何调拨。

调拨头寸必须结合汇出行和汇入行的账户开设情况，具体可以分为四种头寸调拨方法。

（一）主动贷记

作为偿付，汇出行主动将相应头寸贷记汇入行的账户。“In cover，we have credited your a/c with us.”

（二）授权借记

作为偿付，汇出行授权汇入行借记该行在汇出行设立的账户。“In cover，please debit our a/c with you.”汇入行收到汇款委托书后借记汇出行账户，拨出头寸解付收款人，并寄出借记报单通知汇出行。

（三）共同账户行（碰头行）转账

当汇出行与汇入行相互之间没有往来账户，但是在同一代理行开立了账户时，为了偿付解款，汇出行可以在汇款时主动授权这个共同账户行借记汇出行账户并同时贷记汇入行账户。“In cover，we have authorized X Bank to debit our a/c and credit you're a/c with them.”

（四）各自账户行转账

当汇出行和汇入行之间没有共同账户行，但它们各自的账户行之间有账户往来关系时，则汇出行指示其账户行（X bank）拨付头寸给汇入行的账户行（Y bank）开立的账户。“In cover，we have instructed X Bank to remit proceeds to you.”

二、退汇

退汇就是汇款在解付前的撤销。汇款人和收款人都可以要求退汇。

（一）收款人退汇

收款人退汇比较方便，在信汇、电汇时，只要他拒收信汇、电汇，通知汇入行，汇入行就可以将汇款委托书退回汇出行，必要时说明退汇原因，然后由汇出行通知汇款人前来办理退汇，取回汇款。在票汇下，收款人退汇，要将汇票寄给汇款人，然后汇款人自己到汇出行办理退汇手续。

（二）汇款人退汇

首先，电汇、信汇汇出行应该立即通知汇入行停止解付，撤销汇款，如果收款人有意见，应向汇款人交涉，不能要求汇出行和汇入行付款。然而，汇款人的退汇要在撤销通知到达汇入行且该行尚未付款时才能实现。汇出行接受汇款人电汇、信汇的退汇要求后，应用信函或电文通知国外汇入行办理退汇，汇入行接到汇出行要撤销电汇、信汇的通知后，如尚未解付款项，一般可以同意照办；如果汇入行已经解付款项，汇入行不能向收款人追索，汇款人也不能要求退汇，只能由汇款人直接向收款人交涉要求退款。

其次，在票汇的情况下，汇出行处理很谨慎。因为汇出行自己开出汇票，自己即为出票人，对任何合法的、善意持票人均要担负保证付款责任，如无理退回汇票，一方面会增加手续，另一方面还可能丧失信誉，或引起许多纠纷与争执。

因此，如果是汇出行开出汇票交汇款人，汇款人还没寄出汇票，那么他可以持原汇票到汇出行申请注销汇款。如果属于寄递时遗失，或属于天灾人祸、火灾水灾以及如飞机、轮船失事而造成的毁灭，那么一般在了解到汇票收款人确实无法收取款项时，可以接受办理退汇。

如果汇款人已经将汇票寄出，汇票款项已经被收款人领取，或者虽然没领取但估计汇票已经在市场上流通，则不论汇出行还是汇入行都不会办理退汇。

汇票如果遗失、被盗，则应该办理挂失、止付手续，即由汇款人向汇出行出具担保书，担保若发生重付，则由汇款人负责。有的银行还要向法院或公证行办理公告等手续进行挂失，汇出行在收到担保书和公告后，据以通知汇入行挂失止付，待汇入行回电、回函确认后，才能办理退汇或者补发一张汇票。关于止付，对汇入行来说，如有汇出行的通知，可以不付款，但如果汇入行认为必须付款，则汇出行或汇款人不能因此提出异议。

（三）汇入行退汇

电汇、信汇汇出后，如果收款人迟迟不来取款，过了一定时期，汇入行有权主动通知汇出行注销，办理退汇。凭汇票取款的期限，各国银行的规定不同，一般是半年或者一年。汇出行汇出汇款后，如果汇款人得知收款人未能如期收到汇款或汇款有错漏，可以到汇出行或经汇出行到汇入行进行查询。

第四节　汇款在国际贸易中的应用

在国际贸易中以汇款方式结算买卖双方的债权债务时，根据货款汇付和货物运送时间顺序的不同，汇款分为先付款后交货和先交货后付款两种类型。前者称为预付货款（Payment in Advance），后者称为货到付款（Payment after Arrival of the Goods）。

一、预付货款

（一）预付货款的含义

它是指买方（进口商）先将货款的全部或者一部分通过银行汇交卖方（出口商），卖方收到货款后，根据买卖双方事先签订的合约，在一定时间内或立即将货物运交进口商的结算方式。此方式对进口商来说是预付货款；对出口商来说则是预收货款。对银行来说预付货款属于汇出款项，预收货款属于汇入款项。

在国际贸易中，处理汇入款项业务的银行在向出口商结汇后，出口商才将货物运出，所以此种结算方式又叫“先结后出”。

（二）预付货款的特点

> 预付货款的特点与货币的时间价值和风险联系在一起。

1. 预付货款对出口商有利

（1）货物未发出，已收到一笔货款，等同于得到无息贷款。

（2）收款后再发货，降低了货物出售的风险，如果进口商毁约，出口商可没收预付款。

（3）出口商可以充分利用预收货款，甚至可在收到货款后，再购货发出。

2. 预付货款对进口商不利

（1）未收到货物，已先垫付了款项，将来如果不能收到或不能如期收到货物，或货物与合同不符，则将遭受损失或承担风险。

（2）货物到手前付出货款，造成资金周转困难及利息损失。

（三）预付货款的适用范围

（1）出口商的商品是进口国市场上的抢手货，进口商迫切想要取得高额利润，因此不惜预付货款。

（2）进出口双方关系密切，相互了解对方的资信状况，进口商愿意预付货款来购入货物。

（3）卖方货物旺销，在出口商与进口商初次成交时，卖方对买方资信不甚了解，顾虑买方收货后不按合约履行付款义务，为了收汇安全，卖方提出预付货款作为发货的前提条件。

（四）进口商防范预付货款风险的措施

进口商为了保障自己的权益，减少预付货款的风险，一般要通过银行与出口商达成解付款项的条件协议，常称为“解付条件”。它由进口商在汇出款项时提出，由解付行在解付时执行。

主要的解付条件是：收款人取款时，要出具个人书面担保或银行保函，担保收到货款后如期履约交货，否则退还已收到的货款并附加利息；或收款人保证提供全套货运单据等。除了附加“解付条件”外，进口商有时还会向出口商提出对进口商品折价支付，作为抵补预付货款造成的资金利息损失。

二、货到付款

（一）货到付款的含义

它是指出口商先发货，进口商后付款的结算方式。此方式实际上属于赊账交易（Open Account Transaction）或延期付款（Deferred Payment）结算。

（二）货到付款的特点

> 预付货款使本来处于主动地位的买方的资金被无偿占有并承担一定的风险，货到付款与此正好相反。

1. 货到付款对买方有利

（1）买方不承担资金风险，货未到或货不符合合同要求则不付款，在整个交易中买方占据主动地位。

（2）由于买方常在收到货物一段时间后再付款，无形中占用了卖方资金。

2. 货到付款使卖方承担风险

（1）卖方先发货，必然要承担买方不付款的风险。

（2）由于货款常常不能及时收回，卖方资金被占用，给卖方造成了一定的损失。

（三）货到付款在国际贸易中的应用

1. 售定（Be Sold Out）

售定是指买卖双方成交条件已经谈妥并已签订了成交合同，同时确定了货价和付款时间，一般是货到即付款或货到后若干天付款，货款由进口商用汇款方式通过银行汇交出口商。这种特定的延期付款方式习惯上称为“先出后结”，又因价格事先已经确定，故亦称售定。售定只适用于我国内地对港澳地区出口鲜活商品的贸易结算。

2. 寄售（Consignment）

寄售是由出口商先将货物运至国外，委托国外商人在当地市场代为销售，货物售出后，被委托人将货款扣除佣金后通过银行汇交出口商。进出口双方欲做寄售交易，首先要签订寄售协议。货物单据可通过银行传递，也可直接寄给海外受托人（Trustee）。寄售对进口商而言是“先进后结”，即先进口后付汇。

目前我国经营的先进后结业务有：（1）国外进口寄售业务；（2）在国外售券国内提货业务。后者是为了方便旅游者，避免我国外贸出口商品倒流。旅游者在国外我国设立的售券机构购得货券后，由本人携带入境，经海关验证盖章，方能提货。经营这种业务的目的是争取外汇收入，减少运输、保险与佣金开支，方便归侨、侨眷及港澳同胞。此项经营所得外汇经国外银行汇入国内，属于汇入汇款的性质。

案例分析

案情：我国内地某外贸公司（卖方）与香港D商社（买方）经中间人介绍签订了一份金额为10万美元的贸易合同，合同规定：由买方开出即期不可撤销的信用证向卖方付款。但过了合同约定的开证日期仍未见买方开来信用证，经催问，对方称：“证已开出，请速备货。”然而，临近约定的装运期前一周，卖方还未收到来证。卖方再次查询，对方才告知“因开证行与卖方银行并无业务代理关系，故此证已开给有代理关系的某地银行转交”。此时，船期已到，因合同规定货物需直接运抵加拿大，而此航线每月只有一班船，若错过这一次船期，则要推迟至下一个月才能装船，这样，将造成利息和费用的损失。这时，港商提出改用电汇方式把货款汇来，以促成该笔生意。鉴于以上情况，卖方只好同意并要求对方提供汇款凭证传真件，确认后马上发货。次日，港商便传来了银行的汇款凭证，卖方财务人员持该汇款传真件到银行核对签字无误后，以为款项已汇出，便放心地安排装船。但出运后10多天，卖方才发觉货款根本未到账，大呼上当。原来，该港商资信甚差，经营作风恶劣，瞄准卖方急于销货的心理，玩弄花样，先购买一张小额汇票，涂改后，再传真过来，冒充电汇凭证，蒙骗卖方，使其遭受重大的经济损失。

分析：一般来说，诈骗分子利用信汇或电汇进行诈骗主要有以下几个特点：

（1）诈骗分子通常以买方身份出现，并在正常贸易的幌子下，煞有介事地与出口企业（卖方）签订买卖合同，且规定采用信用证结算方式。

（2）诈骗分子看准时机后，别有用心地将信用证结算方式改为汇款方式，并设法伪造、涂改汇款凭证，刻意制造货款已汇出的假象，千方百计哄骗卖方尽快发货。

（3）某些出口企业因不明真相，且急于求成，在对方的诱惑下，盲目发货，并误以为货款已收妥。

（4）所谓的“汇款凭证”其实只是一纸加盖银行假印章的进账单，或者经过涂改、变造的汇票复印件和汇款委托书传真件。

（5）诈骗分子旨在骗取出口企业的出口货物。

资料来源：林孝成：《国际结算实务》，79页，北京，高等教育出版社，2004。

本章小结

汇款就是顺汇，其结算工具的流向与资金流向相同。汇款具有四个当事人：汇款人、汇入行或解付行、汇出行以及收款人或受益人。汇款人委托汇出行汇出汇款时可以选择三种方式：电汇、信汇和票汇。汇款在解付之前可以撤销，汇款人可以向汇出行办理退汇手续。汇款因为其速度快、费用低、安全高的特点在国际贸易中得到了广泛的应用。

本章关键术语

收款人　信汇　证实　委托人　电汇　票汇　国际汇兑
顺汇　逆汇　汇款人　解付行　出票人　头寸　预付货款
售定　寄售

本章思考题

1. 汇票和票汇有何区别？
2. 汇款的当事人有哪些？各当事人有何职责？
3. 试比较分析电汇、信汇和票汇三种汇款方式的优缺点。
4. 什么叫做顺汇？哪种结算方式是顺汇？
5. 什么叫做逆汇？哪些结算方式是逆汇？
6. 如何写一张汇票？

本章练习题

一、填空题

1. There are four parties in a remittance, i. e.

(1) __________ (2) __________ (3) __________ (4) __________.

2. The remittances which are handled by the home remitting bank are called (1) __________, while those are handled by foreign paying bank are called (2) __________.

3. Remittance through a bank from one country to another may usually be made by one of the following methods: (1) __________ (2) __________ (3) __________.

4. Telegraphic payments in USD should be made through three channels:

(1) __________ (2) __________ (3) __________.

5. The mail transfer is a remittance, at the request of a remitter, effected by a (1) __________ or (2) __________ sent by the remitting bank to the paying bank authorizing the latter to notify and pay a certain sum in money to the payee of the remittance.

6. A banker's demand draft is also called a (1) __________. When drawer bank and

drawee bank are branches, D/D may be called (2) __________.

7. The drawee banks of D/D are located in a clearing center of draft currency, and it is called draft __________.

8. Payment after arrival of goods include two types of goods for sale, namely (1) __________ (2) __________.

9. Draft No. 20060613

Amount: HKD32 150.00

Place and date of draft: Tianjin, 8 May, 2006

Paying bank: Bank of China, Hong Kong

Payee: the order of United Trading Company, Hong Kong

Pay against this draft to the debit of our account.

Remitting bank: Bank of China, Tianjin

Remitter: China National Light Industrial Products Imp. &
Exp. Corp., Tianjin Branch, Tianjin

Please draw a demand draft to make remittance by D/D.

	BANK OF CHINA
This draft is valid for one year from date of issue.	NO. __________ AMOUNT __________
To: ____	
Pay to ____	
THE SUM OF ____	
____	
PAY AGAINST THIS DRAFT TO THE DEBIT OF OUR _____ ACCOUNT	BANK OF CHINA, TIANJIN signatures

二、判断题

1. DD stands for Demand Draft. ( )

2. MT is a quicker method of payment than a banker's demand draft. ( )

3. Among TT, MT and DD, TT is the cheapest method of payment. ( )

4. A further advantage of TT over MT is that there is no danger of instructions being delayed or lost in the post. ( )

5. In the case of MT, the remitting bank issues a draft to its customer, and directs its foreign branch or correspondent by mail to make the payment to the beneficiary. ( )

6. The operations of a telegraphic transfer is just the same as the mail transfer. ( )

三、选择题

1. If the London's bank makes a payment to a correspondent abroad, ( ).

A. it will remit the sum abroad

B. the foreign bank's vostro account (来账) will be credited

C. the London bank's nostro account (往账) will be credited

D. either A or B

2. If Barclays instructs Citibank to pay a sum of USD100 000 to Midland, its nostro account should be ( ).

A. credited B. debited C. increased D. decreased

3. When a customer asks its bank to make a telegraphic transfer to a beneficiary abroad, the charges may ( ).

A. be paid by either the remitter or the remittee

B. be debited against the nostro account

C. be credited to the vostro account

D. be paid by the remitting bank

4. If a importer asks his bank to make a telegraphic transfer to an exporter abroad, he should ( ).

A. pay the home currency equivalent of the sum in foreign currency

B. pay the banks commission

C. get a permission from the authorities

D. pay the bank in foreign currency

5. Mail transfers are sent to the correspondent bank, unless otherwise instructed by clients ( ).

A. by courier service

B. by ordinary mail

C. by airmail

D. by seamail

6. The various methods of settlement all involve the same book keeping. The only difference is ( ).

A. the method by which the overseas bank is advised about the transfer

B. the method by which the beneficiary is advised about the transfer

C. the speed

D. the beneficiary

第四章 国际贸易结算方式——托收

学习目标

- 理解托收的定义，掌握托收的业务流程和各当事人的权利义务，掌握跟单托收的各种交单条件。
- 理解跟单托收中的融资。
- 理解跟单托收的风险及其防范。
- 了解《托收统一规则》。

中国棉花进出口总公司向古巴农产品总公司出口 100 000 吨棉花，中国棉花进出口总公司委托中国农业银行北京分行办理托收，交单条件为 D/P 即期，并指定要求古巴国民银行哈瓦那分行为代收行，你会开具跟单汇票吗？你会画出托收流程图吗？

第一节 托收概述

一、托收的定义

托收（Collection）是银行根据委托人的指示处理金融单据或商业单据，目的在于取得承兑或付款，并在承兑或付款后交付单据的行为。通俗地讲，托收是债权人为向债务人收取款项，出具债权凭证（包括汇票、本票、支票等）委托银行代为收款的一种支付方式。

银行在托收时只是委托人的代理人，并不保证收到款项。

从具体业务实践看，银行处理托收业务要比汇款业务复杂，其中要涉及提交票据和单据的过程，而且各国银行对托收的做法不同，因此熟悉和掌握有关托收的国际惯例对正确采用托收方式和处理托收业务十分必要。

二、托收的特点

> 在托收中出票人是债权人，其基础是商业信用。

托收是建立在商业信用基础之上的一种结算方式，其最大特点就是“收妥付汇、实收实付”。出口商与托收银行之间、托收银行与代收银行之间只是一种代理关系。无论是托收银行还是代收银行，在跟单托收方式中，只是对进出口货物的安全性、收汇的及时性负有道义上的责任，至于进口商能否按照规定的交单条件付款赎单，完全取决于其付款的能力和付款的愿望，银行并不承担付款的责任。因此，这种结算方式对进出口商双方来说，利益风险很不平衡。对出口商而言，其风险要更大一些。

此外，托收方式是逆汇方式，即出票法，是出口方开出汇票，连同货运单据（即跟单汇票）委托银行要求进口方付款，进口方在收到货运单据并审单无误后通过银行对出口方付款。结算工具（汇票）的走向与货款的流向是逆向的。

就跟单托收这项业务而言，银行的作用仅是委托代理和接受委托代理。由于跟单托收方式纯属一种买卖双方的商业信用，银行只起结算中介作用，托收缺乏第三者对买卖之间的交货和付款做出可靠的信用保证，因此，在以后的贸易实践中逐渐产生了比托收更先进的信用证结算方式。

国际商会于 1995 年颁布《托收统一规则》，即 522 号出版物（Uniform Rules for Collection，ICC Publication No. 522，URC 522），1996 年 1 月 1 日开始实施。全文分 A、B、C、D、E、F、G 七个部分，共有 26 条。

知识总结

托收是委托人向银行提交凭以收款的金融票据或商业票据①或两者兼有，委托银行（托收行）向付款人收取货款（款项）的一种结算方式。银行在托收中处于代理人地位，并不一定收到款项。其业务流程从债权人出具汇票到收回货款是一个循环。

三、托收的当事人及其相互关系

（一）托收的当事人

银行接受委托，运用托收方式进行国际结算时必须通过国外的联行或代理行才能完成托收业务。因此，托收方式涉及的基本当事人有债权人、债务人、债权人所在地的银行和债务人所在地的银行。

（1）委托人（Principal 或 Consignor）指在托收业务中，签发汇票并委托银行代为收款的人。由于委托人通常开具汇票委托其银行向国外债务人收款，所以通常也称为出票人。

---

① 金融票据意指汇票、本票或其他用于获得货币付款的相似的票据，或以支付为目的的票据。商业票据意指发票、运输单据、物权单据或其他相似单据，或不是金融单据的其他任何单据。

（2）托收银行（Remitting Bank）指接受委托人的委托，并通过国外联行或代理行完成收款业务的银行。在托收业务中，托收行一般是债权人所在地的银行。

（3）代收银行（Collecting Bank）指接受托收银行的委托代向债务人收款的国外联行或代理行。在托收业务中，代收行一般是付款人所在地的银行。

（4）付款人（Drawee）指汇票中指定的付款人，也就是银行向其提示汇票和单据的债务人。

除上述当事人外，国际商会《托收统一规则》增加了提示行和需要时的代理作为托收结算方式的当事人之一。

（5）提示行（Presenting Bank）指跟单托收项下向债务人提示汇票和单据的银行。在一般情况下，向债务人提示汇票和单据的银行就是代收行本身。如果代收行与债务人无往来关系，为了便利如期收款，代收行也可主动或应付款人要求，委托付款人的往来银行充当提示行。

（6）需要时的代理（Customer's Representative in Case of Need）。在托收业务中，如果发生付款人拒付，委托人可指定在付款地的代理人代为料理货物存仓、转售、运回等事宜，这个代理人叫做"需要时的代理"。按照国际惯例，委托人如果拟指定需要时的代理，必须在托收委托书上写明此项代理人的权限。如果在委托书中对代理人的权限未做规定，则代收行可以不受理代理人的任何指示。超过规定权限的指示，代收行也可不予受理。

（二）当事人之间的关系

1. 委托人与付款人之间的关系

委托人与付款人在国际贸易买卖交易中分别为出口商与进口商。它们之间的关系是买卖关系。出口商的义务是：必须按照合同规定向进口商按质按量按时交运货物；必须向进口商提交符合合同要求的单据种类和单据内容。进口商的义务是：在出口商向其提交了足以证明出口商已经履行了合同义务的单据时，按合同规定付款；如有违反合同规定而给对方造成损失，则进口违约方应负责赔偿。

2. 委托人与托收行之间的关系

委托人与托收行之间的关系是委托代理关系。两者关系的依据是托收申请书（Collection Application）。托收申请书实质上是委托人与托收行之间的委托代理合同，作为委托人的出口商必须履行的责任有以下几点：

（1）托收申请书中的指示必须是明确的。

参考资料

托收申请书的主要内容：

A. 交单方式：是付款交单还是承兑交单；是否可以分批付款、分批赎票；远期汇票提前付款可否给予进口商折扣或利息；逾期付款应否追加利息等。

B. 货款收妥后的处理方式：托收行要在代收行已收妥货款并划入托收行的账户后，才会将货款付给委托人，代收行可以用电报或航函通知托收行，但用哪一种方式则须根据托收行的要求。为此，委托人须在委托代理合同中确定用电报还是航函通知。

C. 银行费用的处理：一般情况下，进口商和出口商各自负担本国银行的费用。根据银行惯例，如果在托收委托书中仅规定须由进口商负担费用，而进口商拒付费用时，则代收行可以将自己应收的费用从应汇给托收行的货款中扣除。如果托收委托书明确规定不准豁免该项费用，则托收行、代收行、提示行对因此而产生的付款延迟或额外开支不负责任。

D. 拒付时是否需做拒绝证书：委托人在委托代理合同中应该对在遭到拒绝承兑或拒绝付款时是否需做成拒绝证书给予明确指示。根据银行惯例，在委托人没有指示必须做成拒绝证书时，银行没有义务在拒付时做拒绝证书。

E. 拒付后货物处理的方式：理想的处理方式是出口商能在进口当地找到买主就地将货物售出；如果出口商在进口地有可靠的代理人，他可以在汇票上记载预备付款人以应急；如果没有前述的两种可能性，则委托人应在托收申请书中明确指示银行，如发生拒付，在货物到达进口地后立即办理货物的提货、存仓和保险。

F. 选定国外的代收行：如果委托人明确指示需通过国外的某一代收行办理收款，比如托收行与该代收行开有账户，则可按委托人的指示办理；否则，须征得委托人同意后，由托收行自行选择一家代收行。

（2）及时指示。当银行将发生的一些意外情况通知委托人时，委托人必须及时指示，否则，因此而发生的损失由委托人自行负责。

（3）负担费用。委托人不但要向托收行支付手续费，而且应负担托收行为执行委托指示而支出的各种费用；即使托收行没有收到货款，委托人也必须支付这些费用。即使托收委托书中规定国外代收行的费用须由进口商负担并不能豁免，在进口商拒付货款时，国外代收行的费用也必须由委托人负担。

托收行在接受委托人的委托以后，它的责任主要有：

（1）执行委托人的指示。托收行在托收业务中完全处于代理人的地位，它必须根据委托人的指示办事。因此对于托收行来说，它最主要的责任就是：它打印的“托收委托书”的内容必须与委托人的申请书中的指示严格相符。如果对委托人的有些要求无法执行，则应向委托人解释，由他修改申请书的内容以后再办理托收。

（2）对委托人提供的单据是否与买卖合同相符合不负有责任。托收行没有审核单据内容的义务，托收行只需将收到单据的种类和份数与托收申请书中所列的情况核对，如发现单据遗漏时，应立即通知委托人补交。在具体业务中，托收行一般会对委托人交来的主要单据进行重点核对，但这完全是银行对客户提供的服务，而不是应尽的责任。银行（包括托收行、代收行、提示行等银行）办理托收业务时，应与办理信用证业务一样，须善意和谨慎行事，这是一条基本的原则。

（3）负担过失的责任。银行在受理托收时，向委托人收取手续费，因此银行必须善意和谨慎地行事，凡因未按照申请书的指示而造成的后果，银行应对其过失负责。

3. 托收行与代收行之间的关系

代收行是托收行的代理人，代收行须严格按照作为委托人的托收行所发出的托收委托书（Collection Advice）办事。因此代收行的基本责任与前述托收行的责任大致相同，并负有一些特殊责任。

参考资料

代收行的特殊责任：

保管好单据。托收就是通过银行承兑交单或付款交单。进口商要取得单据，必须对汇票承兑或付款。因此代收行在进口商未承兑或未付款时，绝对不能把单据交给进口商。此外，在进口商拒绝承兑或拒绝付款时，代收行应立即通知托收行，并且在通知中声明保管单据听候托收行的指示。一般在发出这种通知后，如果在合理时间内未能收到托收行的进一步指示，则应发电催复。

无义务对托收项下货物采取任何行动。按照银行的习惯做法，银行对跟单托收项下的货物没有任何行动义务。但是，为了保护委托人的货物，不管有没有指示，如果代收行采取了提货、存仓、保险等行动，则该银行对货物的处理、货物的状况以及对受托保管或保护该项货物的第三者所采取的行动或疏漏均不负责。不过代收行必须将这些行动通知托收行，因代收行对货物采取保护行动而发生的费用和支出应由委托人负责。

托收情况的通知。按照银行的习惯做法，代收行应根据下列规则，通知托收情况：

A. 代收行发给托收行的所有通知或报道中必须列有合适的说明，其中必须列明托收行的托收委托书编号。

B. 如无明确的指示，代收行必须用最快的邮件，将托收情况的通知包括付款通知、承兑通知、拒绝付款或拒绝承兑通知等寄给托收行；如果代收行认为事情紧急，也可以用更快的通知方法，如电报、电传或电子通信系统等，费用由委托人负担。

C. 代收行在提示托收单据而付款人拒绝付款、拒绝承兑时，应尽力查明理由并通知托收行。

4. 代收行与付款人之间的关系

代收行与付款人之间并不存在契约关系。付款人应否对代收行付款，完全根据他与委托人之间所订立的契约义务而决定，即以委托人提供的单据足以证明委托人是否已履行了买卖合同义务为前提。

第二节 托收的分类及流程

一、光票托收

光票即指不附带任何货运单据的汇票（其中仅附非货运单据如发票、垫款清单等的汇票也属于光票范畴），包括国际汇票、银行支票、本票等。光票托收通常用于收取货款尾数、样品费、佣金、代垫费用、保险费、偿付款等。在实际工作中，光票托收还包括许多委托行不能立即解付或因各种原因而不能立即付款的各类票据。

光票具有三个要素，即日期、金额、印鉴；三个基本关系人，即出票人、付款人、受益人。出票人签发票据给受益人，指示付款人向其指定的受益人（收款人）支付一定金额的款项。受益人将票据提交当地银行，当地银行作为托收行接受票据受益人的委托，向异地的付款行收款。如果托收行与付款行没有建立直接的账户，则托收行会委托其国外联行或代理行代为向付款行收款，这一个过程为光票托收。其业务流程如图 4—1 所示。

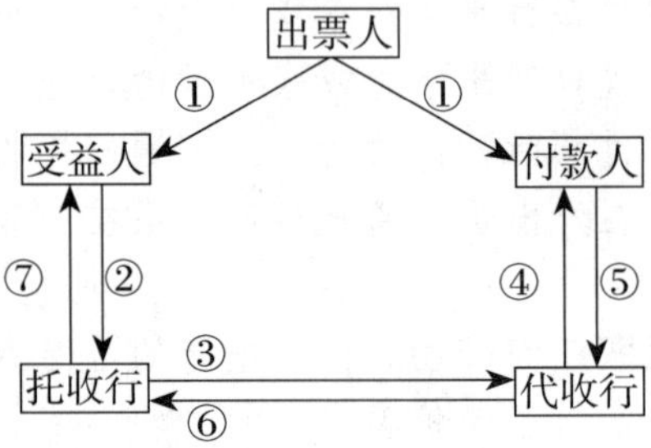

图 4—1　光票托收

在图 4—1 中：①出票人签发以受益人为收款人的票据，同时向付款人拨交头寸；②受益人填写托收申请书并提交光票委托银行收款；③托收行缮制托收委托书并将光票寄交代收行；④提示光票；⑤付款人付款或拒付；⑥代收行发出贷记通知书或退票；⑦托收行付款或退票。

参考资料

光票托收的手续

1. 托收行要求客户填制票据托收申请书，写明受益人的姓名、地址、票据种类、号码、付款金额、日期等。

2. 审核票据。托收行在票据持有人提示票据时，首先要查看该票据的付款行，以确定那种只有货币金额而无货币名称的票据上的金额是何种货币；检查票据的大小写是否相符，金额是否被涂改过；检查票据的出票日期以确认其是否为即期票据（远期票据另按要求办理寄票及承兑手续）；检查票据上是否留有印鉴；检查票据是否经过背书转让，背书人与受益人是否为同一人，持票人是否为受益人本人。最后，与客户填写的托收申请书相核对。

3. 选择代收行。光票托收要选择代收行和最佳的索汇路线，以达到快速收汇的目的。首先，要看代收行有无与票据同种货币的账户关系。若有同种货币的账户关系，则可以直接托收。若无同种货币的账户关系，则要选择与托收行有同种货币账户关系的代理行作为代收行，代为向付款行收款。如果付款行当地无托收行的账户行，则采用将票据直接发往付款行，同时在托收委托书上加注头寸条款，指示其头寸拨划的方式来进行托收。

4. 填制托收委托书。选好代收行，就可以填制托收委托书，托收委托书上要注明代收行的名称、托收的业务编号、票据的张数、金额及寄发日期，托收委托书上要注有付款方式或头寸条款。最后，加注有权签字人的签字，连同票据以最快的方式发往代收行。

5. 结汇。代收行收妥票款后，发出贷记通知书，并将款项划拨到托收行账户上。托收行收到贷记通知书后，经认真核销账目，才能对申请人付款。

二、跟单托收

跟单托收与光票托收的区别关键在于是否需要货运票据。

(一) 跟单托收的业务程序

(1) 出口商按双方的合同发货，并在取得货运单据以后，开出汇票并填写托收申请书，委托自己的往来银行代为收款。托收申请书是委托人与托收行之间的委托代理合同，是委托人给托收行的指示。因此，托收申请书中应列明必要的详尽内容，具体参见本章的有关内容。

(2) 托收行按委托人的要求和指示，缮制托收委托书，随跟单汇票一起寄交国外的联行或代理行。托收委托书中须加列货款收妥后的处理办法。

(3) 代收行接到托收委托书及跟单汇票以后，立即向进口商提示跟单汇票。如果托收委托书中规定的是付款交单（D/P），代收行应提示进口商付款，然后交出单据；如果是承兑交单（D/A），可以等到汇票到期后提示对方付款。

(4) 进口商付款或承兑后取得单据，并持单据向承运人提货，而代收行则将收妥的款项收入托收行账户并通知托收行。

(5) 托收行收到代收行的收款通知后，立即办理对出口商的结汇。至此，跟单托收业务完成，其结算程序如图 4—2 所示。

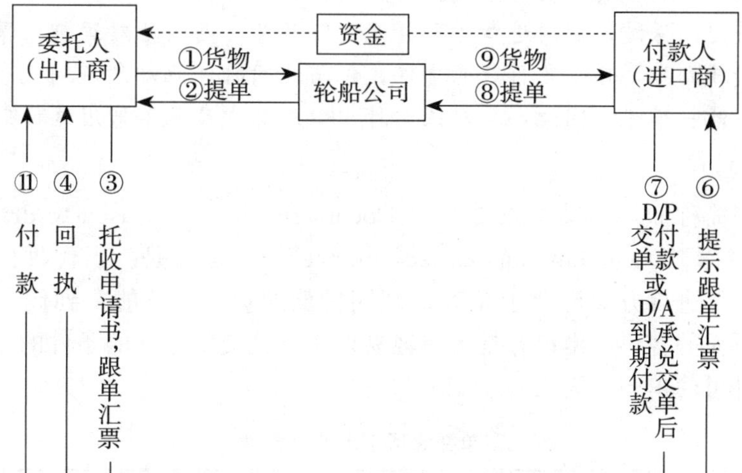

图 4—2 跟单托收结算程序

若付款人拒付[①]货款，则代收行要尽快通知托收行，并尽量告诉对方拒付的理由。如果委托人有指示，代收行还可以做成拒绝证书，但费用由委托人负担。如果代收行出于保护货物的目的而办理存仓、保险或采取其他的措施，费用亦由委托人承担。

（二）交单条件

国际上通行的交单条件有两种，即付款交单和承兑交单。

1. 付款交单

付款交单，简称 D/P，英文原文为："Documents to be released to drawee only on payment"或称"Documents against payment"。它包含着出口方对托收行和代收行的指示。

在实际工作中，付款交单又分两种：一种是即期付款交单，英文为 D/P at sight，即在跟单汇票寄达进口方所在国的代收行后，由代收行向进口方提示，经后者审单无误即付款赎单，货款与货运单据随之易手，此项托收业务即告完成。

此外，还有一种远期付款交单，英文的表述为 D/P…days after sight 或D/P…months after sight，意为按这种交单条件，当代收行向进口方提示跟单汇票时，后者无须立即付款，只要对远期汇票承兑，做出在汇票付款到期日保证付款的承诺。但是这种方法在实际中较少运用。

知识应用

根据已经学到的知识，试分析一下远期付款交单为什么在实际中较少运用？

分析：由于这项交易的基本条件是付款交单（D/P），所以，进口方作为汇票的付款人虽已承兑了汇票仍不能取得代表物权的货运单据，只有在承兑到期之日付清票款才能获得货运单据，而在付款之前，货运单据仍由代收行掌管。所以，这种远期付款交单方式对出口方仍具有一定的保障，但对进口方却并无实际意义，因为他对远期汇票做了承兑，承担了在该汇票付款到期之日一定付款的责任，但与此同时，他却拿不到代表物权的货运单据，他又何必多此一举呢？因此，在我国对外出口结算中几乎不采用这种交单条件。

2. 承兑交单

承兑交单，简称 D/A，英文原文为："Documents to be released to drawee on acceptance of B/E"或称"Documents against acceptance"。其含义是：当代收行向进口方提示跟单汇票时，只要进口方对汇票承兑确认到期付款的责任，就能拿到代表物权的货运单据。非属信誉可靠的客户，出口方是不愿轻易采用承兑交单这样的条件的。跟单托收项下的两种交单条件可简单归纳为表 4—1。

表 4—1　　跟单托收项下的交单条件

即期汇票	远期汇票
D/P	D/P 或 D/A

① 进口商拒付即期汇票或拒绝承兑远期汇票与进口商拒付已承兑远期汇票不是一回事。在第一种情况下，出口商只能依据合同向进口商提出诉讼；而在第二种情况下，进口商除了对合同负法律责任外，还要对承兑汇票负法律责任。

西方国家的有些银行还有一种变通的做法，叫付款交单凭信托收据借货，简称 D/P 下的 T/R，意思是：在付款交单这个前提下，代收行允许进口方在付款前开立一张信托收据，凭此收据从代收行借出货运单据，凭以提货出售后再把货款偿还银行。显然，这是在付款交单的前提下的一种变通办法，是银行给进口方提供的融资便利。即期托收汇票格式如图 4—3 所示。

即期托收汇票

Exchange for HKD 21 500.00　　　　Tianjin, 15 April, 2006

D/P　At ______ sight of this First of Exchange (Second of the same tenor and date unpaid) pay to the order of The Industrial and Commercial Bank of China the sum of Hong Kong dollars twenty one thousand five hundred only Drawn against shipment of 22 bales of pongee from Tianjin to Hong Kong for collection.

To Sunlight Garments Company,
314 Locky Road,
Hong Kong.

For Tianjin Textiles Import and
Export Corporation, Tianjin
Signature　Manager

图 4—3　即期托收汇票格式

资料来源：苏宗祥、景乃权、张林森编著：《国际结算》，3 版，125 页，北京，中国金融出版社，2004。

知识应用

付款交单和承兑交单哪种方式对进口商更有利，哪种方式对出口商更有利？

分析：在付款交单方式下，只有在进口方付清货款后才能拿到货运单据，可见，对于进出口方而言是一方交款，一方交单。显然，这种交单条件给出口方提供了一定的保障。

在承兑交单方式下，进口方拿到了货，然后待汇票承兑到期付款之日再履行付款责任。这种交单条件无疑对进口方十分有利，也是出口方给进口方提供了一定的商业信用。反过来说，这种交单条件对出口方而言却具有一定的风险。

第三节　跟单托收的风险及其防范措施

托收这种方式不论交单条件是 D/P 还是 D/A，总是出口方发货在先、收取货款在后。出口方与托收行之间、托收行与代收行之间的关系仅是委托和接受委托、代理和接受代理的关系。所以，如上所述，出口货款能否收妥，何时收妥，收多收寡，两家银行概不负责。出口方唯一依靠的是进口方的信誉，这就是我们通常所说的商业信用。正因为如此，在跟单托收业务中，出口方可能遭遇某种风险。

首先，最大的风险乃是进口方拒付的风险，这有客观上的原因，也有主观上的原因。属于前一种原因的有：进口方因故倒闭破产，无力偿付；属于后一种原因的有：货价突然下跌，进口方感到无利可图，找种种借口拒绝赎单、提货、付款等。

其次，也可能由于进口国政府的对外贸易、外汇管制方面的规定而造成某种风险。例如，进口国政府对某些商品禁止或限制进口，或者在批汇方面施加某种限制，等等。

针对这些风险，作为出口方和出口方的银行，最根本的一条是重在调查研究，掌握进口方和进口国的某些第一手资料和情况，采取相应的防范措施和办法：

（1）要了解进口方作为贸易伙伴的资信和经营作风。

（2）及时把握出口商品在进口地的市场销售状况、行市趋势。

（3）弄清进口国的外贸管制和外汇管制情况；弄清进口国的海关和卫生检疫当局的各项规章制度及对方要求提供的某些特殊的单据。

（4）在结算方式上，出口方根据具体情况也可以先要求进口方预付一部分货款作为采用跟单托收方式的前提条件，有时也可以采用部分按信用证方式（这一方式下一章将详细介绍）、部分按托收方式的办法，以便减少托收过程中可能产生的风险。

此外，非要采用托收方式时，则应力争多做D/P，少做或不做D/A。既然跟单托收方式对出口方来说有诸多风险，那么为什么这种结算方式还被广泛采用，甚至占相当比重呢？其原因是贸易保护主义甚嚣尘上，出口竞争分外激烈。为开拓市场，推销出口商品，出口方在结算方式上一般要做出某些让步。

参考资料

D/P和D/A的选择使用

根据货物自身的状况确定交单方式：对于质量好、畅销的产品，首选D/P；反之，则应使用D/A。

根据市场环境确定交单方式：对于季节性商品，适季产品首选D/P，过季产品应使用D/A。

根据贸易方式确定交单方式：如以货易货、三来一补等，应根据具体情况选择合适的交单方式。

根据贸易关系确定交单方式：对于老客户可以选择D/A，对于新客户则最好从D/P开始。

案例分析

案情：我国某出口公司向德国D商人出口一批菜籽油。合同规定8月装运，不可撤销即期信用证付款；但未规定开立信用证的期限，出口公司于6月末即备妥货物，几次向D商人催证，对方一直拖延至8月10日才开立信用证。8月15日到达出口公司手中，信用证装运期为8月31日。经联系当月已无船只可装运，出口公司要求D商人延展信用证装运期。由于当时市场价格下跌，D商人提出因市场疲软，销售有困难，要求给予照顾改为D/A 30天付款方式办理托收。

出口公司考虑对方目前的困难，同意按D/A 30天办理托收。装运后单寄至国外，

D商人在承兑赎单后，待汇票30天到期仍未付款。出口公司通过托收行查询，德国代收行称："付款人坚持按当地习惯，货到港后才能支付。"又拖延了将近一个多月，货已到达目的港，D商人又提出："菜籽油已收到，但经检验水分、杂质及游离脂肪酸均超过合同标准，要求退货。"出口公司提出："根据合同规定，其品质规格按装运时离岸品质为准，并以中国进出口商品检验局出具的品质证书作为最后依据。我货物在装运前已经由中国进出口商品检验局检验合格，并出具品质检验证书为凭，所以不同意退货。"

该出口公司与D商人经过半年的反复交涉，而且D商人所谓货物不合格又提不出合法的检验证书作为依据，最后由我驻外机构进行调解后D商人才付款结案。出口公司仅利息就损失了123 000多美元。

分析：前面已经介绍过，D/A方式比D/P方式风险大。采用D/A方式特别要注意买方的资信及经营作风，此例中出口公司在合同规定为即期信用证支付方式的条件下，却轻易接受改为D/A 30天远期付款，这是该出口公司最大的失策。D商人由于价格下跌，蓄意拖延付款，故要求将信用证支付方式改为D/A方式，却未引起出口公司的警惕。

资料来源：林孝成：《国际结算实务》，99页，北京，高等教育出版社，2004。

案例分析

案情：我国香港A公司偕同其国外总公司负责人与我方某出口公司签订贸易合约，价格条件为CIFC 5%鹿特丹，以托收为结算方式。合约由我方出口公司与香港A公司出面签字，合约上购货人栏注明其国外总公司的名称。我方出口公司根据合约缮制单据时，认为合约是与香港A公司签订的，汇票的付款人、发票的收货人与提单的被通知人均应作成香港A公司抬头，全套单据委托中国银行按即期付款交单方式向香港A公司收款。

此后，我方出口公司发现该批货款逾期多时尚未回收，经查明货物早已抵达目的港，但因为香港A公司的总公司未见到有关单据，货物尚存海关仓库，须支付存储费用7 000美元。我方出口公司只能通过托收行将单据从香港退还，更改各种单据的抬头，通过银行对其总公司进行托收。在此期间，存储费用增至35 000美元。不久，香港A公司的总公司来电声称其只承担10 000美元的存储费用，余数概由我方出口公司自理。当我方出口公司同意其意见并要求对方迅速付款赎单时，对方再度提出要求按发票金额的40%付款。由于港口费用激增，我方被迫减价60%，只收回货款的40%而结案。

分析：托收的信用基础是商业信用，托收中的银行只是一般的代理人，对托收业务中的一切风险、费用等概不负责。本案中出口商单据抬头制作的错误所引致的货款无法及时回收应当由其自身负责。由于进口商资信不佳，而出口商因自身的错误而给了进口商压价的机会，所以才导致只收回了40%的货款。

资料来源：李晓洁、徐曙娜等编著：《国际贸易结算》，105页，上海，上海财经大学出版社，2003。

本章小结

托收是银行根据委托人的指示处理金融单据或商业单据，目的在于取得承兑或付款，并在承兑或付款后交付单据的行为。托收方式涉及的基本当事人有债权人、债务人、债权人所在地的银行和债务人所在地的银行。托收根据所附单据的不同，有光票托收和跟单托收之分。光票即指不附带任何货运单据的汇票（其中仅附非货运单据如发票、垫款清单等的汇票也属于光票范畴），包括国际汇票、银行支票、本票等。跟单托收是指金融票据随附商业单据或者仅有商业单据的托收，国际贸易托收一般是跟单托收。跟单托收有两种不同的交单方式：付款交单和承兑交单。

本章关键术语

付款交单（D/P）	物权	承兑交单（D/A）	解付
承兑	单据	运输单据	光票托收
跟单托收			

本章思考题

1. 什么是托收？
2. 托收中有哪些当事人？他们之间的关系如何？
3. 请简要分析和比较光票托收和跟单托收的区别。
4. 请简要分析一下 D/P 与 D/A 的特点。
5. 跟单托收中的风险有哪些？如何防范？

本章练习题

一、填空题

1. Collection means the handling by banks of documents in accordance with instructions received in order to (1) obtain payment and/or ______ or (2) deliver documents against ______ and/or against acceptance.

2. Financial documents mean ______________, promissory notes, cheques. Commercial documents mean ______________, transport documents, documents of title or other similar documents.

3. There are three kinds of collections, namely:

(1) ______________ collection;

(2) ______________ collection;

(3) ______________ collection.

4. How many parties are there in a collection?

(1) ______________ (or seller);

(2) ______________;

(3) ______________ bank/______________ bank;

(4) ______________ (or buyer).

5. The responsibilities of the banks are that banks are only permitted to act upon the instructions given by the principal in the __________ and in accordance with __________.

6. The payee of the clean bill must make a __________ endorsement and the remitting bank must make a __________ endorsement to the collecting bank before sending it to the latter.

7. Collection instruction should bear a complete or detailed __________ of the drawee at which __________ is to be made. If the __________ is so simple as to be unable to present, collecting bank is not responsible for it.

8. Terms of delivery of documents are as follows:

(1) Delivery of documents against __________, its abbreviation is __________.

(2) Delivery of documents against __________, its abbreviation is __________.

(3) Delivery of documents against payment of a __________.

(4) Delivery of documents against part of collection to be __________ and the balance by way of the __________ of a separate draft payable at a future date.

(5) Delivery of documents against __________.

(6) Delivery of documents against __________.

(7) Delivery of documents against __________ to pay.

9. How many methods of financing in the collection transactions?

(1) ____________________;

(2) ____________________;

(3) ____________________;

(4) ____________________.

10. The collecting bank has maintained an account with the remitting bank, how do you write collecting proceeds instructions in the collection instruction? __________.

二、判断题

1. If the instructions are D/P, the importer's bank will release the documents to the importer only against payment. (　　)

2. The principal is usually the importer. (　　)

3. Promissory notes are commercial documents. (　　)

4. Banks have no liability for any delay or loss caused by postal or telex failure. (　　)

5. In the case of documents payable at sight, the presenting bank must make presentation for payment without delay. (　　)

6. Goods should not be dispatched direct to the address of a bank or consigned to a bank without prior agreement on the part of that bank. (　　)

7. The authority of the "case of need" must be specified in the collection order. (　　)

8. It is unnecessary to carry out the collection order in the case of non-payment. (　　)

9. A formal protest can only be made by a Notary Public. (　　)

10. The instructions of the drawee over ride the collection order. (　　)

第五章 国际贸易结算方式——信用证

学习目标

- 掌握信用证的含义、特点和形式，理解信用证的三方契约关系和信用证的作用，了解信用证的内容。
- 掌握信用证业务的操作程序。
- 掌握信用证的当事人及其权利和义务关系，理解信用证主要当事人之间的关系。
- 了解信用证的银行审证和出口商审证，了解信用证的修改。

1994年9月，经中国驻韩代表机构介绍，中国S公司与韩国辛贤株式会社签订货物买卖合同，合同约定：S公司（卖方）向韩国公司（买方）提供全棉水洗牛仔裤，货物通过海运方式直接运给加拿大多伦多的收货人WOOL WORTH公司。我们该如何运用国际结算实现这次商务合作呢？

第一节 信用证的概念、特点与内容

一、信用证的含义和特点

（一）信用证的含义

信用证（Letter of Credit）是银行做出的有条件的付款承诺。它是开证银行根据申请人（进口商）的要求和指示做出的在满足信用证要求和提交信用证规定的单据的条件下，向第三者（受益人、出口商）开立的承诺在一定期限内支付一定金额的书面文件。

A documentary credit is a conditional bank written undertaking of payment.

通常，当出口商觉得风险较大时，会要求进口商向银行申请开立信用证，由银行做出书面付款承诺，只要出口商能满足有关条件，做出付款承诺的银行就会付款，从而降低了出口商的收款风险。

Credit means any arrangement, however named or described, that is irrevocable and thereby constitutes a definite undertaking of the issuing bank to honour a complying presentation. (UCP 600 article 2)

对于信用证的定义，我们应该把握以下三点：

（1）开证行承担第一性付款责任。信用证是开证行做出的付款承诺，开证行要承担第一性付款责任。也就是说，在信用证结算方式下，银行取代进口商成为第一付款人。

（2）开证行可以自己付款，也可以委托其他银行代付。根据国际商会第600号出版物《跟单信用证统一惯例》（简称 UCP 600）第7条的规定，开证行的付款方式有三种：

1）直接付款。其包括向受益人或其指定人付款，或承兑及支付受益人出具的汇票。

2）指定另一银行付款。其包括指定另一银行付款，或承兑及支付受益人出具的汇票。

3）授权其他银行议付。授权其他银行有追索权地买进受益人持有的跟单汇票或信用证规定的单据。不过，从严格意义上讲，这不是一种真正的付款方式，而是跟单汇票或单据的转让，受让人仍需向付款行寄单并要求其付款。

（3）银行的付款是有条件的。银行只是在符合条件的情况下才履行付款责任。UCP 600 第2条指出："相符提示意指与信用证条款、本惯例中所适用的规定及国际标准银行实务相一致的提示。"而在 UCP 500（国际商会第500号出版物）中仅规定单据在"与信用证条款相符的条件下提示"。由此可见，在 UCP 600 中，对单据提示的要求更为严格，"提示"（Presentation）从符合一方面的规定（信用证）到符合三方面的规定。

（二）信用证的特点

信用证贯彻的是独立和分离的原则。

（1）信用证是一种银行信用，开证行承担第一性付款责任。在任何情况下，银行一旦开出信用证，就表明其以自己的信用做了付款保证，并因此处于第一性付款人的地位。只要受益人提交的单据与信用证的条款一致，开证行就必须承担首先付款的责任。可见，信用证是一种银行信用，开证行对受益人的责任是一种独立的付款责任。

案例分析

开证行需要承担第一性付款责任

案情：我国某出口公司通过通知行收到一份国外银行开出的不可撤销信用证，该公司按信用证要求将货物装船后，在尚未交单议付时，突然接到开证行通知，称："开证申请人（进口商）已经倒闭，本开证行不再承担付款责任。"那么开证行的做法是否正确呢？

分析：开证行的做法不正确。申请人的倒闭不是信用证撤销/修改的理由，开证行必须履行信用证下的义务。但是在实务中，考虑到信用证项下的款项最终是由申请人来承担的，因此申请人的倒闭将使受益人的权益得不到有效的保障，贸然发货很可能会受到开证行的百般挑单。

（2）信用证是一种自足文件，它不依附于贸易合同而存在。信用证的开立当然以买卖双方签订的贸易合同为基础，但一经开出并被受益人接受，便成为独立于贸易合同的独立契约，不受贸易合同的约束。

UCP 600 第 4 条规定："信用证就性质而言是独立于可能作为其依据的销售合同或其他合同的交易。即使信用证中涉及该合同，银行也与该合同完全无关，且不受其约束。""开证行应劝阻申请人试图将基础合同、形式发票或其他类似文件的副本作为信用证整体组成部分的任何做法。"

可见，信用证是独立于贸易合同的另一份契约，是一份独立、完整的自足文件。银行只对信用证负责，对贸易合同没有审查和监督执行的义务。贸易合同的修改、变更甚至失效都丝毫不影响信用证的效力。

信用证与贸易合同的关系可归纳为两个方面：信用证的开立以合同为基础（合同是信用证开立的基础）；信用证被受益人接受后，其效力便独立于合同。

（3）信用证业务是一种纯粹的单据业务，它处理的对象是单据。UCP 600 第 5 条规定："银行仅处理单据，而不是单据涉及的货物、服务或其他行为。"因此，信用证结算方式是一种纯粹的单据业务，只要提交的单据与信用证相符，开证行就应承担付款责任。若货物有质量等与单据无关的问题，则不应该影响开证行的付款责任。

银行判别单据是否与信用证相符，是根据单据的"表面"即 UCP 600 第 14 条 a 款的规定："按照指定行事的指定银行、保兑行（如有），以及开证行必须仅以单据为基础对提示的单据进行审核，并且以此决定单据是否在表面上与信用证条款构成相符提示。"第 34 条进一步规定："银行对任何单据的形式、完整性、准确性、内容真实性、单据真伪性或法律效力，或单据中规定的或附加的一般性或特殊性条件，概不负责；银行对任何单据所代表的货物、服务和其他履约行为的描述、数量、重量、质量、状况、包装、交货、价值或存在，对发货人、承运人、货运代理人、收货人、保险承保人或其他任何人的诚信、行为、疏忽、清偿能力、履约能力和信誉状况，也概不负责。"

在信用证方式下，即使开证申请人发现单据是伪造的，即被欺诈，但只要单据表面上与信用证相符，开证申请人就必须向开证行付款。这是因为，其被欺诈与信用证及开证行没有任何关系，后者对此不承担任何责任。如果出现此类情况，开证申请人只能以进口商身份凭贸易合同与出口商交涉，或申请仲裁甚至提起诉讼。在申请人已经掌握证据表明受益人存在欺诈的情况下，申请人应该向法院申请止付令，以保障自己的合法权益。

二、信用证下的契约安排

（一）信用证下的三方契约

在跟单信用证业务中存在着三方的契约安排：（1）买卖双方（即申请人和受益人）间

的销售合同；（2）开证申请人与开证行间的开证申请书，还包括开证协议、担保协议等；（3）开证行与受益人间的信用证，若存在保兑行，则保兑行与受益人间仍存在信用证的契约安排。如图 5—1 所示。

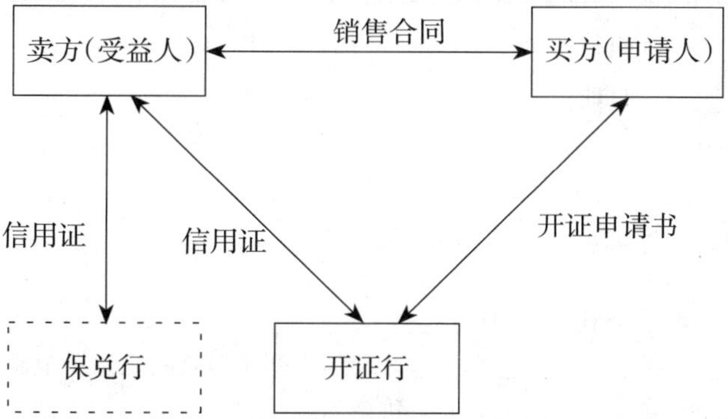

图 5—1　信用证下的契约关系

（二）三方的契约关系

在信用证业务中，这三方面契约中的每一项都是独立的。

首先，受益人不得利用银行与银行之间或开证行与申请人之间存在的契约关系。例如，开证行指定出口地的通知行为保兑行，但该通知行不愿意加具保兑，受益人不能强行要求。又如，因受益人提交的单据有不符点（Discrepancy），开证行拒付，虽然此时受益人获悉申请人已经通知开证行放弃不符点，但受益人仍不能以此为理由要求开证行付款。

其次，申请人因与开证行或与受益人间的关系而产生的索偿或抗辩不得影响银行的付款承诺。例如，开证申请书写明货物为“Grade A”，而开证行在信用证中漏掉了此项内容，虽然单证相符，但申请人追究开证行责任，拒绝付款赎单，此时开证行仍应对外付款。又如，虽然单证相符，但申请人由于受益人以前一笔出口货物的索赔尚未解决，要求开证行拒付，用这笔货款来抵偿该索赔款，此时开证行不能答应开证申请人的这一要求，而应及时对外付款。

信用证作为一种合约，必然会与其他合约有联系，如信用证与商贸合同，信用证与银行间的业务代理合约等。信用证项下的各当事人不能引用有联系合约的某项规定、依据，尤其是信用证受益人不得利用这种有联系的合约以求得某种利益。

三、信用证的形式和内容

（一）信用证的形式

根据信用证的开立方式及记载内容的不同，可将信用证分为信开本信用证和电开本信用证。

1. 信开本信用证

信开本信用证（Letter of Credit）是指以信函（Letter）形式开立的信用证，其记载的内容比较全面。银行一般都有印就的信用证格式，开立时填入具体内容即可。信开本信用证一般是开立一式两份或两份以上，开立后以航空挂号信方式寄出。这是一种传统的开立信用证的方式。信开本信用证任何时候都是信用证的有效文本，是开证行与出口商之间具有法律效力的合同。信开本信用证的中、英文式样分别见样例 5—1、样例 5—2。

样例 5—1 **信开本信用证（中文）**

正本 ________银行 [7]

地址________ 日期________

致

敬启者

兹开立不可撤销信用证 第________号

受益人________

开证人________汇票金额不得超过________

金额大写________按________%装运下列出口货物之发票金额计算：

自你地________运至________价格为________

受益人签发________日期________汇票以我行为付款人并附具下列注有“×”标记之单据

□ 签署发票一式两份

□ 保险单或保险凭证按发票金额加________%保妥下列各险：

  □ 平安险/水渍险/一切险及战争险

  □ 陆上运输险

  □

□ 全套清洁“已装运”海运提单作成我行抬头

注明运费付讫通知开证人

□ 其他单据

  □ 产地证明书

  □ 重量单

  □ 装箱单

准许/禁止分批装运 准许/禁止转运

装运日期不得迟于________

本证有效期内不得撤销，其有效期在你地________限至________为止

凡凭本证所发出之汇票必须载明本证编号及开立日期

其他条款：________

根据本信用证并按其所列条款开具之汇票向我行提示并交出本证规定之单据者，我行同意对其出票人、背书人及正当持票人履行承兑付款责任。

议付银行注意：凭本证议付汇票及单据请直接寄至我行

开证行名称 ________ 签字________	通知行的通知 通知行名称________ 签字________

注：[7]这个记号是经“银行关系合理化”的国际会议提议，通知行收到后应迅速处理的记号。

样例 5—2　　**信开本信用证（英文）**

ORIGINAL ________________ BANK　　7

Address ________________　　Date ________________

To

Dear Sirs,

We hereby open our Irrevocable Letter of Credit No. ________ in favour of ________ for account of up to an aggregate amount of ________

say ________ for ________% of the invoice value relative to the shipment of:

from your port ________ to ________

Draft(s) to be drawn at ________ days ________ on our bank & accompanied by the following documents, marked "×":

☐ Signed Commercial Invoice in duplicate

☐ Insurance Policy or Certificate for full invoice plus ________% covering:

☐ FPA/WA/All Risks and War Risks

☐ Overland Transportation Risks All Risks & Breakage

☐

☐ Full set of clean "On Broad" ocean Bills of Lading made out to our order marked freight prepaid notify accountee

☐ Other Documents

☐ Certificate of Origin

☐ Weight List

☐ Parking List

Partial shipments are permitted/prohibited

Transhipment is permitted/prohibited

Shipment(s) must be effected not later than ________

This L/C is irrevocable and valid in your port ________ until ________ inclusive

Draft(s) so drawn must be inscribed with the number and date of this L/C other condition:

____

We hereby agree with the drawers, endorsers and bona fide holders of the draft(s) drawn under and in compliance with the terms of this credit that such draft(s) shall be duly honoured on due presentation and delivery of documents as herein specified.

Instructions to Negotiation Bank: The draft(s) and documents take up under this credit are to be forwarded direct to us by you.

Name and signature of the Issuing Bank	Advising bank's notification Name and signature of the Advising Bank

2. 电开本信用证

电开本（Cable）信用证是指银行将信用证内容以加注密押的电报或电传的形式通知出口商所在地的联行或代理行而开立的信用证。

（1）简电本。简电本（Brief Cable）是指仅记载信用证金额、有效期等主要内容的电开本信用证。简电本的内容比较简单，其目的是预先通知出口商，以便其早日备货。

简电本通常不是信用证的有效文本，因此，开立简电本时，一般要在电文中注明“随寄证实书”（Mail Confirmation to Follow）字样，并随即将信开本形式的证实书寄出。证实书是信用证的有效文本，可以作为交单议付的依据。

（2）全电本。全电本（Full Cable）是开证行以电文形式开出的内容完整的信用证。该信用证是否为有效文本要根据其条款来判断：

如果电文中注明“This is an operative instrument. No airmail confirmation to follow”，则这样的电开本就是有效文本，可以作为交单议付的依据。

如果电文中注明“随寄证实书”（Airmail Confirmation to Follow），则以邮寄的证实书作为有效文本及交单议付的依据。为节省时间与费用，这种形式的信用证的使用越来越普遍。①

（二）信用证的内容

1. 信开本的内容

现在各开证行的开证格式已基本接近国际商会拟定的《开立跟单信用证标准格式》（国际商会第416号出版物，1986年）。其主要内容基本相同，大体包括：

（1）对信用证自身的说明，包括信用证的种类、性质、编号、金额、开证日期、有效期及到期地点、当事人的名称和地址、使用本信用证的权利可否转让等。

（2）汇票的出票人、付款人、期限以及出票条款等。

（3）货物的名称、品质、规格、数量、包装、运输标志、单价等。

（4）对运输的要求：装运期限、装运港、目的港、运输方式、运费应否预付、可否分批装运和中途转运等。

（5）对单据的要求：单据的种类、名称、内容和份数等。

（6）特殊条款：根据进口国政治经济贸易情况的变化或每一笔具体业务的需要，可做出不同的规定。

（7）开证行对受益人和汇票持有人保证付款的责任文句。

2. 全电本的内容

随着通信技术的发展，申请全电开证的客户越来越多。现在，银行做全电开证时，多半采用SWIFT信用证。

所谓SWIFT信用证，就是通过依据国际商会所制定的电报信用证格式，利用SWIFT系统所设计的特殊格式来传递信用证信息的方式开立的信用证。它具有标准化的特征，传递速度较快，开证成本较低，各开证行及客户都乐于使用。

SWIFT系统设计的信用证格式代号为MT700和MT701，修改信用证的格式代号为MT707。与信开本相比，SWIFT信用证将保证条款省略，但必须加注密押，密押经核对正确无误后，SWIFT信用证方能生效。虽然没有说明文句，但SWIFT信用证一律受UCP 600约束，除非证中特别注明。SWIFT MT700格式信用证见样例5—3。

① 参见UCP 600第11条的有关内容。

样例 5—3 **SWIFT MT700 格式信用证**

开证行：Korea Credit Bank

通知行：China Bank Ltd.

	栏目名称	内容
27	Sequence of Total	1/1
40A	Form of Documentary Credit	IRREVOCABLE
20	Documentary Credit Number	LC4110305139
31C	Date of Issue	2009. 06. 24
40E	Applicable Rules	UCP LATEST VERSION
31D	Date and Place of Expiry	2009. 07. 31Korea
50	Applicant	ABBO Co. Ltd. Korea
59	Beneficiary	Shandong Bene Co. Ltd.
32B	Currency Code，Amount	USD 47 338. 10
39A	Percentage Credit Amount Tolerance	10/10
41a	Available with…by…	Any Bank in China by Negotiation
42C	Drafts at…	30 days after B/L Date
42a	Drawee	Korea Credit Bank
43P	Partial Shipments	Allowed
43T	Transhipment	Not ALLOWED
44A	Place of Taking in Charge/Dispatch from …/Place of Receipt	Jinan，China
44E	Port of Loading/Airport of Departure	Qingdao，China
44F	Port of Loading/Airport of Departure	Pusan，Korea
44B	Place of Final Destination/For Transportation to …Place of Delivery	Seoul，Korea
44C	Latest Date of Shipment	2009. 07. 10
45A	Description of Goods and/or Services	ITEM 001 HDPE TRANSPARENT EMBOSSED T SHIRT BAGS ON ROLL GOODS DELIVERY TERMS/FOB QINGDAO，CHINA.
46A	Documents Required	1. COMMERCIAL INVOICE IN 1 ORIGINAL AND TWO COPIES. 2. PACKING LIST IN 1 ORIGINAL AND TWO COPIES. 3. FULL SET BILL OF LADING ISSUED TO THE ORDER AND BLANK ENDORSED, NOTIFY KOREA INTERNATIONAL FORWARDING AGENCY，MARKED FREIGHT PAYABLE AT DESTINATION. 4. CERTIFICATE OF ORIGIN IN 1 ORIGINAL AND 1 COPY ISSUED BY COMPETENT AUTHORTIES，STATING THE CHINA ORIGIN OF THE GOODS.

续前表

	栏目名称	内容
47A	Additional Conditions	1. ALL DOCUMENTS MUST BEAR THE NUMBER OF THIS CREDIT. 2. T/T REIMBURSEMENT NOT ALLOWED. 3. DISCOUNT CHARGES AND ACCEPTANCE COMMISSION ARE FOR ACCOUNT OF APPLICANT. 4. IF DOCUMENTS ARE PRESENTED WITH DISCREPANCIES, A DISCRIPANCY FEE OF USD 50.00 (OR EQUIVALENT) BELOW L/C AMOUNT USD 50 000 (OR EQUIVALENT) OR USD 100.00 (OR EQUIVALENT) NOT LESS THAN L/C AMOUNT USD 50 000 (OR EQUIVALENT) PLUS OUR SWIFT/TELEX EXPENSES IF ANY SHOULD BE DEDUCTED FROM THE REIMBURSEMENT CLAIM (OR THE PROCEEDS). THIS FEE SHOULD BE CHARGED TO THE BENEFICIARY. 5. IF DOCUMENTS PRESENTED UNDER THIS L/C ARE FOUND TO BE DISCREPANT, WE SHALL GIVE YOU NOTICE IN ACCORDANCE WITH ARTICLE 16 OF UCP 600. HOWEVER, IF WE RECEIVE THE APPLICANTS WAIVER OF DISCREPANCIES AND AGREE TO ACCEPT IT PRIOR TO RECEIVING YOUR DISPOSAL NOTICE, WE MAY RELEASE THE DOCUMENTS TO THE APPLICANT TO OUR COMPLETE DISCHARGE.
71B	Charges	ALL CHARGES OUTSIDE KOREA ARE FOR BENEFICIAY'S ACCOUNT
48	Period for Presentation	WITHIN 21 DAYS FROM THE B/L DATE BUT WITHIN CREDIT VALIDITY
49	Confirmation Instructions	WITHOUT
53a	Reimbursement Bank	No
78	Instructions to the Paying/Accepting/Negotiating Bank	THE AMOUNT OF EACH DRAFT MUST BE ENDORSED ON THE REVERSE OF THIS CREDIT BY THE NEGO BANK. NEGO BANK SHALL OBTAIN REIMB AT SIGHT BASIS FROM DRAWEE BANK, PROVIDING THAT BENE'S DRAFT, INVOICE AND B/L COPIES ARE SENT TO THE DRAWEE BANK FOR ACCEPTANCE AND FINANCING, CERTIFYING THAT THE

续前表

	栏目名称	内容
		PRESENTATION IS COMPLYING. DOCS TO BE FORWARDED TO THE FOLLOWING ADDRESS BY COURIES: THE KOREA CREDIT BANK, AJEONG BRANCH, 6 SHSA-DONG, SEOUL, KOREA

资料来源：王腾、曹红波：《彻底搞懂信用证》，105 页，北京，中国海关出版社，2009。

第二节 信用证的业务流程

一笔以信用证结算的贸易业务从开始到结束大体上有 12 个环节，其流程如图 5—2 所示。

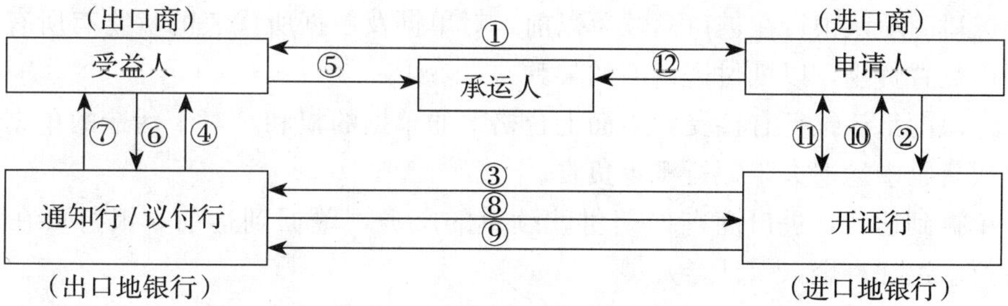

图 5—2 信用证结算业务流程图

在图 5—2 中：

①进出口商签订买卖合同，并约定以信用证进行结算。

②进口商向所在地银行申请开立信用证。

③开证行开出信用证。

④通知行将信用证通知给受益人（出口商）。

⑤出口商接受信用证后，将货物交与承运人，取得相关单据。

⑥出口商备齐信用证规定的单据和汇票后向议付行提示，要求议付。

⑦议付行审单无误后，垫付货款给出口商（议付）。

⑧议付行议付后，将单据和汇票寄开证行索汇。

⑨开证行收到与信用证相符的单据后，审单付款。

⑩开证行通知进口商备款赎单。

⑪进口商审核单证相符后，付清所欠款项（申请开证时已交保证金），开证行将信用证下的单据交进口商，不再受开证申请书的约束。

⑫进口商凭单据向承运人提货。

如图 5—2 所示，与银行关系密切的环节有五个，即进口商申请开证、开证行开证、通知行通知信用证、议付行议付单据与索汇、进口商付款赎单。

一、进口商申请开证

进出口双方在货物买卖合同中确定采用信用证结算方式后，进口商就应按合同规定向进口地银行申请开立信用证。申请开证的进口商或开证申请人应填写开证申请书，以作为银行开立信用证的依据。开证申请书包括信用证的实质性内容以及进口商的申明与保证两部分内容。

（一）信用证的实质性内容

信用证的实质性内容是开证银行凭信用证向出口商付款的依据。其一般应明确以下内容：应被提示的单据、支付金额及方式、受益人名称及地址、信用证到期日或有效期、货物的描述、装运细节、是否需要保兑等。

（二）进口商的申明与保证

进口商的申明与保证即进口商对开证行的申明与保证，用以明确双方责任。一般包括以下内容：

（1）进口商承认银行在进口商赎单以前，对单据及单据所代表的货物有所有权，必要时银行可以处置货物，以抵付进口商的欠款。

（2）进口商承认银行有接受“表面上合格”的单据的权利，对于伪造的单据、货物与单据不符或货物中途遗失，银行概不负责。

（3）单据到达后，进口商有如期付款赎单的义务，单据到达前，银行可在货款范围内，即时要求追加押金（保证金）。

（4）进口商同意电报传递中如有错误、遗漏或单据邮递遗失等，银行不负责任。

（5）进口商承担该信用证所需的一切国内外银行费用。

（6）进口商明确遵循 UCP 600 开证。

进口商在开证申请书中的有关指示应该尽可能地完整和明确，不应加注过多细节，同时开证行应劝阻申请人试图将基础合同、形式发票或其他类似文件的副本作为信用证整体组成部分的任何做法。

除进口商可以成为开证申请人之外，UCP 600 第 2 条的相关定义表明，开证行不仅可应开证人的请求而开立信用证，还可以其自身名义开证。信用证开证范围的扩大，实际上是借鉴并适应了日益增长的备用信用证的习惯做法，为资金融通开辟了一条新的途径。

二、开证行对外开证

银行接到申请人完整明确的指示后，应立即按指示开出信用证。不可撤销跟单信用证的开立申请书见样例 5—4。开立信用证的银行即为开证行。开证行一旦开出信用证，在法律上就与开证申请人构成了开立信用证的权利与义务的关系，开证申请书也就成为两者的契约。同时，银行有权要求申请人缴纳一定金额的抵押金或以其他形式作为银行执行其指示的担保。

样例 5—4

不可撤销跟单信用证开立申请书

Irrevocable Documentary Credit Application

Applicant:	**Issuing Bank:**
Date of Applicant □ Issue by (air) mail □ with brief advice by teletransmission □ Issue by teletransmission □ Transferable Credit	Expiry Date and Place for Presentation of Documents Expiry Date Place for Presentation **Beneficiary**
Confirmation of the Credit: □ not requested □ requested □ authorised if requested by beneficiary	Amount figures and words (please use ISO Currency Codes)
Partial shipments □ allowed □ not allowed **Transshipments** □ allowed □ not allowed □ Insurance will be covered by us	**Credit available with Nominated Bank:** □ by payment at sight □ by deferred payment at □ by acceptance of drafts at
Shipment From For transportation to Not later than	
Goods (Brief description without excessive details—See UCP 600)	**Terms:** □ FAS □ CIF □ FOB □ Other terms □ CFR □ as per INCOTERMS

Commercial invoice □ signed original and □ copies

Transport Document:

□ Multimodal Transport Document, covering at least two different modes of transport
□ Marine/Ocean Bill of Lading covering a port to port shipment
□ Non-Negotiable Sea Waybill covering a port to port shipment
□ Air Way bill, original for consignor
□ Other transport document
□ to the order of
□ endorsed in blank
□ marked freight □ prepaid □ payable at destination
□ notify:

Insurance Document:

□ Policy □ Certificate □ Declaration under an open cover. Covering the following risks:

<table>
<tr><td colspan="2">Certificates:
☐ Origin
☐ Analysis
☐ Health
☐ Other

Other Documents:
☐ Packing List
☐ Weight List</td></tr>
<tr><td colspan="2">Documents to be presented within ☐ days after the date of shipment but within the validity of the Credit</td></tr>
<tr><td>Additional Instructions:</td><td>We request you to issue on our behalf and for our account your Irrevocable Credit in accordance with the above instructions (marker 〔×〕 where appropriate) .
This Credit will be subject to ICC Uniform Customs and Practice for Documentary Credits (UCP) latest revision effective on the date of issuance.

____
Name and signature of the applicant</td></tr>
</table>

开证行可以应申请人的要求信开（Open by Airmail）或电开（Open by Cable）。信开本信用证一般一式两份或两份以上，开证行以航空信函的方式将其寄给出口商所在地的联行或代理行，要求该行通知（Advise）或转递（Transmit）给出口商。信开本信用证有时也可以由开证行直接寄给出口商，甚至交由进口商寄给出口商，但这两种方法一般很少使用。

为争取时间，开证行多采用“电开”形式开立信用证，即由开证行将信用证内容以加密押的电报或电传的方式通知出口商所在地的联行或代理行，请其通知出口商。

开证行如委托第三国银行代为付款，须将信用证副本寄给付款行一份，以便付款行在接到单据后进行核对之用。

三、通知、保兑与修改

出口方银行收到开证行开来的信用证后，应根据信用证的要求，将信用证通知或转递给受益人（Beneficiary）。受益人即接受信用证而凭以发货、交单、取款的人，一般为出口商。

（一）信用证的通知与转递

（1）信用证的通知。信用证的通知是针对电开本信用证而言的。电开本信用证是以通知行为收件人的，通知行收到信用证并核押无误后，即以自己的通知书格式照录全文，通知受益人，办理这样业务的银行就称为通知行（Advising Bank）。通知行在通知 SWIFT 信用证时，必须向受益人特别提及在信用证中加列 UCP 600。不可撤销跟单信用证（致通知行）和不可撤销跟单信用证（致受益人）分别见样例 5—5 和样例 5—6。

（2）信用证的转递。信开本信用证在寄送到出口方银行后，由银行核对印鉴，若相符，银行只需将原证照转给受益人即可，办理这种业务的银行称转递行（Transmitting Bank）。

（二）信用证的保兑

受益人接到信用证后，如果认为开证行资信不好或对其资信不甚了解，可要求开证行找一家受益人熟悉的银行对信用证加以保兑。受开证行邀请，在信用证上加具“保兑”字样的银行为保兑行（Confirming Bank），它通常为出口地的通知行或其他信誉卓著的银行。

有时开证行在委托通知行通知信用证时，同时要求通知行为信用证加具保兑。如果事先两家银行有约定或通知行同意，通知行即为保兑行。

通知行或其他银行对信用证进行保兑后，便承担与开证行相同的责任。

样例 5—5　　**不可撤销跟单信用证（致通知行）**

Irrevocable Documentary Credit Form (Advice for the Advising Bank)

<table>
<tr><td>**Name of Issuing Bank:**</td><td>**Irrevocable**
Documentary Credit</td><td>Number:</td></tr>
<tr><td>**Place and Date of Issue:**</td><td colspan="2" rowspan="2">Expiry Date and Place for Presentation of Documents
Expiry Date
Place for Presentation</td></tr>
<tr><td>**Applicant:**</td></tr>
<tr><td rowspan="2">**Advising Bank:**　　Reference No.</td><td colspan="2">**Beneficiary:**</td></tr>
<tr><td colspan="2">**Amount:**</td></tr>
<tr><td>**Partial shipments**　□allowed □not allowed</td><td colspan="2" rowspan="4">**Credit available with:**
□ by payment at sight
□ by deferred payment at
□ by acceptance of drafts at
□ by negotiation
Against the documents detailed herein:
□ and Beneficiary's draft(s) drawn on:</td></tr>
<tr><td>**Transshipments**　□allowed □not allowed</td></tr>
<tr><td>□ Insurance covered by buyers</td></tr>
<tr><td>**Shipment**
From
For transportation to
Not later than</td></tr>
<tr><td colspan="3">**(Description of goods and documents requested)**</td></tr>
<tr><td colspan="3">Documents to be presented within □ days after the date of shipment but within the validity of the Credit</td></tr>
<tr><td colspan="3">We have issued the Irrevocable Documentary Credit as detailed above. It is subject to ICC Uniform Customs and Practice for Documentary Credits (UCP) latest revision and engages us in accordance with the terms thereof. We request you to advise the Beneficiary.
□ without adding your confirmation □ adding your confirmation □ adding your confirmation, if requested by beneficiary
Bank-to-Bank Instructions:
This document consists of □ signed page(s)

Name and signature of the Issuing Bank</td></tr>
</table>

样例 5—6　　不可撤销跟单信用证（致受益人）

Irrevocable Documentary Credit Form (Advice for the Beneficiary)

Name of Issuing Bank：	**Irrevocable Documentary Credit**　Number：
Place and Date of Issue：	Expiry Date and Place for Presentation of Documents Expiry Date Place for Presentation
Applicant：	
Advising Bank：　Reference No.	
	Beneficiary：
	Amount：
Partial shipments □allowed □not allowed	**Credit available with Nominated Bank：** □ by payment at sight □ by deferred payment at
Transshipments □allowed □not allowed	
□ Insurance covered by buyers	
Shipment From For transportation to Not later than	
(Description of goods and documents requested)	
Documents to be presented within □ days after the date of shipment but within the validity of the Credit	
We hereby issue the Irrevocable Documentary Credit in your favour. It is subject to ICC Uniform Customs and Practice for Documentary Credits (UCP) latest revision and engages us in accordance with the terms thereof. The number and the date of the Credit and the name of our bank must be quoted on all drafts required. If the Credit is available by negotiation, each presentation must be noted on the reverse side of this advice by the bank where the Credit is available. This document consists of □ signed page(s) Name and signature of the Issuing Bank	

（三）信用证的修改

信用证开立后，有时其条款需要修改。若进口商提出修改，应经开证行同意后，由开证行以修改通知书或电报的方式告知通知行并由其转告出口商，出口商接受后才有效。倘若出口商拒绝接受，则修改无效，信用证条款仍以原条款为准。如果修改通知涉及两个以上的条款，出口商只能全部接受或全部拒绝，不能只接受一部分，拒绝另一部分。

如果是出口商提出修改请求，则应先征得进口商和开证行同意，并由进口商正式通过开证行办理修改手续后，方能生效。

修改通知要经过通知行转送，不得直接通知出口商，也不得委托其他银行通知信用证的修改。信用证的修改指示同样要明确完整，修改手续费由提出修改请求的一方负担。

案例分析

受益人的沉默是否表明其接受信用证的修改?

案情：I银行通过A银行开出了一份信用证，A银行既是通知行又是议付行。随后，I银行又开出一份修改。受益人没有对修改表示拒绝或接受，A银行收到的单据与原信用证相符。现在的问题是：（1）在这种情况下，可以认定受益人拒绝了修改吗?（2）开证行及/或议付行是否可以对修改的接受与否设定一个最后期限，比如15天，如果在15天内没有收到受益人的回复，就可以认定受益人接受了修改?

分析：根据UCP 600第10条c款规定，受益人应该提供接受或拒绝接受修改的通知。但同时又规定，如受益人未提供上述通知，当它提交给被指定银行或开证行的单据与信用证以及尚未表示接受的修改的要求一致时，则该事实即视为受益人已做出接受修改的通知，并从此时起，该信用证已作修改。同时，ICC银行委员会强烈反对开证行在开出不可撤销信用证或修改不可撤销信用证时加列一个规定，即如果在一个规定的时间内，或在某一具体日期前，受益人没有正式拒绝修改，该修改就自动生效。这等于剥夺了受益人的沉默权。ICC银行委员会认为受益人的沉默并不能够代表其接受或拒绝修改。

四、议付与索汇

出口商收到信用证后，若与买卖合同核对无误，即可交货，并备齐信用证规定的全部单据，签发汇票，连同信用证，在其有效期内，送交通知行或与出口商有往来的其他银行要求议付。

（一）议付行及议付程序

接受出口商单据、汇票、信用证，审单后购进汇票及所附单据并付出对价的银行叫做议付行（Negotiating Bank），它可能是通知行、转递行、保兑行等，也可能是另外的银行。议付行持有汇票即成为正当持票人，对前手背书人和出票人拥有追索权。

议付的程序是议付行将出口商交来的全套单据与信用证内容进行核对，若单证、单单表面相符，议付行则将汇票金额扣除自议付日至估计收到票款日的利息和手续费后的余额付给出口商。议付后，议付行留下汇票及单据，在对信用证做批注后将其退还给出口商。

知识拓展

议付时对不符单据的处理

1. 正常议付

若单证不符，议付行可以要求出口商修改单据，如果无法修改，议付行可以致电开证行征询意见。开证行接到此类电文后，一般是征求开证申请人的意见，如申请人同意接受不符单据，开证行则电复议付行同意议付，这时议付行就可以将不符单据作为正常议付处理。

2. 担保议付

如果单据中的不符点无法修改，但金额较小时，可以采取担保议付方式处理。当不符点为非实质性差错时，可以要求受益人承认不符点并出具保证书（Letter of Indemnity），作为议付行与受益人之间在单据遭开证行拒付时处理的依据，议付行不对开证行说明不符点而正常议付；也可以是出口商事先与进口商联系通报不符点并获其同意议付后，出口商向议付行出具担保书，议付行凭担保书议付单据。寄单索汇时应说明是“凭保议付”（Documents negotiated against beneficiary's indemnity），并将不符点一一表提或说明。这对开证行并无约束，性质上仍然是征求开证行意见。如果开证行拒付，出口商应接受议付行的追索并承担有关损失和费用。不过，如果进口商同意接受不符单据，开证行通常不会拒付。

3. 作托收寄单

如果不符点较多或是有实质性差错，议付行可考虑作托收寄单，并在寄单面函中说明单证不符点，单证不符使出口商的收款基础由银行信用变成了商业信用，出口商因此失掉了银行信用保证付款的作用。所以，为保障安全收汇，出口商应尽量提供正确的全套单据。

（二）索汇

议付行议付单据后，应在信用证背面进行批注，防止重复议付。若是付款或承兑，同样要批注。批注后信用证退还给出口商，议付行复印信用证留底，然后按信用证要求将单据一次或分次寄开证行索汇。如果信用证规定汇票以开证行或进口商为付款人，同时又规定议付行向第三国银行索偿，则第三国银行就是偿付行（Reimbursing Bank），这种情况下议付行议付后，应一方面把单据寄给开证行，另一方面必须再开立以偿付行为付款人的汇票（to Redraw a Draft on Bank），并直接寄偿付行索汇。

开证行收到议付行的单据后，与信用证内容进行核对，如果单证相符，则将票款偿还议付行；如果单证不符，开证行可拒绝付款，但应以最迅速的方式立即通知议付行。

开证行可以在信用证中规定议付行的索汇方式，即偿付条款，一般有四类：单到付款、主动贷记、授权借记、向偿付行索汇。

五、付款赎单

开证行将票款拨还议付行后，应立即通知进口商备款赎单。如单证相符，进口商就应将开证行所垫票款付清，取得单据，这样开证行和进口商之间由于开立信用证所构成的权利义务关系即告结束。如果进口商发现单证不符，也可以拒绝赎单，此时开证行就会遭受损失，它不能向议付行要求退款，即无追索权。

进口商付款赎单后，即可凭货运单据提货。若发现货物与合同不符，则不能向开证行提出赔偿要求，只能向出口商索赔，也可以进行仲裁或诉讼。

第三节　信用证业务的当事人及相互关系

一、信用证当事人及其权利义务

信用证业务的主要当事人有开证申请人、开证行、受益人和通知行，其他当事人还有议付行、偿付行、保兑行、代付行，统称为指定银行（Nominated Bank），是开证行在信用证中明确指定的有关银行。

（一）开证申请人（Applicant）

开证申请人又称开证人（Opener），一般是买卖合同中的买方（进口商），但在少数情况下，也可能是另外一家商人，这种情况有两种可能：一种是合同的买方为中间商，代人成交，签约后由真正的买主申请开证；另一种是合同的买方已将合同转让给另一进口商，由最后买主申请开证。另外，UCP 600 也允许开证行以自身名义开证，这主要是为了适应日益增长的备用信用证的需要而做的规定。

1. 进口商受两种契约关系的约束

在信用证业务中，进口商受到两种契约关系的约束：一是与出口商之间的买卖合同；二是与开证行之间的开证申请书和担保协议。

虽然信用证业务是不管买卖合同的，但买卖合同必定是信用证的基础，是申请人申请开证的依据，也是受益人审证的依据。进口方须根据合同中的条款内容申请开证。

开证申请书是申请人（进口商）对开证行的详尽的开证指示，即规定信用证应该列出的内容。开证行将这些内容抄录到信用证上，这些内容是银行对出口商付款的凭据。通常很多银行都将开证申请书和担保协议书结合，所以一纸包括两部分内容：正面是开证申请书，反面是进口商对开证银行的声明，用以明确申请人和银行双方的责任与义务。

2. 开证申请人的责任和权利

开证申请人的责任和权利如下：

（1）按合同规定的时间申请开证。如果合同中未规定开证时间，应于合理时间申请开证，使得出口商能在收到信用证之后和在合同规定的装运期限之前有充裕的时间备货、租船与装运，但进口商有拒开信用证的权利。

如果交易合同中规定买方开立信用证是以卖方交付一定的“履约保证金”（Performance Bond）为前提的，但卖方未能交付，买方有权拒开信用证，其后果与损失则由卖方承担，进口商也有没收履约保证金的权利。

如果信用证开出后，卖方未能按期装运货物并交出单据，则开证人有权没收卖方在开立信用证之前交付的履约保证金，以弥补开证费用与利息损失，如仍不足，有权再向卖方索赔。

（2）合理指示开证。开证人填写开证申请书时，实际上是把合同内容变成信用证条款，而每一条款都有单据要求，即所谓的合同条款化，条款单据化。所以要注意措辞准确而又明确，内容简练而又完整。既保持信用证与合同的内容一致，又使得信用证简明且无歧义，而且要避免非单据化条款。非单据化条款是指没有表明要提供与之相符的单据的条款，因为非单据化条款不是信用证条款，对受益人无约束力，银行将不予理会。[①]

（3）提供开证担保（Secured Agreement for Letter of Credit）。担保可以是开证押金、动产或不动产，也可以是第三者提供的担保。开证押金可以高达信用证金额的 100%，也可以比例很低，各个银行针对不同的客户和不同的商品有不同的尺度。如果是经常往来客户，银行可根据客户资信、商品特性和市场动向，考虑给进口商一定的授信额度，开证金额在授信额度内不需支付押金，超额度则支付押金。押金是冻结不用的，所以不计利息，若以存单担保，则仍按原定利率计息。

（4）支付开证与修改方面的有关费用。这些应付费用具体包括：开证手续费、电报费、邮费、信用证修改费及其他开支。

（5）向开证行付款赎单。信用证项下的付款是以提示与信用证条款相一致的单据为前提条件的，开证申请人有审单、退单的权利。

如果单据不合格，进口商有权拒付并收回开证担保，当然，如果进口商想要这批货，即便单证不符也可能会付款赎单；如果单据合格但被银行错误地对外拒付，进口商有权提出异议并要求银行赔偿相应的损失；而在付款赎单提货后，进口商如发现货物与单据不符，不能向开证行追究责任，只能与出口商交涉。

（二）开证行（Issuing Bank）

开证行是信用证业务中最重要的一方，开证行的信誉、业务经验是其他当事人是否参与信用证业务的主要考虑依据。

开证申请书属于委托代理合同性质，开证行处于代理人的地位，它的行为受开证申请书的约束，必须遵照申请人的指示行事并对自己的过失负责。开证行开出信用证后，必须对受益人承担第一性付款责任。

（1）遵照开证申请人指示开立和修改信用证。开证行作为申请人的代理人，应切实遵照开证申请书指示的条件开立信用证。为使信用证内容完整明确、简明合理，开证行有义务向申请人提供建议和咨询服务。开证行应劝阻申请人在信用证申请书或修改书中罗列过多的细节，同时也要避免非单据化条款。

开证行有向开证人收取部分或全部开证押金的权利。如市场和开证人的资信发生变化，开证行有权随时要求开证申请人补交押金，直到补齐 100%为止。但收取的押金不能用于抵充开证人的其他债务而取消开证。

开证行在接受了开证申请书和开证担保后，应在合理时间内开出信用证。如果因自己的责任延迟开证，则开证行应承担由此造成的损失。但银行对任何邮递或电信过程中发生的延误、残缺或其他差错，不承担任何责任或义务。

（2）合理、小心地审核单据。开证行的审单称为“终局性审单”，即开证行审单付款后，便无权向交单方追索。所以开证行在收到单据后，必须小心谨慎地加以审核，确定其是否与信用证条款相符。开证行只需审核单据表面有无不符点，而对任何单据的形

---

① 参见 UCP 600 第 14 条 h 款：“如果信用证包含某项条件而未规定与之相符的提示单据，银行将认为信用证中未列明此条件，并对此不予置理。”

式、充分性、准确性、内容真实性、虚假性或法律效力等不负责任。① 但是，如果受益人是出于恶意，例如银行经审查已经觉察到单据是伪造的，那么银行也可以拒付。

> 开证行的审单称为“终局性审单”，即开证行审单付款后，便无权向交单方追索。

UCP 600 第 14 条②对开证行（以及保兑行）的审单时间有规定，开证行应在收到单据次日起的 5 个银行工作日内审核单据，以决定接受或拒绝单据，并通知交单方。如果因此延误付款，造成对方银行向其索赔利息，开证行也须负责赔偿。

（3）承担第一性、独立的付款责任。信用证是开证行的付款承诺，只要单据与信用证要求相符，开证行就必须按规定履行付款义务，不能无理拒付。虽然开证行只是申请人的付款代理人，但信用证开出后，即使申请人倒闭或无力付款，开证行也必须付款，而不能以申请人“无付款赎单能力”或“拒绝赎单”以及“未交开证押金”或“有欺诈行为”等为理由拒绝付款。开证行开出信用证后即承担了第一性的、独立的、不可推卸的付款责任和风险。

（三）受益人（Beneficiary）

受益人是指信用证上指定的享有信用证权益的人，即买卖合同中的卖方（出口商）。进口商在申请开证时须由出口商提供适当证明并在买卖合同中做出规定，出口商应于合理时间内提供证明，以协助买方按时申请开立信用证。

若经当事人同意，也可以下述第三者为受益人：卖方公司中的一个子公司、一个部门或一个附属机构，或卖方的商业合伙人，或货物的最终供应者。

受益人收到信用证后，其责任和权利具体有以下几个方面：

（1）审核信用证条款。受益人收到信用证后，应仔细将信用证内容与合同条款核对，并审核信用证条款能否履行。如果信用证条款与合同有不一致或新增加的地方，受益人有权要求进口商指示开证行修改信用证，或者拒绝接受信用证。如果受益人按合同要求修改而进口商不同意修改或是修改不足，便是进口商违约，受益人可拒绝受证，甚至单方撤销合同，并提出索赔；如果受益人不要求修改，则只能按信用证规定而不能按买卖合同规定交货，否则无法享受信用证所给予的收款保证，但此时存在违背买卖合同的风险；如果受益人不要求修改，也不交货，则可能被进口商指责违约。

（2）及时提交正确、完整的单据。受益人经审核或在其他情况下接受信用证后，就必须按信用证条款办事，在规定的装运期内装货，并在信用证有效期内提交规定的单据。受益人要对单据的正确性和完整性负责，做到单证一致、单单一致，即单据与信用证条款相符合，单据与单据之间无矛盾。如提交的单据与信用证不符，有义务在规定的时间内更改单据。受益人不得要求银行接受单证不符的单据。

（3）要求开证行承付。③ 受益人向被指定银行提交了与信用证相符的全套单据后，即

---

① UCP 600 第 34 条规定了银行对单据背后的有效性免责。

② 参见 UCP 600 第 14 条 b 款。

③ 参见 UCP 600 第 15 条。

可享受信用证的权益，有权要求相关银行给予承付（Honour）或者议付（Negotiate）。即使进口商认为货物不合格而有向受益人提出索赔的理由，银行也不能拒付，这是因为依UCP 600的规定，银行依信用证所承担的承付或议付或履行信用证项下的任何义务、责任，不受申请人基于他与开证行或受益人之间的关系而提出的索赔或抗辩的约束。当然受益人应该对货物的全面合格性负责，这是对进口商履行买卖合同的义务。万一开证行倒闭，议付行向受益人追索时，受益人有权凭单据向开证申请人要求付款，即使开证申请人已交押金，遭受了损失，也不影响受益人的权利。

（四）通知行（Advising Bank）

通知行是由开证行选定的，它与开证行之间是委托代理关系。作为开证行在出口地的代理人，通知行的代理责任仅限于将来证和之后的修改（如有）通知信用证受益人，且证明其真实性并及时澄清疑点。当然它有权不接受开证行的指定，但必须无延迟地告知开证行。如果通知行同意通知信用证，就需合理小心地审核信用证的表面真实性。在信用证业务中，信用证之所以不是直接寄给受益人，而要通过银行转递，就是要利用银行之间核对真实性的手段，保证受益人能收到真实的信用证，以保护受益人的利益。所以，通知行必须对信用证的表面真实性负责。具体地说，通知行必须确定印鉴是否相符，密押是否一致。

有时通知行无法确定来证的真伪，遇到这种情况，通知行必须不拖延地告知开证行进行查询，核实情况，并可暂不通知受益人；如果通知行不能确定信用证的表面真实性而又决定仍予转递受益人，必须将有关情况告知受益人。受益人收到通知行转来的信用证时，当证上注明“印押相符”或类似文句时，即可据此备货、发货；当证上注明“印押不符”、“印押尚待证实”或其他类似文句时，受益人就不能轻易发货。

通知行收到外文信用证时，可以不予翻译，直接将原文通知受益人，也可以将其翻译后通知受益人，但有关专业术语的翻译如有错误，银行不负责任。如果通知行已经通知受益人信用证有修改，则有关修改书也必须由这家银行通知。[①]

（五）议付行（Negotiation Bank）

议付行是根据受益人的要求和提供的单据，在核实单证相符后向受益人垫款，并向付款行或偿付行索回垫款的银行。开证行在信用证中对议付行指示的条款文句如：In reimbursement，please draw on us，we shall immediately on receipt of documents having complied with the terms of the credit remit the proceeds as per your instructions（请向我行索偿。一旦收到与信用证条款相符的单据，我行立即按你行指示付款）。

> 议付行有权不议付，如果议付就享有索偿权及追索权，但必须严格审单。

议付行可能是通知行或保兑行，也可能是出口地的其他银行。议付行有权不议付，但在市场竞争的情况下，一般来说只要受益人愿意提供担保，且单据不符点只是一般性的而不是实质性的，银行就可通融议付，这是由于有开证行在信用证条件下的付款保证以及受益人提交的符合信用证条款的代表货物所有权的单据，还可以得到不菲的手续费和利息收入，比一般商业贷款的风险要小得多。而议付对出口商来说，则是一种获得融资的好

① 参见UCP 600第9条通知及通知行的责任以及第35条关于信息传递和对条款的翻译、解释免责。

方式。

有些信用证是可以议付的，有些则是不能议付的。后者是指出口商只能直接向开证行收款的信用证。议付一词包括三层意思[①]：第一，由议付行根据信用证的规定审核受益人交来的单据和汇票；第二，议付行将外汇货款扣除手续费、邮电费和押汇利息等开支后，折成本国货币付给受益人；第三，议付行按照信用证中规定的寄单和索偿办法寄出单据，并向开证行或指定银行索偿。但在实际业务中，有些国家的议付行只负责办理第一和第三项工作，不肯垫付货款给受益人，这就大大削弱了信用证方式对出口商而言融通资金的作用。我国的银行过去办理议付时，采取“收妥结汇”的做法，只审单不垫款，只有在开证行付款后才对出口商支付货款，这种只审单不支付对价的行为并不构成议付。

由于议付必定要付对价，所以议付行为了安全索偿，必须合理小心地审核单据，保证单证一致，以避免开证行因单据有不符点而拒付的风险。这是因为即便议付行是开证行设于不同国家或地区的分行，根据 UCP 600 第 3 条的规定，它在信用证业务中也是独立于总行之外的另一银行。在该议付行议付了信用证后，作为总行的开证行也可以因单证不符而拒付。同时，议付行因信用证业务而发生的纠纷也不应涉及作为总行的开证行。[②]

在议付行寄单给开证行后，开证行也可能提出单据不符，因而拒付货款。为了避免风险，议付行可以要求受益人将货权作为抵押，即受益人交单时需填写一种称为“质押权利设定书”（Letter of Hypothecation，简称 L/H，质押书）的文件，声明在发生意外时，议付行有权处理单据，甚至变卖货物，使货物成为议付行完全可以支配的抵押品，减少议付行索偿的风险等。

议付行在扣除利息、本银行的手续费、邮费、外国银行的有关扣除费用后，即可向出口商办理结汇。在填好结汇水单后即可入出口商的账。议付行议付单据后，在信用证背面进行批注，防止重复议付情况发生。批注后，信用证退还出口商。议付行一般复印信用证留底，然后按信用证要求将单据寄给开证行等索偿。

议付行有权要求开证行、保兑行或付款行、偿付行偿付已向受益人垫付的款项。议付行可以一面向开证行寄单，一面向付款行或偿付行索汇。如果没有付款行或偿付行，就在给开证行的寄单面函中加注付款指示。议付行寄单面函通常叫做 Cover letter 或 BP（Bill of Purchase）。

如果议付行向开证行的索偿遭到拒付，可以向受益人行使追索权，此时议付行相当于汇票的正当持票人，除非议付行是保兑行。但如果议付行接受了受益人交来的“无追索权”的汇票并进行了议付，则应承担“无追索”的义务，如果事后被开证行拒付，则议付行应自负其责。

（六）保兑行（Confirming Bank）

保兑行是应开证行的要求在信用证上加具保兑的银行。一般银行在接到开证行的保兑邀请后，往往要对开证行的资信状况以及信用证条款加以

> **保兑行与开证行同责并且保兑不能片面撤销；保兑行有权决定对信用证的修改部分是否加以保兑，付款时有权审核单据，有权向开证行索偿。**

① 参见 UCP 600 第 2 条中有关议付的定义。

② 根据 UCP 600 第 3 条的规定：“一家银行在不同国家设立的分支机构均视为另一家银行。”

研究之后再决定是否加具保兑。如果决定不按开证行授权或要求对信用证加具保兑，则必须无延误地通知开证行。保兑行一般是出口地信誉良好的银行，它接受开证行邀请在信用证上加注保证条款或加保兑注记后，该信用证的可接受性大大增强。开证行有时邀请通知行充当保兑行，有时也可能找另外一家银行充当。

信用证经保兑后，如需修改，必须得到保兑行的同意。保兑行有权对信用证修改部分不保兑，若不同意保兑，必须尽快将此情况通知开证行或受益人；如果保兑行同意信用证修改内容，则自通知该修改书之时起对信用证就负有不可撤销的义务。当然，如果保兑行只同意对同一修改书中的部分内容加具保兑，则这种同意就无任何效力。

在单证相符条件下，保兑行的付款责任与开证行是完全一样的，都是第一性付款人，加具保兑后的信用证受益人就有了双重付款的保证。但是，保兑行和开证行的承诺是分别独立的，各自承担的责任范围、承诺的内容可以不完全一致，比如，保兑行可以特别约定只负责发票金额的85%，或者负责的期限不同于信用证的有效期等。至于受益人或议付行究竟应先向开证行还是先向保兑行索付，UCP 600 没有具体规定，按实务中的一般做法，除非信用证中有明确规定，否则受益人或议付行有权自行选择，开证行和保兑行均不得互相推诿。但如果单据绕过保兑行提交开证行，开证行倒闭或因其他原因不能付款，再次提交到保兑行时若其保兑已逾期，保兑行将不再承担保兑责任。受益人于规定的时间及有效期内将相符的单据自行或通过指定银行提交到保兑行，保兑行负当然的付款责任。

因为保兑行是应开证行请求或授权对信用证加具保兑，所以保兑行付款后只能向开证行索偿，如果开证行倒闭或无理拒付，保兑行无权向受益人或其他前手追索票款。

保兑行有权拒收有不符点的单据，但必须明白无误地向受益人声明这一态度。在此情况下，保兑行将不再承担其保兑项下的任何责任。然而，如果保兑行因为单据存在不符点便想当然地以为自己的保兑责任已自动解除，或默认受益人的请示电询开证行，或自行电询开证行，或将单据寄开证行要求其接受而不声明解除保兑，那么就误导了受益人，使受益人产生了开证行接受单据后，保兑行仍然继续其保兑的错觉。

例如，保兑行收到远期信用证不符点单据一套，经受益人同意向开证行电询。开证行遂接受单据，并承兑了汇票。受益人因资金宽松未要求保兑行贴现或议付，汇票到期时，开证行倒闭，款项未付。受益人与保兑行就保兑行是否应履行保兑责任产生争议。为此，国际商会银行委员会提醒银行，不符点单据由保兑行在信用证交易的架构内提交开证行求其认可（For Approval），此举可视为实质上是要求对信用证加以修改。一旦单据被接受了，不符点便不复存在，保兑行仍要承担其保兑责任，履行其付款义务。

（七）付款行（Paying Bank）

> 付款行承担审单付款责任，付款后无追索权，但有权向开证行索偿；偿付行按开证行的授权承担类似出纳机构的偿付责任，并向开证行索偿。

开证行在信用证中指定一家异地银行为信用证项下汇票上的付款人或是在信用证下执行付款的银行，这个银行就是付款行，或称代付行，它是开证行的付款代理人。开证行通常委托通知行作为代付行，但也可能委托其他银行为代付行。开证行与代付行的关系是建立在两家银行的代理合同上的，如果不在代理范围内，开证行指定某银行为付款行时，该行有权拒绝代为付款。但这种情况只有在开证行资信极差、付款行没有可能获得偿付时才会发生。

付款行一经接受开证行的代付委托，它的审单付款责任就与开证行一样，也属于"终局性"的，如发现不符点应立即拒付。一旦验单付款，就不得向受益人追索。付款行付款后无追索权，只能向开证行索偿。如果开证行收到付款行寄来的单据发现不符点并拒付，则付款行就得自负其责，必要时可自行提货并转卖，所受损失自己承担。有时付款行根据开证行的指示不必验单，只凭议付行声明的单证相符，按信用证要求付款，此时付款行对受益人也无追索权。

（八）偿付行（Reimbursing Bank）

如果开证行与议付行或代付行没有账户关系，特别是在信用证采用第三国货币结算时，开证行会指定另一家与它有账户关系的、在货币所在国的银行充当偿付行。所以偿付行往往是代开证行偿付议付行垫款的第三国银行，或由通知行兼任。信用证上规定有偿付行时，开证行开出信用证后应立即向偿付行发出偿付授权书（Reimbursement Authorization），通知授权付款的金额、有权索偿银行等内容。出口地银行在议付或代付款之后，一面把单据寄开证行，一面同时向偿付行发出索偿书（Reimbursement Claim），偿付行收到索偿书后核对开证行的偿付授权书，如果其与有权索偿银行相符，索偿金额不超过授权金额，则立即向索偿银行付款，然后再向开证行索付。

偿付行是根据它与开证行签订的偿付协议办理支付的，如果开证行没有存款或存款不足，又无透支协议，则偿付行有权拒付。

偿付协定实际上是开证行与偿付行之间的委托代理合同，所以偿付费用一般应由开证行承担。如果偿付费用规定由偿付行负责，则偿付行一般直接从偿付款项中扣除偿付费用。偿付费用如果由开证行承担，则无须在信用证中说明，如果由偿付行负担，则开证行必须在信用证中明确说明。

偿付行与信用证无直接联系，信用证项下的单据由议付行直接寄开证行，偿付行不接受单据，不审核单据，不与受益人发生关系，所以偿付行对索偿行的付款不能视为开证行的付款。由于议付行在向开证行寄单的同时，将索偿指示径直寄偿付行，所以可能会有这种情况：开证行发现单据与信用证不符，但偿付行已经偿付议付行。这时，开证行或保兑行有权要求议付行退回已付款项，但不能向偿付行追索。根据惯例，偿付行只管偿付，退款与它无关。

如果索偿行（议付行、付款行、保兑行）因故不能从偿付行那里获得偿付，开证行要负责偿付索偿行并支付因迟付而导致的利息损失。因为偿付行并非债务人，而只是受开证行委托代为偿付，所以开证行作为信用证的实际债务人，不能因此解除其在信用证中所作的付款承诺；而且只要迟付责任不在索偿行，由此引起的利息损失，开证行要负责赔偿。

二、信用证主要当事人之间的关系

信用证各当事人除因参与信用证业务而享有权利并需承担责任义务以外，还不可避免地要与其他当事人产生错综复杂的单边或多边关系。例如，开证行作为信用证的开立者，在各当事人中起"中枢"作用，围绕着信用证，开证行与所涉及的当事人存在着多边关系。明确这些关系的内容，将十分有助于信用证业务的顺利运作。

（一）开证申请人与受益人

开证申请人与受益人在一笔信用证业务中的关系是建立在销售合同基础上的契约关系，销售合同是约束其在合同项下行为的基础契约，开证申请人与受益人必须履行合同义务并享有合同赋予的权利。销售合同通常在“货款支付”条款中，对支付方式、支付货币、支付时间与地点等有关货款支付的具体事项进行明确规定，进出口商均受其约束。当销售合同规定以信用证支付方式清偿因货物买卖所引起的债权债务时，开证申请人和受益人均需遵照执行：开证申请人需在合同规定的期限内，向一家银行申请开出符合合同规定的信用证；受益人则需严格履行信用证义务，提交表面合格的单据。任何一方违约甚至毁约，另一方均有权提出索赔，或者提交仲裁机构裁决或法院判决。

（二）开证行与开证申请人

开证行与开证申请人之间的关系是建立在开证申请书基础上的契约关系。两者产生契约关系的原因在于：开证申请人（进口商）为履行买卖合同义务，以出具开证申请书的形式要求一家银行为合同的另一方（出口商）提供付款承诺。开证申请人在提供偿付信用证金额的开证担保，并履行申请开证的一切手续，填写开证申请书，交纳开证押金或保证金，支付开证费用之后，该银行即以开出信用证的形式同意提供这种付款承诺。信用证一经开出，开证行与开证申请人之间的契约关系即告成立，开证申请书即表示这一契约关系的书面文件。开证行按约定将信用证及时通知至受益人（通常通过通知行），并需对表面合格的单据承担付款责任；开证申请人应按期付款赎单，若到期不赎，则开证行有权处理单据及单据项下的货物。

（三）开证行与通知行

开证行与通知行之间属委托代理关系，两者之间通常订有业务代理协议。开证行是委托信用证通知的委托人，通知行是接受开证行的委托履行信用证通知义务的受托人。通知行接受通知委托后，应立即证明信用证印鉴或密押的真实性，并迅速、准确地将信用证内容通知受益人。通知行对受益人不负有除通知责任以外的信用证责任，开证行无权强迫通知行向受益人偿付款项；但通知行如果接受了开证行的议付或付款委托并履行了其职责，则有权凭正确的单据向开证行要求偿还所垫付的款项。

（四）开证行与受益人

开证行与受益人之间虽然不存在直接的契约关系，但开证行一旦开出不可撤销信用证，向受益人承担对表面合格单据不可推卸的付款责任，双方之间即产生了事实上的契约关系，其权利与义务建立的基础即信用证条款。开证行有对表面合格单据必须付款、妥善保管受益人提交的全套单据、不当拒付时向受益人赔偿损失等义务，享有要求受益人严格履行信用证义务并提交与信用证规定相符的全套单据的权利，以及审核单据、拒付表面不合格单据、拒绝监管货物等权利；受益人有根据信用证的指示提交正确单据的义务，享有凭正确单据获得开证行付款的权利。

（五）开证行与保兑行

开证行与保兑行之间属根据业务代理协议产生的委托代理关系。当开证行邀请或委托一家银行以该行的名义保付信用证时，该银行有权接受委托，亦有权拒绝接受委托。若为前者，该行即成为信用证的保兑行，应承担保兑行的全部责任义务，并享有相应权利。

（六）通知行与受益人

若通知行不承担保兑责任，则其与受益人无直接或事实上的契约关系。通知行只是按照开证行的委托，将确认为真实有效的信用证迅速、准确地通知受益人，而不负除此以外的其他责任。受益人不得向通知行主张超越其责任范围之外的任何权利。

（七）开证行与议付行

开证行与议付行之间不存在直接的契约关系，两者关系的确立须依据信用证条款的规定，议付行以汇票及/或单据持有人的身份对开证行主张权利。由于议付行根据开证行的邀请与付款承诺向受益人垫付款项，因此开证行有义务对议付行提交的表面合格的单据付款，有权拒付不合格单据。在开证行拒付的情况下，议付行作为正当持票人并根据其与受益人之间的协议，对受益人享有追索权。

（八）议付行与受益人

议付行与受益人之间属票据关系和融资关系。受益人作为汇票的出票人和出让者向议付行转让跟单汇票，议付行以单据为抵押议付垫款后即成为跟单汇票的受让者及正当持票人。因此，开证行不论以何种理由拒绝偿还议付行的垫款，议付行作为正当持票人都享有向受益人追索票款的权利。此外，议付行的议付垫款使受益人获得了资金融通，根据融资协议，当议付行遭开证行拒付时，有权向受益人索回议付垫款。

（九）保兑行与受益人

保兑行对受益人具有与开证行相同的权利义务，两者之间存在着事实上的契约关系，这一关系确立的基础即保兑行在开证行开立的信用证上加注了“保兑”字样。作为保兑行，它一方面是开证行的代理人，另一方面又以当事人的身份对受益人独立负责。保兑行有对合格单据必须付款的义务；付款后无论因何原因而得不到开证行的偿付，均不得向受益人追索票款。受益人应向保兑行提交合格单据，并凭以获得保兑行的支付。

（十）开证行与付款行

开证行与付款行之间为业务代理关系。付款行是开证行的付款代理人，它根据两行间的业务代理协议承担代理付款责任。付款行代表开证行对受益人提交的单据进行核验，若表面合格，应予付款；若表面不合格，有权拒付。付款行验单付款后有权向开证行索要款项；若开证行偿还垫款后而又发现单证不符，有权向付款行追索，付款行应予退款。

在信用证业务中，所有当事人均应根据信用证条款规定严格履行责任义务，并享有相应权利。若当事人之间发生分歧与纠纷，则应以信用证条款、相关的国际惯例及法律为基准，予以处理、裁定和判决。

第四节　信用证的主要种类

由于信用证使用者所从事的活动千差万别，因此对信用证的功能要求有所不一。为了满足客户的不同需求，在遵循信用证基本业务原则的基础之上，逐步演化出了功能、用途各异的多种信用证类型。通常根据信用证的性质、期限、是否保兑、能否转让以及证与证之间的关系等，可以对信用证做出不同的分类，主要有以下几种。

一、光票信用证和跟单信用证

（一）光票信用证（Clean Credit）

光票信用证是指凭不附带货运单据的汇票（即光票）付款的信用证。有的信用证要求出具汇票并附有非货运单据，通常也被视为光票信用证。光票信用证可以用于贸易结算和非贸易结算两个领域。在贸易结算中，主要用于贸易从属费用的结算。关系较为密切的进、出口商在进行交易时，可由出口商按信用证规定直接将单据交进口商，出口商再凭光票向开证行收款，但这种做法并不多见。在非贸易结算中，主要有旅行信用证。旅行者在信用证总金额范围内，可在国外一次或数次向指定银行凭汇票或收据支取现金。

（二）跟单信用证（Documentary Credit）

跟单信用证是指凭附带货运单据的汇票（即跟单汇票）或仅凭货运单据付款的信用证。货运单据主要是指代表货物所有权或表示货物已经装运的各种证明文件，如提单、保单、商检证书、产地证等，跟单信用证的核心即单据，它是银行处理信用证业务的基础和依据。银行通过对物权单据的控制来控制货物所有权，通过转移物权单据来转移货物所有权，根据单据提供信贷，担保付款。在国际贸易结算中所使用的信用证绝大部分为跟单信用证。

二、不可撤销信用证和可撤销信用证

（一）不可撤销信用证（Irrevocable Credit）

信用证一经开出并经受益人接受后，开证行便承担了按照信用证上所规定的条件履行付款义务的责任。在信用证有效期内，除非得到信用证所有当事人的同意，否则开证行不得单方面撤销或修改信用证的内容。不可撤销信用证开证行的付款责任是第一位的，只要受益人提供的单据符合信用证条款的规定，开证行就必须履行付款责任。

> **不可撤销信用证的特点是开证行的确定付款承诺**（Definite Undertaking of Payment）**和信用证的不可撤销性**（Irrevocability）。

如果该信用证已经由另一家银行保兑，则开证行未征得保兑行同意所做的修改对保兑行无效。

（二）可撤销信用证（Revocable Credit）

可撤销信用证是开证行在开出信用证后，有权随时撤销或者修改而不必征求有关当事人同意的信用证。由于可撤销信用证开证行付款责任的随意性和不确定性，这种信用证对受益人的权益缺少保障，受益人通常不愿意接受可撤销信用证，在实务中也极少采用。有鉴于此，UCP 600 取消了可撤销信用证。

知识拓展

UCP 600 规定信用证都是不可撤销的

按照 UCP 600 第 3 条的规定，信用证都是不可撤销的，即便信用证上未明确说明也如此，从而结束了半个多世纪以来对信用证形式的规定：可撤销的或者不可撤销的。取消了“可撤销信用证”的概念，一方面加大了开证行的责任感，另一方面增加了受益人对信用证的信任。这也符合实务中信用证的不可撤销性的普遍做法。

UCP 600 还规定，除某些特定情况外，未经开证行、保兑行及受益人同意，信用证既不能修改，也不能撤销。

信用证的不可撤销性及付款责任的确定性有效地保障了受益人的权益，突出地体现了银行资信担保的优势特征，促进了国际贸易的安全、有效开展。

尽管目前各行开出的信用证都是不可撤销的信用证，但是在实务中，有些进口商或开证行利用信用证是开证行有条件付款承诺这一特点设置“陷阱条款”，或称为信用证软条款，即故意以隐蔽的形式在信用证中设置某些条款，使出口方很难甚至根本不可能做到单证一致，动辄出现单证不符，为进口方拒付货款寻找理由，或为其自身争取有利的交易条件。简而言之，软条款有一个最基本的特征，即它单方面被申请人或开证行所控制，使得不可撤销信用证变为可撤销信用证。因此，出口方在审核信用证条款时，要特别注意信用证中是否包含有软条款，提高风险防范意识，以利于安全收汇，减少损失。

案例分析

信用证中的软条款导致其成为可撤销的信用证

案情：中国北方某市的一出口商接到国外某行开来的信用证，购买石碱，在装运条款中虽有装运有效期，但又规定具体的装运日期和船名将由买方在装运前另行通知。为此，出口商在信用证告知的装运有效期前，将全部货物运到大连港，等待进口商的装船具体日期。孰料此时石碱的国际市场行情不好，价格下跌，进口商毁约，不再发来关于具体的装运日期和船名的通知，致使出口商无法使用该信用证装运货物，从而造成不小的损失。

分析：UCP 600 规定信用证都是不可撤销的，从而保障出口商只要按信用证的要求办理出口和制作单据，就能收到货款。但是，信用证上的条款和要求必须是出口商能够办得到的，更不能有受制于进口商的条款。上述案例中规定“具体的装运日期和船名将由买方在装运前另行通知”，使得交易完全由进口商控制。如果进口商不再发来装运日期和船名，出口方将无法装船，取不到有关的单据，那么出口商面临的风险极大。因此，出口商在签约时一定要注意信用证中的软条款陷阱，凡是出口商不能做到的或由进口商控制的各种条款都应提高警惕，拒绝接受，以免上当受骗。

三、保兑信用证和不保兑信用证

（一）保兑信用证（Confirmed Credit）

如果一张信用证除了开证行的付款保证外，还有另一家银行对这张信用证做了付款保证，则该信用证即为保兑信用证。

保兑行一旦对信用证加具保兑，即相当于自己开证，保兑行同样不能自行修改或撤销其保兑，保兑行将与开证行共同承担信用证责任，即对受益人提交的符合信用证条款规定的单据必须付款。

> 不可撤销保兑的信用证的特点是"该信用证给予受益人双重的付款保证"。

一般来说，银行开出信用证是不愿意其他银行加以保兑的。开证行之所以主动或被要求开出保兑信用证，主要有以下几方面的原因：一是由于开证行自感其资信情况与开证金额不相称，才主动要求其他银行加以保兑，以免受益人拒收或出口地银行拒绝议付。二是在受益人对开证行的偿付能力不够信任或对进口国政治上有顾虑时，要求通知行或第三家银行加以保兑。三是受出口地法律法规的约束。某些国家规定，受益人只可接受由本地银行加保的信用证，但由于开证行和开证申请人不愿接受，因此就产生了实务中所谓的缄默保兑或局外保兑（Silent Confirmation），即无须开证行知道的保兑，这仅仅是受益人与本地保兑行之间的一种契约。如果被要求保兑的银行不准备加保，则应毫不迟延地告知开证行。

信用证加保后，由开证行和保兑行两家银行做了付款承诺，对受益人来说就有了双重的收款保证，受益人可以要求其中任何一家银行履行付款责任。保兑行的保兑不同于从属性保函中的银行保证，后者中的担保银行只承担第二性的付款责任，而保兑行对受益人负有第一性付款责任，受益人可凭表面合格的单据直接向保兑行提出付款要求。具体兑付时，受益人一般首先要服从信用证条款的规定：当信用证规定以保兑行作为付款人时，受益人应该先要求保兑行付款，保兑行不付再由开证行付；当规定以开证行作为付款人时，受益人应该先要求开证行付款，开证行不付再由保兑行付。此外，如果保兑行是出口地银行，而信用证上规定的付款行在第三国，则根据美国汉诺威制造商银行的解释，保兑行应首先承担付款责任。当然保兑行承担付款责任的前提条件也是在信用证的有效期内收到相符的单据。

（二）不保兑信用证（Unconfirmed Credit）

不保兑信用证是指只有开证行的付款保证，没有另一家银行承担保证兑付责任的信用证。不保兑信用证的开证行将独立承担信用证项下有条件的第一性付款责任。

事实上，实务中不保兑信用证的使用居多，大银行或资信状况良好的银行开出的信用证均是不保兑信用证。这是因为，保兑行对信用证加保要收取保兑费，另外还可能提出其他保兑条件，这些都可能增加进、出口商的经营成本。所以，如果开证行的资信确属第一流，则信用证无须加保。一般情况下，我国银行不对外开立保兑信用证。因为我国经营国际结算业务的银行均有足够的偿付能力，故而不需要其他银行保兑。

四、即期付款信用证、延期付款信用证、承兑信用证

在 UCP 500 的规定中，按使用信用证金额的不同方式，信用证有四种付款形式：即期付款、延期付款、承兑和议付。而在 UCP 600 的规定中做了修改，将跟单信用证分为三种形式：即期付款信用证、延期付款信用证、承兑信用证，删去了议付信用证。

（一）即期付款信用证（Sight Payment Credit）

> 即期付款信用证是开证行或指定银行收到符合信用证规定的单据后，立即付款的信用证。付款行为出口地银行时对受益人最有利。

即期付款信用证是指开证行或指定的付款行收到与信用证条款相符的单据即予以付款的信用证。即期付款信用证具有两个特点：（1）即期付款信用证可以是开证行自己付款，也可以由其他银行付款。如属前者，开证行应履行即期付款的承诺；如属后者，开证行应保证该款的照付。（2）一般不需要汇票，只凭商业单据付款；也可以开立以指定付款行为付款人的汇票。按照付款行和到期地点的不同，即期付款信用证还可做如下细分。

（1）进口地付款，进口地到期。即期付款信用证的开证行以其本身为付款行，而且把信用证的到期日规定为：在开证地收到全套单据后，才能付款。这样的信用证在出口地被其他银行议付的可能性很小，即使被议付了，开证行也不赋予该议付行一般议付行所能享受的权利，我们称这种议付为局外议付。这种信用证对受益人是很不利的，因为受益人凭这样的信用证要在出口地融通资金的可能性很小，如果受益人直接交单或委托银行交单，就要做到信用证下所有单据在信用证到期日前到达开证行，单据在邮寄过程中遗失或延误的风险将由受益人承担。

（2）进口地付款，出口地到期。即期付款信用证的开证行以其本身为付款行，但把信用证的到期地点规定在出口地，并规定由其所指定的出口地银行或任何其他银行议付。这种信用证比前一种对受益人有利。出口地银行议付后，即可向开证行或按照证上规定的方式取得偿付，至于单据能否如期到达开证行，议付行不负责任。

（3）第三国付款，出口地到期。即期付款信用证以进口地以外的其他第三国银行为付款行，以该第三国的货币为支付货币，但规定在出口地到期，可由出口地银行议付。例如，新加坡银行开出的美元信用证，一般都以其纽约分行或代理行作为付款行，同时规定单据寄递的方式为：一套寄纽约的付款行，另一套寄新加坡的开证行。纽约的付款行凭一套单据付款，议付行不负单据及时到达的责任。

（4）出口地付款，出口地到期。即期付款信用证以出口地银行为付款行，在出口地到期。开证行开立这样的信用证一般都以出口地的货币为支付货币，并在付款行开有账户。这种方式在出口地无议付程序，受益人只要向当地的付款行交单，即可获得无追索权的付款，受益人不承担任何利息。这种信用证对受益人是很有利的。

由上可知，在即期付款信用证情况下，出口地银行既可以是付款行，也可以是议付行。付款行的地位和议付行的地位是不同的，主要表现在以下几个方面。

第一，开证行和付款行之间存在的必然是委托代理关系；而开证行和议付行之间既可

以存在委托代理关系，也可以是毫无契约关系的两个独立的当事人。

第二，信用证上规定以开证行以外的银行为付款行，开证行一般在付款行开有账户，或根据代理合约事先把抵补头寸划拨给付款行，付款行在付款以后能立即取得偿还，无须以自己的资金垫付，万一付款行在付款时以自己的资金垫付，因此而发生的利息和费用可向开证行算收；而议付行的议付行为完全是自己垫付资金，因此而发生的费用应向受益人算收。

第三，付款行的验单付款是终局性的，在一般情况下，不能向受益人行使追索权，而且承担证实单证相符的责任，若开证行提出不符点，则付款行应当退款给开证行，自己承担风险；而议付行的审单议付是信用证流转过程中的一个环节，开证行倒闭或拒付，议付行可向受益人行使追索权。

第四，付款行付款一般使用出口地所在国货币；而议付行议付既可使用出口地所在国货币，也可使用出口地所在国以外的货币。

（二）延期付款信用证（Deferred Payment Credit）

远期付款不需要汇票的信用证，称为延期付款信用证。这种信用证一般不要求受益人开立汇票，而仅仅规定受益人交单后若干天付款，或货物装船后若干天付款（通常以提单签发日期作为装船日期），或在某一固定的将来日期付款。

> 延期、承兑、议付这三种使用方式都有远期付款情况，延期付款信用证隐含的欺诈风险最甚。

延期付款信用证的业务处理与承兑交单相仿，银行在收到单据后，就将单据交给申请人，银行在信用证规定的付款到期日才付款。因此，出口商交单后不能立即得到货款，加上没有汇票，出口商也不能通过贴现已承兑的远期汇票而进行资金融通。延期付款信用证多用于资本货物交易，旨在便于进口商在付款前先凭单提货，并安装、调试甚至投入使用后，再支付设备价款。因此，这种信用证对出口商来说并无多大好处，除了银行的保证到期付款作用外，无资金融通作用。

（三）承兑信用证（Acceptance Credit）

远期付款并需要开立汇票的信用证就是承兑信用证。

> 信用证项下跟单汇票一经受票行承兑，就构成承兑行在到期日无条件付款的承诺。

这种信用证要求受益人开立以指定银行为付款人的远期汇票，连同规定单据向指定银行交单，该行确认汇票和单据表面合格后，即收下单据并将已承兑的汇票交还给受益人（或受益人的委托银行），负责到期付款。承兑行可以是开证行，也可以是开证行指定的其他银行，如付款行、保兑行和通知行等。

利用承兑信用证可使开证申请人和受益人各得其所：开证申请人获得了远期付款的融资；受益人因利用承兑信用证而满足了开证申请人延期付款的愿望，有助于成交，且受益人获得了银行承兑汇票即意味着获得了银行不可撤销的到期付款承诺，受益人还可将已承兑汇票贴现，提前收回款项。

承兑信用证是进口商根据成交合约中出口商接受远期支付而向进口地银行申请开

立的，它也是开证行对进口商授信的一种方式。承兑信用证下开证行的资信对受益人来说尤为重要，因为银行承兑汇票后，单据与汇票分离，单据由承兑的银行处理，因此不论贴现与否，出口商赖以回收货款的依据就是这张银行承兑的光票。如果开证行作为承兑行，则其应负责到期付款；如果开证行指定其他银行作为承兑行，则其应保证承兑行照付并偿付给承兑行，万一承兑行到期不予兑付，开证行须直接承担付款责任。

知识拓展

UCP 600 为什么取消了议付信用证这种划分方式

根据 UCP 500 的规定，按照使用信用证金额的不同方式，一切信用证均须表明它适用于即期付款、延期付款、承兑或议付。而根据 UCP 600 第 2 条的规定，跟单信用证分为三种形式：即期付款信用证、延期付款信用证和承兑信用证，删去了议付信用证。为什么要做这样的修改呢？

按照 UCP 500 的规定，议付信用证（Negotiation Credit）是指开证行在信用证中明确邀请其他银行，为受益人提交的符合信用证要求的单据叙做出口押汇（议付），并保证对议付后取得善意持票人身份的银行及时偿付。

议付信用证可以是即期的，也可以是远期的，一般要求开立汇票，汇票的出票人是受益人，收款人是受益人自己，再由他背书转让给议付行，或者收款人就是议付行。汇票的付款人必须是议付行以外的当事银行，如开证行、保兑行等，不能以申请人作为付款人。UCP 500 劝阻信用证项下汇票以申请人作为汇票付款人，继而又规定如果信用证下汇票以申请人作为付款人，则银行将视该汇票为附加单据。

受益人将汇票及单据提交议付行，议付行经审核确认其表面合格后，即从票面金额中扣除议付利息及手续费，将净额垫付受益人，随即向开证行（或其他指定偿付行）寄单索汇；若开证行因单证不符而拒付，议付行可向受益人行使追索权。从这一意义上讲，受益人获得议付行的垫付并非意味着其已真正获得支付，只有当开证行向议付行支付了议付垫款后，受益人才最终获得开证行的付款。

议付信用证又可分为限制议付信用证和自由议付信用证两种。前者是指开证行在信用证中指定某一家银行办理议付，受益人只能向该指定银行交单并要求议付；后者是指信用证并未指定议付行，受益人可选择任何银行议付。对开证行而言，由于限制议付信用证指定了议付银行，易于把握；而自由议付信用证项下的议付行可以是任何银行，开证行难以控制，风险较大，甚至面临被欺诈的危险。

从以上内容可以看出，任何一种跟单信用证（即期、延期和承兑），根据开证人的意愿，既可以允许议付，也可以不允许议付。反之，如果开出的信用证允许议付（无论是自由议付还是限制议付），那么无论这份信用证是即期、延期还是承兑的信用证，只要受益人能够满足证内规定的相关条件，提交证内所要求的单据，银行都可以给办理议付手续。因此，把议付列为一种信用证的形式，显然是不恰当的。

五、可转让信用证、不可转让信用证和背对背信用证

（一）可转让信用证（Transferable Credit）与不可转让信用证（Non-transferable Credit）

根据 UCP 600 第 38 条的规定，可转让信用证是指特别注明“可转让”字样的信用证。它是开证行授权指定的转让行（即被授权付款、承兑或议付的银行）在原受益人（即第一受益人）的要求下，将信用证的可执行权利（即装运货物、交单取款的权利）全部或部分转让给一个或数个第三者（即第二受益人）的信用证。信用证经转让后，即由第二受益人办理交货，但原证的受益人仍须负责买卖合同上卖方的责任。

不可转让信用证是指受益人不能将信用证项下的权利转让给他人的信用证。根据 UCP 600 的规定，信用证中特别注明“可转让”字样的才属可转让信用证。凡未明确表明为可转让者，均为不可转让信用证。

可转让信用证在禁止分批装运时，信用证只能全额转让给一个第二受益人（但可保留差额利润）；在准许分批装运时，可以被分割而同时转给数个第二受益人，且每个第二受益人仍然可以办理分批装运。当然，第一受益人也可只转让信用证金额的一部分，余下部分由自己使用。但可转让信用证只限于一次性转让，即作为第二受益人，也称受让人，不能继续将信用证转让给其后的第三受益人。然而，第二受益人将信用证转回给第一受益人不在禁止之列，并且可由第一受益人将信用证进行再转让。

信用证的再转让（Retransfer of Credit）是指原先第二受益人在信用证到期之前，保留未用金额，将之转回给第一受益人，第一受益人利用该部分金额再转让给新的第二受益人。这是允许的，只要原始信用证未过期，被转让的金额确实未用，即可请求转让行办理再转让。但是，转让行应从原先第二受益人那里确认他没有使用，或者将不使用转让信用证项下的可用金额，还应要求他退回转让信用证的正本通知书。

如果信用证转让给一个以上的第二受益人，一项修改被一个或多个第二受益人拒绝，则并不意味着被其他第二受益人接受是无效的，对接受者来说该证已做修改，对拒绝者来说该证保持原样。这样，对于不同第二受益人交来的单据，银行的审单标准不一致，会给银行带来麻烦。如果开证行不愿采用第二受益人独立处理修改权的方式，它应在信用证内清楚说明修改应该采用什么方式处理。

可转让信用证通常用于有中间商参加的交易。中间商是第一受益人，实际供货商是第二受益人。中间商为了保持商业秘密，不愿进口商直接开证给供货人，因为这样做不仅泄露了他的贸易关系，而且也暴露了他的实际利润。但如果进口商把信用证开给他，由他再向银行申请转开，则既增加费用，又需垫付押金，因此他要求进口商在开给他的信用证上加注“可转让”条款，中间商在收到信用证后，只要付出少量转让费，即可将信用证转让给实际供货商。有时，可转让信用证也用于大宗商品交易，如大公司接受了国外大宗订货，打算由其分散在各口岸的分号或联号来分头交货，在成交时，即可要求进口商开立可转让信用证，以便分配在各口岸出运。

可转让信用证的具体流程如图 5—3 所示。

在图 5—3 中：

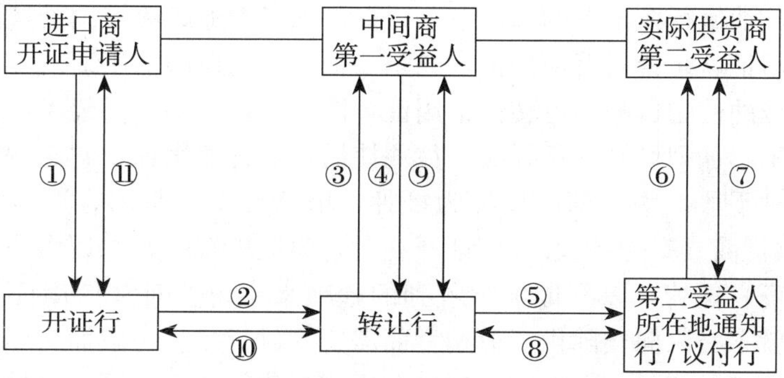

图 5—3　可转让信用证业务流程图

①进口商申请开立可转让信用证。

②开证行将可转让信用证开给中间商所在地银行（转让行）。

③转让行将可转让信用证通知给中间商。

④第一受益人（中间商）向转让行申请，将信用证转让给第二受益人。

⑤转让行按第一受益人指示开立转让证，通过第二受益人所在地银行通知。

⑥通知行将转让证通知给第二受益人。

⑦第二受益人审证无误后，出运货物，按规定交单议付。

⑧第二受益人所在地议付行审单议付后，向转让行寄单索偿，转让行履行付款或议付责任。

⑨转让行通知第一受益人提供自己的发票、汇票（按原证开立的、金额大的），以替换第二受益人的发票、汇票（按转让证开立的、金额小的），第一受益人取得两者间应得的差额。如果第一受益人未能在被首次要求时予以调换，则转让行有权将第二受益人的单据直接寄给开证行，并不再对第一受益人负责。

⑩转让行将第一受益人开立的发票、汇票及第二受益人提供的其他单据一并寄开证行索偿，开证行凭符合信用证规定的单据付款。

⑪开证行凭符合信用证规定的单据付款后，通知进口商付款赎单。进口商付清所欠款项。

在我国，以总公司为受益人的信用证，下达给各口岸分公司装船交单，这是在同一受益人内部委办任务。如果信用证未列明为可转让，则仍用总公司的名义制单开立汇票；如果为可转让信用证，则可用口岸分公司名义交单议付，此类外贸总公司内部的可转让信用证在业务流转时无须替换发票。

可转让信用证须由第一受益人填具转让书（Letter of Transfer），支付转让费。在第一受益人的要求下，转让行在开立转让证时，总金额、单价可减小，装运期、有效期、交单期可缩短，保险投保比例可以增加，也可用第一受益人名称代替原证的开证申请人名称。除此以外，转让证内容必须与原证条款相同。

（二）背对背信用证（Back to Back Credit）

背对背信用证又称对背信用证，是指一张信用证的受益人以这张信用证为保证，要求该证的通知行或其他银行在该证的基础上，开立一张以本地或第三国的实际供货人为受益人的新证，这张新证就是背对背信用证，它是一种从属性质的信用证。

背对背信用证的使用目的与可转让信用证大体相同，一笔交易经由中间商成交，当进口商在信用证上不愿加列可转让条款时，往往使用背对背信用证，它是中间商用信用证方式实现融资的一种手段。中间商以原证为抵押，申请开立一张内容近似的背对背信用证（新证）给实际供货商（新受益人）。新证开立时，原证仍有效，原证由开立新证的银行代原受益人（中间商）保管，以原证项下收到的款项来支付背对背信用证开证行垫付的资金，这样中间商就不必因向实际供货商购货而需要支付货款。一般而言，背对背信用证的开证行同时又是原证的议付行。中间商通过利用背对背信用证，同样既能做成交易，又可从中获得利润。

信用证并非流通工具，因此它不能像汇票或支票那样通过背书后转让流通。对开证行来说，信用证能否转让对它的影响不大，它只凭符合信用证条款的单据付款，而无须过问由谁提示单据。但对进口商来说，成交的货物是由原签约的出口商装运还是由其他人装运，却有很大的差别。进口商对与其直接签约的出口商比较了解，坚持成交的货物应由他发货、装运和交单似乎有充足的理由，所以他不愿意使用可转让信用证，但这并不能杜绝中间商的存在。事实上，对进口商来说，选择一个信誉良好的中间商才是至关重要的。因为无论是可转让信用证还是背对背信用证，中间商均须承担买卖合同上卖方的责任，保证进口商能收到符合合同要求的货物。

背对背信用证的业务流转程序如图 5—4 所示。

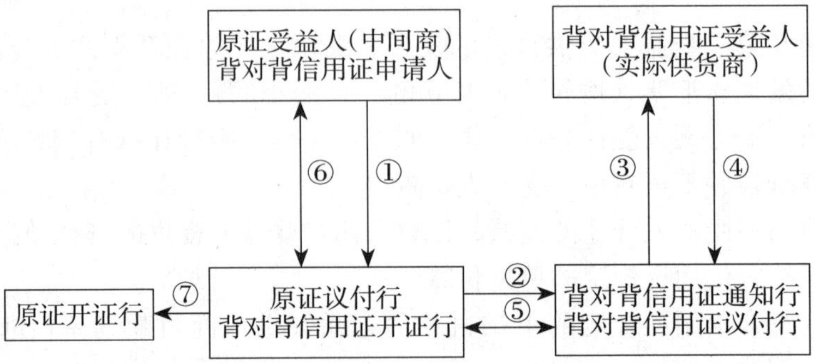

图 5—4　背对背信用证业务流程

在图 5—4 中：

①原证受益人申请开立背对背信用证。中间商在收到进口商申请开立的不可撤销信用证后，以该证作保证，要求其往来银行根据原证开立以其为申请人、以实际供货商为受益人的背对背信用证。

②开立背对背信用证。由于开立背对背信用证存在风险，因此开证行要求中间商交出原证作为开证保证，因为原证是原开证行保证付款的承诺，背对背信用证开证行以这一承诺作为开立新证的依据。

③通知背对背信用证。背对背信用证开立后，开证行可以电信或信函方式通过受益人所在地银行通知该证给实际供货商。

④实际供货商交单。实际供货商受证后，根据背对背信用证的条款备货装运。一般背对背信用证的装货期和有效期较短，实际供货商应当把握装货交单的期限，及时向背对背信用证的通知行交单议付。

⑤背对背信用证议付行向开证行寄单索偿。背对背信用证议付行审核单据无误后，议付实际供货商并同时向背对背信用证的开证行寄单索偿。

⑥中间商换发票与汇票。背对背信用证的开证行收到单据后，要在审单付款的同时通知中间商换发票与汇票。中间商按原证另开立汇票与发票，以替换背对背信用证项下的汇票与发票。

⑦向原证的开证行寄单索偿。背对背信用证的开证行若就是原证的议付行，则其在发票替换后，将已议付的单据寄往原证的开证行索偿；若不是原证的议付行，则将原证项下的单据交议付行议付，由议付行向原证的开证行寄单索偿。

由上可知，背对背信用证与可转让信用证在业务处理上有许多相似之处，但在性质上两者又有很大的不同。可转让信用证的新证是根据原证换开的，两者之间存在着直接的连带关系，原证与新证都是一个开证行，即由原开证行同时对第一和第二受益人负责。而背对背信用证的原证与新证是两张独立的信用证，分别由两家开证行保证付款，新证开立时，原证仍有效，但是新证的开证行与新受益人完全是一笔新的单独的业务关系，由新证开证行对新受益人负责付款，新受益人可能根本不知道是背对背信用证，信用证表面也不注明是背对背信用证，只有原受益人以及新开证行了解这一事实，原证开证行、原进口商和新受益人可能都不了解。原证开证行、原进口商与新证毫无关系，新受益人与原证也不发生关系。也就是说，背对背信用证有两个独立的开证行，分别对各自的受益人负责，即原开证行对原受益人负责，新开证行对新受益人负责。

六、对开信用证

一国的出口商向另一国的进口商输出商品，同时又向其购进货物，这样可把一张出口信用证和一张进口信用证挂起钩来，使其相互联系，互为条件，这种做法称为对开信用证(Reciprocal Credit)。对开信用证的特点是：第一张信用证的受益人和申请人分别是第二张回头信用证的申请人和受益人，第一张信用证的开证行和通知行分别是第二张回头信用证的通知行和开证行。

对开信用证的业务流转程序如图5—5所示。

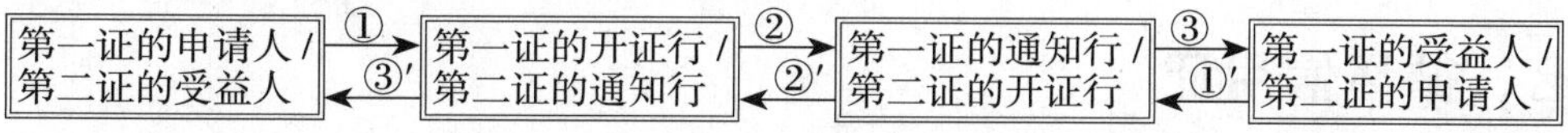

图5—5 对开信用证的业务流程

在图5—5中：

①第一证的申请人向开证行申请开证。

②第一证的开证行通过通知行开出信用证。

③第一证的通知行向受益人通知信用证。

①′第二证的申请人（第一证的受益人）向开证行（第一证的通知行）申请开证。

②′第二证的开证行（第一证的通知行）通过通知行（第一证的开证行）开出信用证。

③′第二证的通知行（第一证的开证行）向第二证的受益人（第一证的申请人）通知信用证。

对开信用证常见的生效方式有两种：（1）两张信用证同时生效，第一张信用证先开，但是暂不生效，等对方开来回头证经受益人接受后，通知对方银行两证同时生效。（2）两张信用证分别生效，第一张信用证开立后不以回头证的开立和接受为条件，而是立即生效，回头证另开；或在第一证受益人交单议付时交来保函，保证若干天内开出以第一证申请人为受益人的回头证。在分别生效的条件下，第一证申请人存在风险。

知识应用

对开信用证在三来一补贸易中的应用

我国在来料加工业务中，大多采用两证同时生效的方式，如在进口原材料时开出的远期信用证，对应着产成品返销时国外开来的即期信用证。首先开出的远期信用证的有关条款举例如下：

"This Credit is available by drafts drawn on us at 180 days after bill of lading date."

"Payment will be effected by us at maturity of draft against the above mentioned documents complied with Credit terms and our receipt of the Credit opener's advice stating that a reciprocal Credit in favor of the applicant issued by ________ Bank for account of beneficiary available by sight draft has been received by and found acceptable to them."

回头证开出时应加列对应开证条款：

"This is a reciprocal Credit against ________ Bank Credit No. ________ favoring ________ covering shipment of ________."

对开信用证不同于背对背信用证。背对背信用证是一张信用证靠着另一张信用证开立，两笔都是进口业务；而对开信用证是一笔进口业务和一笔出口业务挂钩，主要用于易货贸易和来料来件加工装配业务。在这类交易中，双方均需向对方支付款项，但又不是独立的两笔交易。其间，交易双方均担心对方只享受权利而不履行相应的义务，于是就产生了把双方的付款承诺联系在一起的对开信用证业务，使各自的合同义务与权利相互联系、相互制约，共同维护双方利益。这样，使用对开信用证在一定程度上可以起到防范风险的作用。

七、循环信用证

循环信用证（Revolving Credit）是指信用证的全部或部分金额被使用以后仍可恢复到原金额、继续被使用的信用证。

循环信用证主要适用于大宗商品交易。大宗商品交易一般总是批量很大、金额也很大，出口方要一次性出运这么多货物，可能有困难，进口方也可能一下子接受不了这么多货物，付不出货款。因此，基本都采用分批装运、分批付款的方式。由于每次装运条件、金额、提供的单据要求都是同样的，若每装一批开一张信用证，手续烦琐，费用也高，进口商为了节省开证手续和费用，在实际中往往就开立一张信用证来循环使用。

循环信用证分为以下两类：

（一）按时间循环的信用证

按时间循环的信用证规定了受益人每隔多长时间（如1个月或1个季度）可循环使用信用证上规定的金额。例如，信用证金额为10 000美元，规定1个月循环一次，有效期为6个月。

按时间循环的信用证根据每期信用证余额处理方式的不同，又可分为以下两种：

（1）积累性循环信用证（Cumulative Revolving Credit）。这是指受益人在规定期限内可支取的信用证金额有余额，且该余额可以移到下期一并使用。

此类信用证中通常有下列条款：

"This Credit is revolving at USD 100 000 covering shipment of per calendar month cumulative operation from January 2010 to June 2010 inclusive up to a total of USD 600 000."

（2）非积累性循环信用证（Non-cumulative Revolving Credit）。这是指上期未用完的信用证余额不能移到下期一并使用。

此类信用证中通常有下列条款：

"This Credit is revolving at USD 100 000 covering shipment of per calender month non-cumulativc operation from January 2010 to June 2010 inclusive."

例如，信用证金额为10 000美元，每月循环一次，若是积累性循环信用证，第一个月使用后尚有余额1 000美元，则下个月的信用证金额为11 000美元；若是非积累性循环信用证，则下个月的信用证金额仍为10 000美元。

（二）按金额循环的信用证

按金额循环的信用证是指信用证每期金额用完后，可恢复到原金额循环使用，直到规定的总金额用完为止。其具体的循环方式有以下三种：

（1）自动循环信用证（Automatic Revolving Credit）。这是指信用证每期金额被支用后，不必等待开证行通知，能自动恢复到原金额继续使用。

（2）非自动循环信用证（Nonautomatic Revolving Credit）。这是指每期金额被用完后，必须等待开证行通知，才可恢复到原金额使用。

（3）半自动循环信用证（Semi-automatic Revolving Credit）。这是指每期金额被支用后，若干天内未接到开证行提出停止循环使用的通知，则可恢复到原金额继续使用。

循环信用证因需长时间循环使用，议付行议付后应特别做好信用证的背批。

八、预支信用证

预支信用证（Anticipatory Credit）是在信用证上列入特别条款授权议付行或保兑行在交单前预先垫款付给受益人的一种信用证。它是允许出口商在装货交单前，可预先支取全部或部分货款的信用证。

预支信用证是在信用证上列入特别条款授权议付行或保兑行在交单前预先垫款付给受益人的一种信用证。

开证行在开证申请人的请求下，在信用证上加列条款，授权出口地银行（如议付行）仅凭出口商签发的光票，在交单前就向出口商预先自行垫付全部或部分货款，以帮助出口商备货装运。等出口商交单议付时，预支行再从议付金额中扣还已垫付的本息，将余额付给出口商。银行预支款项后要求受益人将信用证正本交出，以控制受益人向该行交单。若到期出口商未能装运，则由开证行负责向预支行偿还本息，再由申请人对开证行负责。这是进口商利用开证行信用帮助受益人融资的一种方式，由进口商承担融资风险。

最早的预支信用证主要用于澳大利亚、南非的羊毛进出口贸易。由于过去信用证的开立以信开为主，信用证上的预支条款为了醒目起见，通常用红字打印，故预支信用证又称“红条款信用证”。而预支信用证发展到现在，基本采用电开，所以预支条款不可能用红字来强调。

参考资料

预支信用证与打包放款的区别

预支信用证与信用证下的打包放款均系出口地银行向出口商提供的资金融通，但两者有所不同。预支信用证是开证行在信用证中授权出口地银行向出口商预支全部或部分信用证金额的款项，故出口地银行对出口商的贸易融资与进口商和开证行有密切关系：若出口商届时不能出运货物及交单议付，出口地银行可向开证行提出还款要求，开证行应立即偿还其垫款本息。而打包放款是由出口商自行凭正本信用证向出口地银行预借一定数量的资金，用于收购货物、仓储及包装出运，其借款行为与进口商和开证行无关，故贷款银行须自行承担信贷风险。因此，以信用证作抵押而叙做的打包放款，实际上无异于无抵押信用贷款。银行应严格审核贷款条件，在贷款归还之前，应与客户保持密切联系，了解其出口业务进展，督促其及时发货交单，按期归还贷款。

九、买方远期信用证

信用证中规定受益人开立远期汇票，但又规定“远期汇票可即期付款，贴现利息和承兑费用由买方负担”，这种信用证称为买方远期信用证（Buyer's Usance Credit），亦称假远期信用证。

此类信用证中通常有下列条款：“The usance drafts are payable on a sight basis, discount charges and acceptance commission are for buyer's account.”

使用买方远期信用证，议付行在议付后向开证行索偿时，可立即得到开证行的即期付款，并且不承担贴现利息和承兑费用，因而议付行对受益人的议付也只需扣除一个邮程来回的利息和手续费，等同于即期汇票的议付。

买方远期信用证用于即期付款的交易中，是买方融通资金的一种方式。由于国际金融市场贴现率一般比银行的贷款利率低，进口商往往利用银行承兑汇票以取得优惠贴现率，所以在签订即期付款的贸易合同后，要求开证行开立的不是即期付款信用证而是远期承兑信用证，证上规定“所有贴现利息和费用由申请人负担”。这样，出口商仍能像即期付款信用证那样通过贴现取得全部货款，而贴现银行应扣除的贴息和承兑行承兑汇票的费用则向进口商算收。这是进口商通过贴现手段取得资金融通的方法，出口商在取得资金方面虽然没有什么损失，但是出口商要承担将来汇票拒付时被追索的风险。

本章小结

1. 信用证是目前国际上使用最普遍的国际贸易结算方式，由于银行承担了第一性付款责任，减小了出口商的收款风险，因此很受出口商欢迎。

2. 信用证具有开证行承担第一性付款责任、自足文件和单据业务三大特点。

3. 信用证有信开本、简电本、全电本三种开立方式，不同形式的信用证具有不同的法律效力。

4. 信用证是开证行与受益人之间的书面合同，其中记载的基本内容包括当事人、跟单汇票、所要求的单据、装运条款、保证条款及开证行签章等。

5. 信用证业务的基本环节包括：进口商申请开证，开证行对外开证，信用证的通知、保兑与修改，出口商发货交单，议付行议付单据，议付行寄单索汇，开证行审单付款，进口商付款赎单等。

6. 信用证分为跟单信用证和光票信用证，保兑信用证和不保兑信用证，即期付款信用证、延期付款信用证和承兑信用证，可转让信用证、不可转让信用证和背对背信用证，对开信用证，循环信用证，预支信用证（红条款信用证），买方远期信用证（假远期信用证）等。

本章关键术语

开证行	受益人	保兑行	申请人
通知行	承兑行	议付行	偿付行
索偿行	转让行	第一性付款责任	跟单信用证
指定银行	保兑	承诺	议付
延期付款	软条款	不可撤销信用证	可撤销信用证
缄默保兑	即期付款信用证	延期付款信用证	议付信用证
附加单据	即期信用证	远期信用证	信用证的再转让
部分转让	全额转让	原始信用证	背对背信用证
对开信用证	预支信用证	红条款信用证	循环信用证
备用信用证	信开本信用证	电开本信用证	全电本

本章思考题

1. 简述信用证的含义及信用证结算方式的特点。
2. 开立信用证有哪些形式？对一份电开本信用证，怎样判断其是否为有效的信用证文本？
3. 简述开证行所承担的责任。
4. 简述信用证业务中各个当事人之间的关系。
5. 简述信用证审证的内容。
6. 简述可转让信用证与背对背信用证的异同。
7. 简述真假远期信用证融资的比较。
8. 简述信用证的优缺点。

9. 简述信用证项下的贸易融资。

本章练习题

一、填空题

1. 简单地说，信用证是银行开立的一种__________的付款承诺。

2. 在信用证业务中，通知行一定是开证行的__________。

3. 当作为中间商的出口商不能从进口商处获得可转让信用证时，他在收到不可转让信用证后，可以用开立__________的方式来达到同样的目的。

4. 信用证是银行应买方要求和指示向卖方开立的、在__________凭与信用证条款规定相符的单据，即期或在一个可以确定的将来日期支付一定金额的书面承诺。

5. 信用证保证了信用证受益人凭交到银行的__________将得到支付。

6. 信用证是__________与信用证受益人之间存在的一项契约。

7. 在信用证业务中，银行对于受益人履行契约的审查仅针对__________进行。

8. 受益人交单后，如遇开证行倒闭，信用证无法兑现，则受益人有权向__________提出付款要求。

9. 保兑行一旦对信用证加具了保兑，就对该信用证负有__________付款责任。

10. __________是开证行指定的对议付行或付款行、承兑行进行偿付的代理人。

二、判断题

1. 按照 UCP 600 的规定，信用证有“不可撤销”或“可撤销”两种。（　　）

2. 在开证行资信差或成交额较大时，一般采用保兑信用证比较好。（　　）

3. 受益人对同一信用证的修改书上涉及两个或两个以上条款的修改，可以部分同意，部分拒绝。（　　）

4. 一般情况下，国外来证绝大多数都列明“按《跟单信用证统一惯例》办理”。（　　）

5. 开证行在得知开证申请人将要破产的消息后，仍须对符合其所开的不可撤销信用证的单据承担承兑、付款的责任。（　　）

6. 可转让信用证只能转让一次，因此，可转让信用证的第二受益人只能有一个。（　　）

7. 可转让信用证只能按原证规定条款转让，因此，有关信用证金额、商品单价、到期交单日即最迟转运日期等项均不可以改变。（　　）

8. 偿付行是遵循开证行的要求支付款项的，因此对受益人或寄单行而言偿付行的付款也就是最终付款。（　　）

9. 循环信用证可以省去开证申请人多次开证的麻烦和费用支出，因此适用分批均匀交货的合同。（　　）

10. 背对背信用证与可转让信用证一样，其权利的转让要以原证申请人即开证行准许为前提。（　　）

三、选择题

1. 开证银行是主债务人，其对（　　）负有不可推卸的、独立的付款责任。

A. 付款人　　B. 受益人　　C. 代理行　　D. 解付行

2. 偿付行只有在（　　）存有足够的款项并收到开证行的偿付指示时才付款。

A. 开户行 B. 代理行 C. 开证行 D. 出口商

3. 未经开证行、保兑行（如有）以及受益人同意，既不能修改也不能撤销的信用证是（　　）。

A. 不可撤销信用证 B. 可撤销信用证 C. 代办信用证 D. 代理信用证

4. 议付是指由一家信用证允许的银行买入该信用证项下的汇票和单据，向受益人提供（　　）。

A. 资金收付 B. 货物流通 C. 资金融通 D. 往来账户

5. 信用证是一种（　　）。

A. 正式的付款保函 B. 有条件的付款担保

C. 无条件的付款担保 D. 没有风险的付款方式

6. 以下不属于信用证结算方式特点的是（　　）。

A. 有银行信用作保障 B. 独立的文件 C. 只管单据 D. 不可转让

7. 信用证主要体现了（　　）。

A. 开证申请人与开证行之间的契约关系 B. 开证行与受益人之间的契约关系

C. 开证申请人与受益人之间的契约关系 D. 开证行与议付行之间的契约关系

8. 所谓信用证"相符"的原则，是指受益人必须做到（　　）。

A. 单据与合同相符 B. 单据与信用证相符

C. 信用证与合同相符 D. 单据与货物相符

9. 属于银行信用的支付方式是（　　）。

A. 托收 B. 电汇 C. 信用证 D. 支票

10. 信用证是依据买卖合同开立的，出口商要保证安全收汇，必须做到（　　）。

A. 提交的单据与买卖合同规定相符

B. 提交的单据与信用证规定相符，单据与单据之间一致

C. 提交的单据既要与买卖合同规定相符，又要与信用证规定相符

D. 当信用证与买卖合同规定不一致时，提交的单据应以与买卖合同相符为主

11. A公司向B公司出口一批货物，B公司通过C银行开给A公司一张不可撤销信用证，当A公司在货物装船后持全套货运单据向银行办理议付时，B公司倒闭，此时（　　）。

A. C银行仍应承担付款责任

B. C银行可以B公司倒闭为由拒绝付款

C. C银行有权推迟付款，推迟时间可由A和C协商

D. A公司应作为破产债权人参加到破产清算中去

12. 使用循环信用证的目的在于简化开证和减少开证押金。这种信用证一般使用于（　　）。

A. 金额巨大、需分期付款的成套机器设备进口的合同

B. 中间商用于转运他人货物的合同

C. 母公司与子公司之间的贸易合同

D. 分批均匀交货的长期供货合同

13. 保兑行对保兑信用证承担的付款义务是（　　）。

A. 第一性的　　B. 第二性的　　C. 第三性的　　D. A 与 B

14. 根据 UCP 600 的规定，可转让信用证可以转让（　　）。

A. 一次　　B. 二次　　C. 三次　　D. 四次

15. 某信用证每次用完一定金额后即可自动恢复到原金额使用，无须等待开证行的通知，这份信用证是（　　）

A. 自动循环信用证　　B. 非自动循环信用证

C. 半自动循环信用证　　D. 按时间循环信用证

16. 假远期信用证的远期汇票利息及贴现费用由（　　）。

A. 受益人负担　　B. 议付行负担　　C. 付款行负担　　D. 申请人负担

17. 来料加工和补偿贸易中常常使用的信用证是（　　）。

A. 循环信用证　　B. 对开信用证　　C. 背对背信用证　　D. 预支信用证

四、案例分析题（单选）

1. I 银行开立了不可撤销的议付保兑信用证，通过 A 行（议付行）通知受益人。A 行在通知信用证时，按信用证的授权对该证加具了保兑。信用证要求受益人提供全套清洁的、货已装船的海运提单和保险单。受益人在将货物装船以后，将所需提单交给 A 行，A 行审单后发现单证不符，原因是保险单的日期迟于装船期。受益人要求保险公司更改保单，更正后的保单交到 A 行，同一天，受益人凭单据支取信用证金额。A 行在代为保管的单据中，替换了新的保险单。在重新审单中，A 行确定提单上还有一个上次交单时没有注意到的不符点。A 行通知受益人，由于发现了新的不符点，因此它不能付款。同时，UCP 600 所允许的时间已经过了，即已经超过了装船后 21 天，受益人不能更改这个新发现的不符点。请问 A 行的拒付正确吗？（　　）

A. 正确，单证不符，不能付款。

B. 正确，A 行可以建议受益人通知开证行不符点，请求接受不符单据并付款。

C. 不正确，A 行必须在第一次拒绝接单时提出全部的不符点。

D. 不正确，A 行对信用证加具了保兑，应该付款。

2. 国内某出口公司向韩国出口 1 万吨水泥，价值 40 万美元，FOB 成交，由韩国买方租用越南籍货轮将整船货物从青岛港运至韩国某港，支付方式为信用证。后由于我国货源紧张，请求韩国买方延迟派船，买方同意，但信用证不展期，付款方式按照“随证托收”处理。请问我方出口公司应该如何处置这件事情？（　　）

A. 随证托收由于随附了信用证，因此较普通托收安全，我方可以按照合同发货。

B. 随证托收较之普通托收更不安全，因为出口人违约在前。因此我方出口公司必须慎重从事。

C. 不能同意随证托收，进口方是恶意与船方勾结骗货。

D. 应该坚决要求买方对信用证进行展期，否则不发货。

3. 开证行 I 行开立了一个不可撤销的信用证，通过 A 行通知受益人，并要求 A 行加具保兑。A 行在加具保兑后，将信用证通知给了受益人。受益人发货后在信用证到期日前两天提交了价值为 11 万美元的相关单据。A 行审单后认为单证不符，理由是：（1）提单不是开成“致买方的指定人”，而是开成了“致发货人的指定人”和“空白背书”。（2）信用证超支了 1 万美元。鉴于信用证即将到期，A 行电话告知受益人不符点。受益人在电话中要求 A 行电传 I 行要求准许对提交的不符单据付款。等到 I 行电传授权 A 行对不符点单据付款时，I 行所在国的政治经济形势已经恶化，该国发生了一场军事和政治上的大变动，几乎要推翻政府。由于局势不稳定，I 行国内的贸易已经停止，因此 A 行通知受益人虽然它已经收到开证行准许对所交单据予以付款的指示，但是由于 I 行在 A 行所在国的资产已被冻结，I 行账户上没有资金可供使用，所以 A 行不能履行指示。如果 A 行付款给受益人，A 行将无法从 I 行获得偿付。请问 A 行的做法对吗？（　　）

A. 对，只有当信用证条款被完全遵循时，其保兑才有效。由于受益人提交的单据与信用证不符，因此 A 行的保兑是无效的。

B. 对，A 行可以援引不可抗力原因（政治动乱）导致其无法对受益人履行付款责任。

C. 不对，A 行已经同意要求开证行允许对不符单据付款，且开证行已经授权对不符单据付款，意味着保兑行同意将其保兑自动延展至开证行准许凭不符单据付款之时，A 行应该付款。

D. 不对，A 行应该履行付款责任，但是应该等到收到开证行的偿付款项后，才能支付给受益人。

4. 我国某制造商缔结了一项安特卫普船边交货（FAS）为贸易术语的提供重型机械的巨额合同，支付方式为不可撤销保兑跟单信用证，信用证规定必须提供商业发票以及买方签发的已在安特卫普提货的证明。就这个合同进行评价。（　）

A. 合同可行，不可撤销跟单信用证加具保兑，收汇安全可靠。

B. 贸易术语选择不当，不应该用 FAS，最好采用 FOB，这样卖方的风险小一些。

C. 信用证条款中存在软条款，不应该接受这样的信用证。

D. 应该与买方商量，将提货证明的签发人改为船方。

5. 某行开立的不可撤销信用证上面有这样一个条款："Any amendment will become automatically effective unless formally rejected by the beneficiary within a specified period of time, or by a specified date." 请问该行的这种做法妥当否？（　　）

A. 不妥当，违背了 UCP 600 第 10 条 f 款关于不可撤销信用证的可撤销性。

B. 妥当，虽然是不可撤销信用证，但是在履行过程中有可能需要修改。这个条款的目的在于约束受益人，希望他能在一个日期之内明确表示接受修改或者拒绝接受修改。

C. 妥当，因为受益人应该在这个日期之内明确表示接受或者拒绝接受修改，以便开证行和开证申请人了解受益人的想法。

D. 不妥当，因为对于开证行对信用证所作的修改，接受与否的主动权始终掌握在受益人手中，受益人的沉默不应该被视为接受，同时也不应该被视为拒绝。

6. I 行开立一不可撤销的信用证，通过 A 行（议付行）通知受益人，信用证中有这样一个条款："Documents must arrive at the offices of Bank I before arrival of the vessel." 受益人发货后向 A 行提交了单据，A 行及时审核了单据，发现单证相符，对受益人进行了议付，并把单据寄给 I 行索汇。I 行审核 A 行寄来的单据后拒绝接单，理由是延迟交单。I 行收到单据日期是在船到以后。因此，I 行将代为保管单据，并听候 A 行的指示。请问 I 行的做法对吗？（　　）

A. 不对，I行开出的信用证中包含了非单据条件，受益人和议付行可以视此条件不存在，不予理会。因此I行应该付款。

B. 不对，既然它授权议付行议付，它就应该在议付行议付之后支付款项。

C. 不对，它制定的信用证条款过于苛刻，因为受益人和议付行无法控制邮程的具体日期，很难达到这个条款的要求。

D. 对，受益人没有履行信用证项下的全部义务，议付行不应该议付。

7. I行开立一项不可撤销的跟单信用证，并通过A行（议付行）将信用证通知受益人，受益人发货后将单据提交给A行。A行审单后确定单据与信用证条款不符，于是通知受益人不能议付。由于不符点无法改正，受益人要求议付行在保留/赔偿担保下议付。A行同意在保留权利下议付，并寄单给I行，告知I行由于单据存在轻微的不符点，它们已在保留下议付。在收到A行寄来单据的第九个工作日，I行电传A行电文如下："关于我行跟单信用证（信用证号：×××），你行寄来的单据由于单据上的货物描述与信用上的不一致，因此，我们不接受如此提交的并由你行在保留/赔偿担保项下议付的单据。单据代为保管，听候处理，请指示。"（　　）

A. I行的做法是正确的，因为单证不符，开证行不能履行信用证下的付款承诺。

B. A行的做法是错误的，既然单证不符，就不应该议付单据，即使是在保留/赔偿担保项下也不可以，因为风险太大。

C. I行的这种做法最终将导致它必须履行在信用证下的付款。

D. A行既然被授权为议付行，它就可以议付相关单据。

8. 信用证中有如下规定：开证日期（Issue Date）为2007年4月1日，信用证到期日（Expire Date）为2007年5月31日，最迟装运日期（Shipment Date）为2007年5月1日。（　　）

A. 受益人的最迟交单期是2007年5月31日。

B. 受益人的最迟交单期是2007年5月1日。

C. 受益人的最迟交单期是2007年5月22日。

D. 受益人的最迟交单期是2007年5月27日。

9. 有一注明受UCP 600管辖的不可撤销即期付款信用证要求受益人提交如下单据：以开证行为汇票付款人的即期汇票，提单开成空白抬头或者抬头人为I行。同时该信用证还有这样一句话："Payment of drafts drawn hereunder will be made only after the realization of the re-export proceeds program."（　　）

A. 该信用证声明受到UCP 600的管辖，因此是一个可以接受的信用证。

B. 该信用证不能要求汇票的付款人是开证行，而应该是进口商，因此不能接受。

C. 该信用证注明货物托运给I行，因此出口商不可能面临钱货两空的情况，因为货物的物权控制在银行手中。

D. 该信用证不是一个无条件的付款承诺，使用这种信用证，受益人对货物和货款的损失必须付全部的责任。

10. 在某一信用证下保兑行认为单据与信用证条款相符，并对单据进行了议付。但是开证行收单审核后认为单据不合格而拒绝收单。（　　）

A. 保兑行可以对受益人行使追索权，索回已经议付的款项。

B. 保兑行不能让出票人及/或善意的持票人负责它在审核单据上的错误。

C. 保兑行已经审单并且议付了款项，开证行无权拒绝收单。

D. 因为保兑行已经议付款项，开证行应该首先征询申请人的意见，才能决定是否拒单。

五、业务分析题

1. 我国甲公司与法国乙公司签订合同出口货物到法国，采用信用证方式结算货款。乙公司通过其开证行 BANK1 巴黎分行申请开立了非保兑的信用证（适用 UCP 600），通知行为中国银行江苏省分行。信用证规定："DATE AND PLACE OF EXPIRY：041105 FRANCE；AVAILABLE WITH ISSUING BANK BY PAYMENT；LATST DATE OF SHIPMENT：041102；PRESENTATION PERIOD：WITHIN 15 DAYS AFTER THE DATE OF SHIPMENT."甲公司于 2004 年 11 月 1 日将货物装船，并于 2004 年 11 月 5 日将信用证要求的全套单据提交中国银行江苏省分行，中国银行江苏省分行立刻于当日使用 DHL 将单据寄往法国的开证行。收到单据后，开证行 BANK1 巴黎分行以"信用证已过期"为由拒付。请问，BANK1 巴黎分行的拒付理由是否成立？为什么？

2. 某出口企业收到一份国外开来的不可撤销的即期信用证，正准备按信用证规定发运货物时，突接开证行通知，声称开证申请人已经倒闭。对此，出口企业应如何处理？依据何在？

3. 某公司从国外某商行进口一批钢材，货物分两批装运，支付方式为不可撤销即期信用证，每批分别由中国银行开立一份信用证。第一批货物装运后，卖方在有效期内向银行交单议付，议付行审单后议付了货款。随后，中国银行对议付行作了偿付。我方在收到第一批货物后，发现货物品质与合同不符，因而要求开证行对第二份信用证项下的单据拒绝付款，但遭到开证行拒绝。开证行这样做是否合理？为什么？

第六章 国际贸易结算方式——银行保函

学习目标

- 掌握银行保函的含义、作用及各当事人在保函中的作用，理解其内容和特点。
- 理解银行保函的开立程序，熟悉其业务处理。
- 了解银行保函的各个种类及备用信用证。

保函最早起源于民间。张三向李四借钱，王五担保，到期张三还钱。张三还不上，王五还。王五属于第二性付款人。历史上 L/G 常常是第二性的，但是由于美国的商业银行不允许做 L/G 业务，只能做备用 L/C 业务，备用 L/C 第一性付款的性质逐渐成为全球 L/G 业务的潮流。

第一节　银行保函概述

在国际经济技术合作中，交易双方处在不同的国家和地区，相互之间缺乏必要的了解和信任，会在不同程度上对对方的资信产生怀疑，这是不可避免的。如在商品买卖业务中，买方会对卖方的交货能力产生怀疑，而卖方则怀疑买方是否具备足够的支付能力；又如在工程承包业务中，工程业主会对承包人的履约能力产生疑问，承包人又会对工程业主的支付能力产生怀疑；等等。出具一份担保文件，以此连接位于不同国家或地区的交易双方，消除因彼此之间的不信任而产生的摩擦，促进国际经济技术合作的深入发展，这里提及的担保文件就是保函。出具保函的第三者即担保人可以是商业银行、保险公司、担保公司或其他金融机构，也可以是商业团体等。其中凡属商业银行出具的保函叫做银行保函。

一、银行保函的定义与作用

银行保函[①]（Letter of Guarantee，L/G）或银行保证书是指商业银行根据申请人的要求向受益人开出的担保申请人正常履行合同义务的书面证明。它是银行有条件承担一定经济责任的契约文件。当申请人未能履行其所承诺的义务时，银行负有向受益人赔偿经济损失的责任。

保函作为第三者的信用凭证，其出具目的是为了使受益者能够得到一种保证，以消除他对申请人是否具有履行某种合同义务的能力或决心的怀疑，从而促使交易顺利进行，保证货款和货物的正常交换，这是保函的基本功能之一。除此之外，保函还通常用来保证合约的正常履行、预付款项的归还、贷款及利息的偿还、合同标的物的质量完好、被扣财务的保释等。

概括而言，保函从其本质上来说具有两大基本作用：第一，保证合同价款的支付；第二，发生合同违约时，对受害方进行补偿并对违约责任人进行惩罚。依据保函的这两项基本职能，人们既可以用它来充当各种商务支付的手段，以解决交易中合同价款及费用的支付问题，又可以利用它来作为对履约责任人必须按期履行其合同义务的制约手段和对违约受害方的补偿保证工具。

知识应用

银行为受益人开立保函时，向受益人收取费用的实质是什么？

分析：银行保函开立时向受益人收取的费用不同于其他如汇款、信用卡等业务的费用，它不是单纯的服务费，其实质是银行向受益人出售了一个期权，该期权的执行条件是被保证人未能及时履约。

二、银行保函的当事人

（一）申请人（Applicant）[②]

申请人即向担保行申请开立保函的人。他应该按照合同的规定履行其应尽的责任义务，具体来说就是负担保函项下的费用和利息，并在担保行依据保函条款的规定履行担保责任向受益人赔付款项时，立即对其进行补偿。此外，在保函实务中，担保行为了减少风险，往往还要求申请人提交反担保或财产抵押，在这种情况下，申请人必须按担保行的规定提供他认可的反担保或财产抵押。

保函的申请人因业务不同，可以是投标人（Tenderer）、供货人（Supplier）、买方（Buyer）、卖方（Seller）、签约人（Contractor）、承租人（Lessee）等，不一而足。从这一点可以看出保函方式的适应范围是十分广泛的。

① 由于银行信用是代替或补充商业信用，且保函的信用性更好，灵活性更强，因此被广泛地应用于国际结算的众多领域中，诸如贸易支付、工程承包、租金支付、资金借贷等。

② 也称委托人（Principal）。

（二）受益人（Beneficiary）

受益人即接受保函并有权按保函规定的条款向担保行索偿的人。具体来说，受益人按照合约的规定提供货物或劳务等，在保函规定的索偿条件具备时，可凭索偿文件或连同有关单据，要求担保行偿付。因此，受益人的责任是履行他在有关合约项下的义务，他的权益即为凭合格的索偿单据向担保行提出索偿要求。

> 受益人可以是招标人(Bidder)、卖方(Seller)、买方(Buyer)、雇主(Employer)、签约人(Contractor)、出租人(Lessor)等。

（三）担保行（Guarantor Bank）

担保行即受申请人的委托向受益人开立保函的商业银行。担保行的责任是促使申请人履行合同的各项义务；在申请人违约时，根据受益人提出的索偿文件和保函的规定向受益人做出赔偿；并有权在赔偿后向申请人或反担保人索偿。

（四）通知行（Advising Bank）①

通知行即受担保行的委托将保函通知或转递给受益人的银行，通常是受益人所在地的银行。通知行的责任是：负责核实保函表面的真实性，并严格按照担保行的要求和指示及时将保函通知给受益人；如果因某种原因不能转递给受益人，应将情况及时告知担保行，以便担保行采取其他措施。通知行对保函内容是否正确、保函在寄递过程中可能出现的延误、遗失等均不负责，也不承担任何的支付保证责任。

（五）转开行（Reissuing Bank）

转开行是指根据原担保行的要求，向受益人开立的以原担保行为申请人，及反担保行以自身为担保行的保函的银行。转开行一般是指示行（反担保行）的联行或代理行。转开行转开保函后，成为新的担保行，原担保行便成为保函的指示行（Instructing Bank）。转开行一般为受益人所在地银行，而指示行一般为申请人所在地银行。在跨国交易中，受益人出于对申请人所在国银行的不了解、不信任以及保函签发地所在国法律约束等原因，往往只接受以本国银行为担保的保函。因此，原担保行不得不在受益人国内寻找转开行转开保函，以保证交易正常进行。

知识应用

转开行转开保函后，对受益人的索偿负有赔偿责任吗？

分析：转开行转开保函后，由于自身成了担保行，因而对受益人的索偿负有赔偿责任，在赔偿后有权向指示行凭反担保函索偿。

（六）反担保行（Counter Guarantor Bank）

反担保行是指接受申请人的委托向担保行出具不可撤销反担保，并承诺在申请人违约且无法付款时，负责赔偿担保行所做出的全部支付的银行。反担保行是与申请人有经济业务往来的其他银行。反担保行负有向担保行（或转开行）赔偿的责任，同时也有权向申请

① 也称转递行（Transmitting Bank）。

人索偿。

（七）保兑行（Confirming Bank）

保兑行是指根据担保行的要求，在保函上加具保兑，承诺当担保行无力赔偿时，代其履行付款责任的银行，亦称第二担保行。当受益人认为担保行的资信状况不足以信任时，可要求担保行寻找一家国际知名的大银行作为保兑行对保函进行保兑，实际上相当于双重担保。保兑行在替担保行赔偿后，有权向担保行索偿。

三、银行保函的基本内容

银行保函的基本内容主要有：保函当事人、保函的性质、合同的主要内容、保函的编号和开立日期、保函金额、保函的有效期限和最终到期日、当事人的权利和义务、索偿条件等几个方面，具体见表 6—1。

表 6—1　　银行保函的基本内容

基本内容	解释及应注意的问题
保函当事人①的完整名称和详细地址	担保行的地址涉及保函的法律适用性问题，以及受益人的交单地点和保函本身的到期地点。另外，受益人的名称和地址不得有误，否则，通知行或转开行无法及时通知或转开。
保函的性质	保函的性质即保函的种类，如投标保函或履约保函等。不同种类的保函有特定的职责和义务。
合同的主要内容	因为交易双方的责任义务是根据交易合同来确定的，因此，交易合同是保函担保的标的物。所以保函中必须说明交易合同的内容、合同编号、开立日期、签约双方、有无修改等。
保函的编号和开立日期	保函编号的作用是便于银行内部管理工作。保函的开立日期一般情况下即为保函的生效日期，有利于确定银行的担保责任。
保函金额	保函金额是银行担保的限额，通常也是受益人的最高索偿金额。保函金额可以是具体的金额，也可以用交易合同金额的一定百分比表示，一般要写明货币种类。金额的大小写要完整、一致。
保函的有效期限和最终到期日	保函的有效期限是受益人索偿要求送达担保行的最后期限。保函的最终到期日是担保行解除其担保责任的最后期限。
当事人的权利和义务	保函应明确申请人、受益人、担保行及涉及的其他各当事人的责任和权利，如规定在受益人证明申请人违约、提出索偿时，担保行有责任支付受益人的合理索赔，并有权向申请人或反担保人索偿等。
索偿条件	即判断是否违约和凭以索偿的条件，对此有几种不同的意见：（1）以担保行的调查意见作为是否付款的依据；（2）凭申请人的违约证明付款；（3）凭受益人提交的符合保函规定的单据或证明文件付款。目前的保函多采取第三种意见为索偿条件。
其他条款	包括与保函有关的转让、保兑、修改、撤销和仲裁等内容。

① 申请人、受益人、担保行、通知行或转开行。

第二节　银行保函的开立

根据银行保函的用途和实际交易的需要，其开立方式主要有以下三种：

一、直接开给受益人

指担保银行应申请人的要求直接将保函开给受益人，中间不经过其他当事人环节，这是保函开立方式中最简单、最直接的一种。

（一）程序

其主要流程如图 6—1 所示。

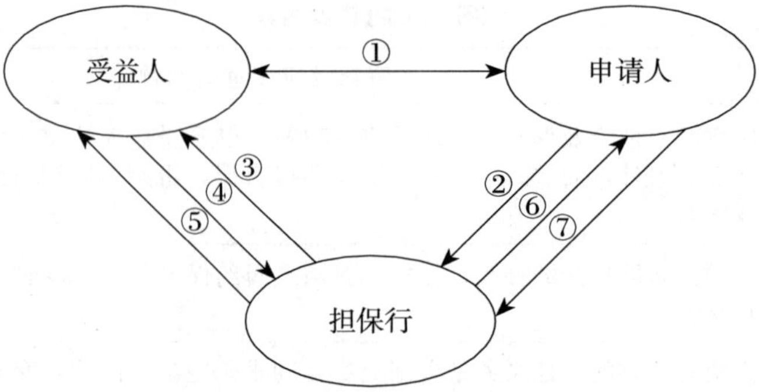

图 6—1　直接向受益人开立保函

在图 6—1 中：

① 申请人和受益人之间签订合同或协议。

② 申请人向担保行提出开立保函的申请。

③ 担保行向受益人直接开出保函。

④ 受益人在发现申请人违约后，向担保行提出索赔。

⑤ 担保行向受益人进行赔付。

⑥ 担保行在赔付后向申请人索赔。

⑦ 申请人赔偿担保行损失。

（二）特点

（1）涉及当事人少，关系简单。

（2）受益人接到担保行开来的保函后，无法辨别保函真伪，因此无法保障自身的权利。

（3）索偿不方便。虽然申请人违约，受益人具备索偿条件，但是要求国外担保行进行赔偿有诸多不便，如文本的起草和翻译、依据的标准和法律规定的制定、赔款的支付等都有一定困难。

由于受益人的权利不能够得到有效的保证，不愿意接受这种保函，因此在实际业务中很少开立。

二、通过通知行通知

(一) 程序

其主要流程如图 6—2 所示。

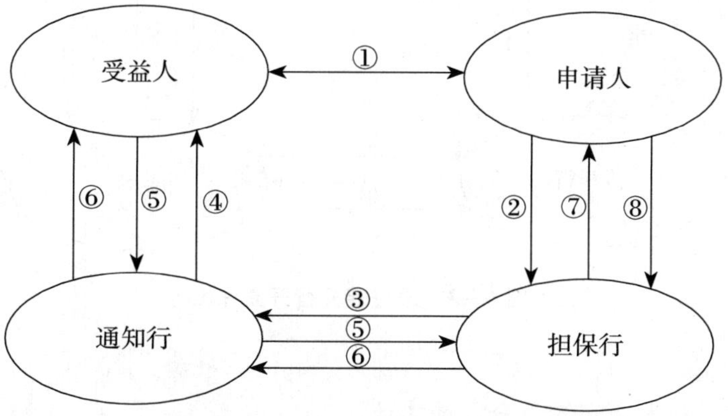

图 6—2 通过通知行开立保函

在图 6—2 中：

①申请人和受益人之间签订合同或协议。

②申请人向担保行提出开立保函的申请。

③担保行开出保函后，将保函交给通知行通知受益人。

④通知行将保函通知给受益人。

⑤受益人在申请人违约后通过通知行向担保行索赔。

⑥担保行赔付。

⑦担保行赔付后向申请人索赔。

⑧申请人赔付。

(二) 特点

(1) 真假易辨。这种开立保函的方式较为普遍，因为受益人接到的保函是经过通知行或转递行验明真伪后的保函，他不必担心保函是伪造的。

(2) 索赔不便。在该方式下，受益人索偿不方便的问题仍然存在。受益人只能通过通知行或转递行向担保行索赔。而通知行或转递行只有转达义务，它们本身不承担任何责任。因此，实际上还是受益人向国外担保行索赔。

三、通过转开行转开

当受益人只接受本地银行为担保人时，原担保人要求受益人所在地的一家银行为转开行，转开保函给受益人。这样，原担保人就变成了反担保人，而转开行则变成了担保人。

(一) 程序

其主要流程如图 6—3 所示。

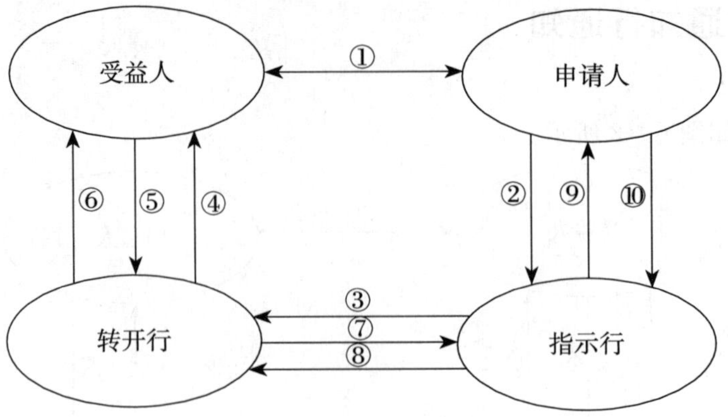

图 6—3　通过转开行开立保函

在图 6—3 中：

① 申请人和受益人之间签订合同或协议。

② 申请人向原担保行（指示行）提出开立保函的申请。

③ 原担保行（指示行）开立反担保函并要求转开行转开。

④ 转开行转开保函给受益人。

⑤ 受益人在申请人违约后向转开行索赔。

⑥ 转开行赔付。

⑦ 转开行根据反担保函向原担保行（指示行）索赔。

⑧ 原担保行（指示行）赔付。

⑨ 原担保行（指示行）向申请人索赔。

⑩ 申请人赔付。

（二）特点

（1）转开行是受益人所在地的银行，受益人对其比较了解和信任，从而解决了受益人对国外担保行不了解和不信任的问题。

（2）真伪易辨。受益人接到的保函是经过转开行验明真伪后的保函。

（3）索赔方便。受益人与转开行处同一国家或地区，不存在语言、风俗习惯、制度和法律方面的差异。以这种方式开立的保函，对受益人最为有利。

以上只介绍了三种基本开立方式的流程，在实际业务中，可能有反担保行，也可能还有保兑行等其他当事人，流程不尽相同。

第三节　银行保函业务的处理

一、申请人向银行申请开立保函

公司或企业等根据业务需要请求银行为其出具保函时，应填写书面的保函申请书，并按银行的要求提交项目的有关批准文件、交易合同副本或招标书副本、反担保文件或财产抵押书、保函格式等文件。

保函申请书是构成申请人与担保行之间权责关系的书面契约，也是银行对外出具保函的法律依据，因此申请人应逐项认真地填写。申请书的内容除表示请求银行按合同规定出具保函外，还应明确以下两项内容：其一，明确申请人的责任义务。这是指当保函的受益人按保函规定的条件向担保行提出索赔时，申请人保证偿付担保行因履行其责任而做出的任何支付，并注明偿付的具体办法。其二，申请人必须声明担保行的免责事项。

银行在收到申请人提交的开立保函的申请书及有关证明文件后要进行严格认真的审核，以决定是否受理该项申请以对外出具保函。

二、担保行审查

银行出于保护自身利益的考虑，在开立保函之前，会对申请人的资信状况、申请人提交的开立保函的申请书、交易合同副本或招标书副本、反担保文件或财产抵押书、保函格式等逐一进行详尽的审查核实。

如前所述，保函是担保行应申请人的请求为其向受益人所做的付款保证。虽然申请人在保函业务中对担保行承担一定的责任义务，即一旦保函项下发生索赔和赔付行为，他将偿还担保行的垫款，但在保函实务中，申请人届时可能会由于资金短缺或破产倒闭，无力偿还担保行按保函条款的规定向受益人赔付的款项，致使银行蒙受经济损失，这是担保行在保函业务中可能承担的风险。因此，银行在应邀对外出具保函之前，必须对申请人的资信及财务状况的好坏进行分析，特别是根据保函有效期的长短、项目的具体情况、受益人所在国别等情况，对可能出现的风险及风险的大小做出正确的估计，以便采取相应的措施，防患于未然。

目前常规的防范措施就是要求申请人提供反担保函①及财产抵押。在日常业务中，银行可以接受的反担保函和抵押一般有：其他银行或金融机构出具的反担保函（Counter Guarantee）；有经济实力或担保能力的企业、公司等出具的反担保函；申请人自己或他人的财产抵押。

反担保函或抵押是银行对外出具保函的基础，也是维护银行自身利益不受损害的基本保证，银行必须对反担保函及抵押品进行严格审查，以求落到实处。

三、担保行开立保函

银行对申请人提供的有关资料及申请人的资信审查认可后，便可正式对外开立保函，并按规定的收费标准向申请人收取担保费。在日常业务中，保函的开立方式分为电开和信开两种②，这与信用证的开立方式相同。

如前所述，目前在国际经济技术合作中，通常使用“见索即付”（Payable Upon First

---

① 在反担保函中，反担保人只向担保人承担责任，而不与受益人发生直接关系，也不受理受益人的索赔。

② 在电开保函方式项下，担保行一般将加押的保函正本及通知指示发至受益人当地的一家银行，该行收到保函经核押相符后将保函通知给受益人，或者担保行以电传方式将保函直接开给受益人。在信开保函方式项下，担保行一般以信函方式直接向受益人开出。

Simple Demand）保函。担保行在开立此类保函时，应对保函索赔条款的制定给予高度的重视。这是因为受益人的索赔要求是否成立，关键在于他的索赔是否满足保函索赔条款的规定。所以为了防范受益人的无理或恶意索赔，维护申请人的正当权益，同时也为了避免使银行卷入复杂的商务纠纷，维护银行自身的声誉，担保行在对外开立保函时，十分注重保函索赔条件的单据化。此外，银行在保函中应明确有效期。

四、保函的修改

银行保函可以在有效期内进行修改。保函的修改必须经过当事人各方一致同意后方可进行，任何一方单独对保函条款进行修改都视做无效。在申请人与受益人就保函修改取得一致后，由申请人向担保行提出书面申请并加盖公章，注明原保函的编号、开立日期、金额等内容以及要求修改的详细条款和由此产生的责任条款，同时应出具受益人要求或同意修改的意思表示以供担保行参考。担保行在审查申请并同意修改以后，向受益人发出修改函电，由主管负责人签字后发出。

五、保函的索赔

担保行在保函的有效期内，若收到受益人提交的索赔单据及有关证明文件，应以保函的索赔条款为依据对该项索赔是否成立进行严格审核，并在确认索赔单据及有关证明文件完全与保函索赔条款的规定相符时，及时对外付款，履行其在该项保函中所承担的责任。担保行对外付款后，可立即行使自己的权利，向保函的申请人或反担保人进行索赔，要求其偿还银行所支付的款项。

六、保函的注销

保函在到期后或在担保行赔付保函项下全部款项后失效。担保行应立即办理保函的注销手续，并要求受益人按保函的有关规定将保函退回担保行。至此，保函业务的运作程序结束。

参考资料

免责事项：指担保行只处理保函所规定的单据和证明，而对其所涉及的合同标的不负责任，并对这些单据、文件或证明的真伪及其在寄递过程中可能出现的遗失或延误等不负责任，担保行对发出的要求通知/转开/保兑的指示未被执行而造成的损失也不负责任。

反担保函：指一个具有经济偿还能力的第三方作为反担保人，向担保行保证在其履行担保责任向受益人做出赔付后，若无法从申请人那里得到相应的补偿，则由反担保人向银行做出赔偿。

一般来讲，反担保函中的金额与币别应与银行将对外出具保函的金额与币别一致；它的责任条款应与保函中的责任条款一致；它的有效期应略长于保函的有效期；反担保人应在反担保函中明确偿还担保银行索赔的期限及方式。如果申请人将财产抵押给担保行，则担保行应特别注意抵押财产是否合法，它们是否在保险公司投保，投保的险别及金额如何，担保行是否为保单的第一受益人等。

见索即付保函：指担保行的偿付责任与申请人在某基础交易合约项下的责任义务无关，只要保函规定的偿付条件已经具备，担保行就必须受理受益人的索赔要求并立即予以赔付的保函，而无须追究申请人是否履约，是否有反对意见，或考虑受益人提出的索偿要求是否合理等。

第四节　银行保函的种类

保函的分类可以根据不同的要求从不同的角度进行。从实务角度看，比较科学且较为有意义的分类方法基本上有以下几种：

一、根据保函与基础交易合同的关系划分

（一）从属性保函

从属性保函是指那些其效力依附于基础商务合同的保函。这种保函是其基础交易合同的附属性契约或附属性合同，担保行依据保函所承担的付款责任成立与否，将只能以基础合约的条款及背景、交易的实际执行情况来加以确定。所以，这类保函本身的法律效力乃是依附于基础合约关系的存在而存在的。合同与保函之间的关系是一种主从关系。传统的保函大都属于这一类型。

（二）独立保函

独立保函是一种与基础交易的执行情况相脱离，虽然根据基础交易的需要开立，但一旦开立后其本身的效力并不依附于基础交易合约，其付款责任仅以其自身的条款为准的保函。在这种保函项下，保函与基础合同之间不再具有类似于从属性保函那样的主从关系，而是呈现出一种相互独立、各自独具法律效力的平行法律关系。目前，国际银行界的保函大多数属于独立保函，而不是传统的从属性保函。

二、根据保函项下的支付前提划分

（一）付款类保函

付款类保函是指银行为有关合同价款的既定的支付义务提供担保所出具的保函，或者说是为随着交易的发生而必然产生的债务支付提供保证所开立的保函。从理论上来讲，付款类保函项下的支付行为发生与否，是以受益人能否按照保函中所确定的要求去履行自己的职责和义务为前提条件的。[①] 只要受益人履行了属于自己应尽的合约义务，从而获得了求索并享有合同价款的权利，他就可以在保函项下提出索赔并取得自己应得的合同款项。

① 由于保函源于合同，故保函中所规定的这些职责和义务是与基础交易合同中所赋予受益人一方的职责和义务相吻合的。

因此，付款类保函的支付前提是受益人是否履约。

（二）信用类保函

信用类保函是指银行对那些只有在合同的一方有违约行为而使其在合同项下承担了赔偿责任时支付才可能发生的经济活动所开立的保函。在这种保函所涉及的经济活动中，只要不出现保函申请人作为合同一方的违约事件，这种或有的支付就不会发生。所以，信用类保函支付的前提是申请人违约。

三、根据保函索赔条件划分

（一）有条件保函

有条件保函是指担保人在保函的条文中对索赔的发生与受理设定了若干的限制条件，或规定了若干能客观反映某种事实发生、条件落实的单据提供。只有在保函所规定的这些条件得到满足后，或所规定的能反映客观事实的单据提交给担保行后，担保行才会履行其支付义务。这种保函有利于保护申请人的利益，防止受益人的无理索赔和欺诈。

（二）无条件保函

无条件保函主要是指“见索即付”保函。在这类保函项下，担保行在受益人的简单书面索赔面前承担了无条件的支付义务，不论基础交易合同的执行情况如何，也不论受益人本身是否履行了合同中规定的义务，只要担保行在保函的有效期内收到了受益人所提交的符合保函条款规定的书面索赔，就应该立即付款。在这种保函项下，申请人及担保行所承担的风险很大，有时可能会在受益人的无理索赔面前陷入极其被动的境地。不过，从目前国际银行保函业务来看，无条件保函占到了较大的比例。

案例分析

见索即付保函毁约诉讼案

案情：伦敦的一家出口商与埃及的一家进口商签订了一份商务合同，合同中规定出口商必须经银行开立一份以进口商为受益人的履约保证书，金额为货价的5%。为此，出口商委托国民西敏寺银行开立了该项保证书，并向开证行提供了下述反担保：

“兹不可撤销地授权命令你行对受益人或其代理人以明示或暗示方式所提出的任何要求立即付款，只要在保证书中所列明的金额范围之内，可分期提取，且无须本签署人（即出口商）的确认或证实，并同意就本签署人和你行而言，受益人所提的要求是终局性的证据，即保证书上之金额为到期应付的，并授权你行借记本签署人的账户……”国民西敏寺银行根据出口商的要求向买方开立了履约保证书，其中规定在买方第一次提出要求后立即付款。后来埃及的进口商以出口商未履约为由向国民西敏寺银行提出付款要求。然而，出口商却取得当地法院的批准向国民西敏寺银行发出禁令不得支付，为此，国民西敏寺银行要求撤销该禁令。法院在审理后做出判决，认为该履约保证书的有关规定是出口商自己同意的，因此，这些条款应该是有约束力的，并不违反公共政策，应该执行。该判决认为，出口商既然同意那些无保留付款的措施，就要承担风险，银行的机制和其承担的责任与商人不同，前者必须履行其职责，不应受法庭干涉，否则国际商业中的信任就会遭到无可挽救的破坏，除非发生欺诈行为，但就本案来说，还只是属于合同执行的争议，谈不上是欺诈，更不是确定的欺诈，为此，应撤销对国民西敏寺银行发出的止付禁令。

分析：这是一起见索即付的保函业务。见索即付实际上就是无条件的，从法院的判决中可以看出，如果申请开立保函的当事人在保证书中同意见索即付也即同意“无条件的”支付条款，那么，他当然要承担由此而产生的风险。在实务中大多数的履约保函都接受“无条件”条款。因此，申请人为了维护自身的利益，应在合同中力争加入有防卫措施的内容，例如，受益人在索偿时应提供申请人违约的书面证明，或要求提供有关的仲裁书，或须经申请人会签等。开证银行在接到申请人的“无条件付款”申请后，应向申请人提醒其可能会遇到的风险，如果申请人坚持采用该条款，则银行应要求申请人在反担保函中明确地列明其责任。

四、根据担保行付款责任的属性划分

（一）第一性责任保函

第一性责任保函是指那些已由担保人在保函中明白无误地做出了其将承担首先付款责任之承诺，只要索赔本身能满足保函中规定的条件，则既无须受益人先行向申请人索要，也无须理会申请人是否愿意支付，担保行将在受益人首次索要后立即予以支付的保函。

（二）第二性责任保函

第二性责任保函是指那些在保函项下明文规定了担保行只有在受益人提出索赔而申请人拒绝支付时方予付款的保函。在这类保函项下，受益人应首先向申请人要求赔付或支付，只有在申请人未付或拒付时才能向担保行提出索赔。

五、根据保函的使用范围划分

（一）出口类保函

出口类保函是银行应出口方的申请向进口方开出的保函，是为满足出口货物和出口劳务的需要而开立的保函。出口类保函适用于国际承包业务和商品出口业务。

1. 投标保函（Tender Guarantee）

投标保函是银行应投标人的要求向招标人出具的保证投标人中标后同意履行标书规定的责任及义务的书面保证文件。在该保函中，担保银行向招标人保证：投标人投标后不撤标或片面修改投标条件；投标人中标后一定和招标人签约，并按招标人规定的日期提交履约保函。否则，担保行将在招标人即受益人提出索赔时，按保函规定的金额对其进行赔付。

投标保函金额一般为投标报价金额的2%～5%。有效期从开立保函日期到开标日期后的一段时间为止，有时会再加上一定天数的索偿期。若投标人中标，则保函的有效期自动延长，直到投标人与招标人签订合同并提交履约保函为止。

2. 履约保函（Performance Guarantee）

履约保函是银行应出口方或承包商（即中标方）的请求向进口方或接受承包的业主（即招标方）出具的保证文件，在该保函中，担保行向受益人保证出口方或承包商一定履行其在所签合同项下的责任义务，否则担保行将负责赔偿一定的金额。

履约保函的金额通常为合同金额的5%～10%，具体比例可由招标人决定。保函的有效期从投标保函失效时至合同执行完毕时为止，有时还会再加上一定天数的索偿期。

3. 预付款保函（Advanced Payment Guarantee）

预付款保函是进口方或接受承包的业主在预付定金时要求出口方或承包商提供的银行担保。因此，预付款保函中的有关当事人也就是履约保函中的有关当事人。担保行向受益人保证在出口方或承包商因故不能履约时，由银行负责将预付款项加上利息退还给受益人。

预付款保函金额就是进口方或接受承包的业主预付款项的金额。保函的有效期可定为预付款项全部扣完时为止，也可定为至合同执行完毕日为止，再加上一定天数的索偿期。

4. 质量保函（Quality Guarantee）和维修保函（Maintenance Guarantee）

从本质和作用上分析，质量保函和维修保函实际上是同一类型的保函，均是银行应出口方或承包商的要求，就合同标的物的质量向进口方或工程业主所出具的保证文件，所不同的是两者的使用范围有区别：

质量保函通常应用于商品买卖合同项目。① 买方为了确保商品的质量符合合同规定的质量标准，常常要求卖方提供银行担保，保证如果货物质量与合同规定不符，卖方应及时更换或维修，否则担保行将按保函金额进行赔付。

维修保函则应用于劳务承包工程。工程业主为了保证工程的质量，要求承包商提供银行担保，保证在工程质量不符合合同规定时，承包商负责维修，否则担保行将按保函金额对业主进行赔付。

5. 关税保付保函（Customs Guarantee）

关税保付保函②是银行应承包商的请求向工程所在国海关出具的保证承包商在工程完工后一定将施工机械撤离该国的保证文件。

知识应用

在国际承包工程中，为什么会产生关税保付保函呢？

分析：这是因为一国的承包商在别国施工时，往往要将大批的施工机械运往工程所在国，俟工程竣工后再撤离。在运入时，该国的海关要对施工机械征收一笔关税，俟工程竣工施工机械撤离时再将税金退回，否则将作为进口物资的关税被征收。在这种情况下，承包商为了避免垫付这笔税款，往往要求本国银行向工程所在国海关出具担保，保证承包商

① 特别在大型机电产品、成套设备、飞机、船舶出口中使用较多。

② 又称海关免税保函、海关保函等。

在工程完工后一定将施工机械撤离该国，否则由担保行支付这笔税款。

此外，在国际展览活动中，一国将展品或有关物品运入另一国时，也会遇到同样的情况，举办展览的一方也可向对方国家海关提供关税保付保函。

关税保付保函的金额即为各国海关规定的税金数额。保函的有效期为合同规定的施工机械或展品撤离该国日期再加上半个月。

6. 账户透支保函（Overdraft Guarantee）

账户透支保函是银行应承包商的请求就其融通款项的偿还向工程所在国某家银行出具的保证文件。

同样在国际承包工程中，承包商在外国施工时，为了能够得到当地银行的资金融通，往往需要开立一个透支账户。在申请开立透支账户时，承包商须向当地银行提供由其本国银行出具的透支保函。在该保函项下，担保银行保证若申请人未按透支合约的规定及时向账户行补足透支金额，担保行将代为补足。

账户透支保函的金额一般为透支合约规定的透支限额。保函的有效期为透支合约规定的结束透支账户日期再加上半个月。

（二）进口类保函

进口类保函是银行应进口方的请求向出口方开立的保证文件，适用于货物进口、技术进口、补偿贸易及来料加工等业务。

1. 付款保函（Payment Guarantee）

付款保函是银行应进口方的要求就其在某项合同项下的付款责任向出口方出具的保证文件。在该种保函项下，担保行向出口方保证在收到有关货物或技术资料后，进口方一定付款，否则担保行将代为支付。付款保函的金额亦即合同金额。保函的有效期按合同规定为付清价款日期再加上半个月。

2. 延期付款保函（Deferred Payment Guarantee）

延期付款保函是银行就进口方在合同项下的部分付款责任向出口方出具的保证文件。众所周知，发展中国家从发达国家进口大型的、成套的机械设备时一般采用延期付款方式。在该保函中，担保行保证进口方按时履行货款及利息的支付义务，否则它将代为支付。

延期付款保函的金额为扣除预付订金后的货款金额。[①] 保函的有效期按保函规定为最后一期货款及利息付清日再加上半个月。

3. 补偿贸易保函（Compensation Guarantee）

补偿贸易保函是银行应进口设备方的要求向供应设备方出具的旨在保证进口设备方履行其在合约项下责任义务的书面保证文件。在该种保函中，担保银行承担如下的保证责任：保证进口设备方在收到与合同相符的设备后，用该设备生产出的产品会按合同要求返销给供应设备方或指定的第三者以偿付进口设备的价款；若进口设备方未能履行上述义务，又不能以现汇偿付设备价款及利息，则担保行向供应设备方进行赔付。

---

① 如预付订金为货款的5%，则保函金额为剩余的95%的货款。

补偿贸易保函的金额为设备价款加利息。保函的有效期为合同规定的进口设备方以产品偿付设备价款之日再加上半个月。

4. 来料加工保函（Processing Guarantee）和来件装配保函（Assembly Guarantee）

来料加工保函和来件装配保函的性质是一样的，是银行应进料、进件一方的要求向供料、供件一方出具的书面保证文件。担保行承担的责任为：保证进料方或进件方在收到与合同相符的原料或元件后，以该原料或元件进行加工或装配，并按合同规定将成品交付供料方或供件方或指定的第三者。若进料方或进件方未能履约而又不能以现汇偿付来料或来件金额及附加利息，则担保行负责赔付。

此类保函的金额为来料或来件金额加利息。有效期为合同规定进料或进件方以成品偿付来料或来件金额的日期再加上半个月。

5. 租赁保函（Lease Guarantee）

租赁保函是银行应承租人的要求对其在租赁合同项下的付款义务向出租人出具的保证文件。它适用于用租赁方式进口机械设备、运输工具等经济活动。担保行向出租人保证其一定代承租人按租赁合同规定交付租金；或保证承租方一定履行合同按时交付租金，否则由银行代交。租赁保函的金额就是租金总额①，有效期为按租赁合同规定的全部租金付清日期再加上半个月。

（三）其他类保函

1. 借款保函（Loan Guarantee）

借款保函是银行应借款方的申请就其在借款契约项下的偿还义务向贷款方出具的保证文件。在该保函中，担保行向国外贷款方保证借款人一定按借款契约的规定按时偿还借款并支付利息，否则由银行代为还本付息。

借款保函的金额为借款金额加上利息。有效期为借款契约中规定的还清借款及支付利息的日期再加上半个月。

2. 保释金保函（Bail Bond）

保释金保函是银行应本国船公司或其他运输公司的申请为其保释因海上事故或其他原因而被扣留的船只或其他运输工具而向当地法院出具的保证文件。

承运方应货主的委托运送货物时，如果装载货物的船只或其他运输工具因碰撞事故致使货主和他人蒙受损失，或因承运方的责任发生货物残损短缺等，在确定赔偿责任之前，当地法院会下令扣留有关船只或其他的运输工具，只有交纳了保释金后才能放行。在这种情况下，船公司或其他的运输公司可要求银行为其出具一份保释金保函，由担保行向当地法院保证船公司等一定会依照法院的判决赔偿损失，否则该行代其赔偿。当地法院收到保函后即可以此代替保释金将船只或其他运输工具放行。

保释金保函的金额一般视赔偿金额的多少由当地法院决定。有效期为法院判决日期以后若干天。

---

① 相当于货价加利息。

参考资料

延期付款方式：首先，进口方按照合同规定向出口方支付一定比例的预付订金；其次，凭货运单据支付其余货款中的一部分，并将所余货款平均分成若干个相等的份额，每隔一定的时间（如每半年）支付一份金额并加利息，直至付完为止。进口方在支付预付订金之外的货款时，要向出口方提供延期付款保函。

“倒保函”：在国际承包工程和劳务出口的经济活动中，出口方或承包商不仅要其本国银行为其开具投标保函、履约保函和预付款保函，而且还会要求银行签发质量保函或维修保函、关税保付保函及账户透支保函。这些保函实际上均属同一性质的银行保证文件，也在出口保函的范畴之内。

资料来源：庞红、尹继红、沈瑞年编著：《国际结算》，214 页，北京，中国人民大学出版社，2005。

案例分析

转开的见索即付保函纠纷案

案情：某年 4 月 27 日，比利时的一家造船厂委托比利时银行开具以伊朗的港口航运机构为受益人的履约保函。但根据原合同中的规定，比利时银行应以电传要求其在伊朗当地的代理行向受益人出具保函，比利时银行对此做反担保。为此，比利时银行向其伊朗的代理行德黑兰银行出具了反担保，担保的主要内容是：(1) 在受益人看来，比利时的申请人没有全部或部分履行其建造一艘挖泥船的义务；(2) 凭受益人的书面要求立即付款；(3) 不需要进行任何诉讼程序；(4) 受益人不必证明申请人有没有履行义务。

德黑兰银行于当年 6 月 4 日向受益人出具了上述内容的履约保函。6 月 12 日该造船厂即申请人也复信比利时银行，其就该项交易已向比利时的进出口保险公司投了保。

此后，德黑兰银行曾按保函的规定在受益人的要求下多次延展保函的有效期限，申请人对此未提出异议。

3 年后的 5 月 15 日，比利时银行收到德黑兰银行的电传称：“受益人以申请人未及时交货为理由要求我行支付担保金额，请你行紧急电传通知我行并将担保金额贷记我行账户（德黑兰银行在比利时银行开有比利时法郎账户），以便我行能向受益人付款。”比利时银行于 5 月 17 日将上述电传内容转告申请人，并指出银行将凭要求立即付款。申请人随后将该通知内容转告了进出口保险公司。而后者于当天电复比利时银行要求给申请人一段时间，不要立即付款，以便让申请人在此时期内向法院对受益人起诉，并由法院决定是否应该付款。比利时银行电复保险公司声称，作为银行它们必须按照担保合同无条件付款。但保险公司复电称，如银行不按照该公司5月17日的电传办理，而向受益人付了款，一切后果则将由银行承担。5月19日，比利时银行被迫电告德黑兰银行称，将在征求该行法律部的意见后处理这一问题。德黑兰银行当即复电反驳："我行不能理解为何你行要征询法律部的意见，按照你行出具的保函条件，我行应凭受益人的要求立即付款。为此，由于你行的延迟，你行尚应赔偿年率为12%的利息损失。"

就在此时，申请人于5月18日即援用紧急程序申请法院对受益人在比利时的财产实行假扣留，理由是：受益人已将建成的挖泥船交付给受益人使用了8个月之久，受益人尚欠其货款2 600万比利时法郎没有支付。同日，比利时法院做出假扣押裁定，并通知了比利时银行。比利时银行即向法院声明，它并不欠受益人任何款项，因此，手中无受益人的财产可供扣押。5月25日，比利时银行以电话通知申请人，它将不顾假扣押的裁定于当日向德黑兰银行付款。申请人随即又向比利时商事法院申请援用紧急程序，并于26日经后者裁定暂时禁止比利时银行把款项汇给德黑兰银行。但在裁定中又不恰当地把德黑兰银行作为受益人的受托人，事实上，德黑兰银行是受比利时银行的委托向受益人出具了保函。5月29日，比利时银行电告德黑兰银行称："……我们对不能履行担保合同的义务表示歉意。现我行已接到商事法院院长的裁定，禁止我行履行担保合同的义务。据悉，申请人拟于6月初赴伊朗谋求与受益人友好解决争端。"

6月2日，比利时银行又电德黑兰银行称："由于法院的裁定阻止了我行履行担保合同，但考虑到两行之间的友好关系，我行将动用自己的资金汇付你行，但前提条件是，如果将来基本合同的双方当事人达成协议，或经法院裁决或仲裁解决，认为受益人要求担保合同项下的付款是有理由的，则请将我行的这笔汇款拨归担保合同项下的付款，如有相反的判决或裁定，则请将这笔汇款退还我行。"从电文内容来看，比利时银行的这笔汇款不是履行其担保合同项下的付款义务，而是将款项汇入账户等待处理。

6月13日，德黑兰银行收到汇款后复电比利时银行重申该行的立场，称："你行应该明白，我行是根据你行的要求而出具保函的，其内容是你行提出来的，因此，我们不得不无条件地履行对受益人的付款要求，我行有权利得到你行汇来的担保金额，但不能接受来电中所提出的前提条件。"其后，比利时银行曾多次去电德黑兰银行，企图说服后者接受其附加条件，但后者坚决拒绝，并认为只要受益人坚持要求付款，该行就应无条件付款。

在当事人双方谈判期间，受益人在谈判中对申请人施加压力，再一次向德黑兰银行提出了付款要求，后者根据其所出具的保函规定对受益人付了款，并于7月27日将已付款事项通知了比利时银行，并告知两行均已履行义务，此事已告结束。

比利时银行为了自身的利益，不顾法院的紧急裁定，按担保金额借记了申请人在该行的账户。申请人对此提出抗议。双方经过两个星期的争论，终于达成了如下和解协议：(1) 申请人放弃对比利时银行借记其账户的一切抗辩要求，以及关于紧急裁定的抗辩要求；(2) 比利时银行另给予申请人一笔7个月的贷款，金额相当于已借记的金额，贷款利息在其最后的3个星期内将低于正常利息的一半。

6 个月以后，申请人和受益人双方达成如下和解：申请人延迟交货 167 天，其中 90 天可援引不可抗力免责，对其余的 77 天则应承担延期责任。据此，申请人同意向受益人支付 600 万比利时法郎的损失赔偿，而受益人同意将其根据担保合同凭见索即付保函从德黑兰银行取得的担保金额退回。全案至此结束。

分析：这是一起典型的间接担保保函案例。伊朗德黑兰银行是应比利时银行的反担保向当地受益人出具的保函。作为出具间接担保的银行来说，应注意反担保银行的担保有效期。本案中受益人对保函要求多次延期，申请人未表示异议，即表示同意。

这也是无条件索偿的保函，并特地规定了：（1）不需进行任何诉讼程序；（2）受益人不必证明申请人有无履行义务。这对于受益人来说是非常有利的，而对申请人即承包人是不利的。但是，在建筑市场中，业主往往处于绝对有利的地位，承包人不得不接受对其绝对不利的“无条件索偿”的条款。在本案中，比利时银行是理亏的，并处于非常不利的地位，根据该行所出具的反担保条款，即使援引当地法院的裁决，该行也没有理由对德黑兰银行拒付和延迟付款。而且，当地法院对此事的干预也是不恰当的。

从本案申请人和受益人之间达成的和解协议来看，应是申请人违约，受益人的索偿是正当的。但申请人通过法院颁发禁止令，把比利时银行卷入到纠纷中确实是不应该的，开证行理应加强维护本身利益的措施，对“无条件索偿”的保函应该要求申请人在反担保函中明确列明其责任。

本案中有关延迟交货的原因中有不可抗力原因，因此建议国内厂商在对国外的承包合同中一定要加注“不可抗力免责”条款，并在“无条件索偿”保函中援引该条款。

第五节 银行保函与跟单信用证的异同

一、银行保函与跟单信用证的相同点

（1）都是银行应申请人要求，向受益人开立的有条件的支付担保或承诺。

（2）都是用银行信用代替或补充商业信用，使受益人避免或减少因申请人不履约而遭受的损失。

（3）保函中的担保行和跟单信用证中的开证行对于单据真伪及其法律效力、寄递中遗失等不承担责任。

二、银行保函与跟单信用证的不同点

具体内容详见表 6—2。

表 6—2　　银行保函与跟单信用证的区别

不同点	跟单信用证	银行保函
范围	只运用于商品买卖合同中，开证行为进口商应有的付款责任作结算保证，是一种常见的国际贸易支付方式	可以运用于任何一种国际经济活动中，如商品买卖、资金借贷、工程承包、物资租赁等。保函既是一种结算方式，又是一种保证合约项下某项责任义务得以履行的手段
银行的责任	开证行承担的是第一性付款责任，一旦信用证开出，开证行就必须凭合格单据付款，即付款行为一定会发生	担保行承担的付款责任有第一性的，也有第二性的，若是后者，支付行为不一定会发生
银行所付款项的属性	开证行支付的款项一定为货物价款	担保行支付的款项可以是合同价款，也可以是退款或赔款
受益人的索款程序	受益人凭单直接向开证行索取货款而不必向申请人索款	索款程序分为第一性责任和第二性责任两种，在第二性责任保函项下，受益人应首先向申请人进行索款，若其拒绝支付，再向担保行索款
对结算单据的要求	要求的单据为全套货运单据，包括主要单据和附属单据	一般只要求受益人提交书面索款文件，可以不附其他单据，但有时也要求受益人提交货运单据
银行承担的风险	因开证行开证时事先要求申请人提交一定数额的开证押金，并凭受益人提交的代表物权且符合信用证条款规定的货运单据付款，所以开证行可能承担的信用风险较小	担保行大多数情况下不掌握代表物权的货运单据，且遭到受益人无理索赔或恶意索赔的可能性较大，因而担保行可能承担的信用风险较大
保证文件的到期地点及有效期限	到期地点有时在受益人所在地，有时在开证行所在地，有时在付款行/承兑行所在地；跟单信用证的有效期限较短且有确定的失效日期	到期地点一般在担保行所在地，且有效期较长，有的长达几年，有时无明确的失效日期
是否有融资作用	对受益人的融资作用明显，如申请打包放款、叙做出口押汇、议付买单或汇票贴现等	对受益人没有融资业务
是否可撤销	有可撤销的跟单信用证	不可撤销
是否可转让	在可转让跟单信用证项下，受益人使用信用证的权利可以转让	除非保函有特殊规定，一般情况下受益人在保函项下的索赔权利是不可转让的

第六节　备用信用证

一、备用信用证概述

备用信用证[①]（Standby Letter of Credit，SL/C）又称商业票据信用证（Commercial

① SL/C 起源于 19 世纪中期的美国。当时，美国的联邦法律只允许担保公司开立保函，而禁止商业银行为客户提供担保或保证书服务。为了拓展业务，适应经济往来的需要，美国商业银行创立了备用信用证，从而避免使用“保函”字样，规避了法规的管制。

Paper L/C)、担保信用证（Guarantee L/C），是代表开证行对受益人承担一项义务的凭证。在此凭证中，开证行承诺偿还开证申请人的借款或对开证申请人的放款，或在开证申请人未能履约时保证为其支付。

备用信用证作为一种付款承诺，虽然形式上是第一性的，但意图上却只是在委托人违反基础合同的情况下使用，具有备用之意。备用信用证实质上是一种银行保函。

二、银行保函与备用信用证的异同

（一）银行保函与备用信用证的相同点

（1）都是银行应申请人要求，向受益人开立的书面保证。

（2）都是用银行信用代替商业信用或补充商业信用的不足。

（3）都适用于诸多经济活动中的履约担保。

（二）银行保函与备用信用证的不同点

具体内容详见表 6—3。

表 6—3 银行保函与备用信用证的区别

不同点	备用信用证	银行保函
要求的单据	要求受益人在索赔时提交即期汇票和证明申请人违约的书面文件	不要求受益人提交汇票，但要求受益人除了提交证明申请人违约的文件外，还需要提交证明自己履约的文件
付款的依据	只要受益人能够提供符合信用证规定的文件或单据，开证行即验单付款	分有条件保函和无条件保函两种。在有条件保函项下，只有保函所规定的这些条件得到满足后，或所规定的能反映客观事实的单据提交给担保行后，担保行才会履行其支付义务
遵循的规则	有一个被世界各国所承认的国际惯例，即《跟单信用证统一惯例》（UCP）	至今没有被世界各国所认可的通行惯例，只能参照《合约保函统一规则》（URCG）

案例分析

案情：1993 年中国曾发生了轰动全国的中国农业银行衡水中心支行开出的 100 亿美元的备用信用证诈骗未遂案。

1993 年 3 月，美籍华人梅直芳、李卓明来到中国农业银行衡水中心支行，向该行原副行长赵金荣、徐志国提供文字材料和言词，谎称他们在美国开办的“亚联集团”，拥有许多实力雄厚的合作伙伴，可以从国外“引资”到衡水，条件是衡水中心支行必须开具“备用信用证”。他们还谎称这些“备用信用证”只用于证明有关资金引入中国，衡水农行对引进的资金“不还本、不付息、不承担任何经济和法律责任”。衡水农行未详细了解具体情况，也未报经上级行批准，擅自于 1993 年 4 月 2 日签订了“引资”总额为 100 亿美元的所谓“协议书”。4 月 5 日，赵金荣在梅、李二人未提供任何保证金或担保品的情况下，就按照梅、李提供的样本，越权在 200 张总金额为 100 亿美元、一年期、不可撤销、可转让的备用信用证上签字，衡水农行外汇业务科负责人也签了字，并加盖了公章。

梅、李二人在骗得上述备用信用证后，次日即寄往国外。当境外一些公司、银行查询该备用信用证的真实可靠性时，梅、李再次以无风险和资金很快就能打入的谎言，欺骗赵金荣在确认函上加盖公章并发往国外。当赵金荣等向梅、李二人索要反担保文件时，该二人竟以虚构的“联合国家共和国银行”的名义，制造了一张虚假的金额为100亿美元的“备用信用证”作为对衡水农行信用证的反担保。

赵金荣在得知梅、李二人提供的虚假“备用信用证”无效后，假装不知并用该虚假备用信用证来对付上级的追查，从而造成了这件受骗开出巨额备用信用证的恶性案例。

试分析上述案例在哪些方面出现了问题导致受骗开出巨额备用信用证，并提出防范备用信用证诈骗的措施。

案情结局：在国际刑警组织和有关国家警方的协助下，经过半年多时间，已于1994年10月18日将中国农业银行衡水中心支行被骗开出的总额为100亿美元的200张备用信用证全部追回。

分析：本案在商业银行中属于典型的操作风险，也是人为风险。1993年中国银行业使用备用信用证的情况还不多见，对备用信用证的性质认识不清。备用信用证具有第一性付款承诺的性质是本案的关键。美籍华人梅、李二人企图在骗得100亿美元备用信用证后，去归还他们在海外银行和企业的债务，一旦得逞，中国农业银行就要无条件支付100亿美元。中外刑警组织通过打击恶意欺诈，阻止了中国农业银行的巨额损失。

本案中在开立备用信用证时，没有遵守开证的正规流程和规范的手续。当时银行内部电子化程度不高，不像现在支行开立一张信用证，在总行的系统中就可以看到。本案之所以发生，原因有：第一，当时该信用证的开立没有保证金和担保品；第二，当时衡水中心支行领导没有上报，并超越权限擅自开立200张巨额备用信用证；第三，当时衡水中心支行领导有受贿的问题；第四，当时衡水中心支行领导认可了美籍华人提供的虚假的“反担保”，形成内外合伙作案。

要防范此类案件再次发生，须做到：第一，加强银行的风险防控机制，总、分、支行业务联网；第二，充分了解备用信用证的性质；第三，严格按照业务流程开展业务，支行不得越权，支行没有擅自决定大额业务的权力。

资料来源：林孝成：《国际结算实务》，196～197页，北京，高等教育出版社，2004。

参考资料

进出口贸易项下的备用信用证式样

Standby Letter of Credit

We hereby open our irrevocable Standby Letter of Credit No. xxx in favor of ABC for account of DEF for amount ...expire date ...

This Standby Letter of Credit is available against presentation of negotiating bank's tested telex or SWIFT to us accompanied by beneficiary's signed statement stating that the applicant did not effect payment under the contract No. ...

Upon receipt of the documents drawn in compliance with terms and conditions of this Standby Letter of Credit, we shall remit the proceeds to you in accordance with your instruction.

This Standby Letter of Credit is subject to UCP 600.

三、备用信用证结算方式在国际贸易中的应用[①]

备用信用证的运作一般按照以下程序进行：

第一，开证申请人根据基础合同的规定，向其所在地的开证行申请开立备用信用证，经开证行审核同意后，该申请书构成申请人与开证行之间的合同；申请人通常要提供担保，并有义务支付开证费；开证行有义务根据申请书的指示开证，并承诺首先向受益人付款。

第二，开证行开证后，通常通过受益人所在地的通知行向受益人通知或转交信用证。通知行有义务核验备用信用证的表面真实性，有权利从开证行处取得报酬。当然，信用证也可由开证行或开证申请人直接寄交受益人，但在较大金额的交易中，受益人通常会要求通过通知行的专业核验来防止信用证欺诈。

第三，在大宗交易中，受益人可以要求对信用证加具保兑，开证行通常请求通知行提供保兑。通知行无义务必须进行保兑，若该通知行不提供保兑，则须及时通知开证行；若该通知行对备用信用证进行保兑，则成为保兑行，它对受益人承担与开证行同样的义务和责任。

第四，受益人获得信用证后，即可发货或进行其他履约行为，如果开证申请人也按承诺或交易合同的规定履行了义务，那么备用信用证就自动失效，受益人应将备用信用证退还给开证行。至此，备用信用证的全部交易程序即告结束，这也是大多数正常情况下备用信用证的运作程序。

第五，如果开证申请人未能按照承诺或基础交易合同的规定履行其义务，受益人即可向开证行或保兑行提交符合备用信用证规定的索偿要求以及与备用信用证相符的单据，向开证行或保兑行索偿。

第六，开证行或保兑行如果没有任何过错，那么它做了最后偿付后，可以向开证申请人要求赔偿，若申请人不付款或不能付款，则开证行可以从担保中获得偿付；若开证行或保兑行因没有履行谨慎审单义务而错误地向受益人付款，则丧失对申请人的求偿权；若单证相符而受益人交货与基础交易合同不符，申请人不能对开证行拒付，而只能依据基础交

① 参见启智：《国际结算》，北京，北京理工大学出版社，2006。

易合同向受益人索赔。

本章小结

银行保函作为国际结算的一种重要方式，其主要作用是银行通过借出自己的信用来为商业活动中不被信任的一方担保，从而使交易活动顺利进行。银行保函的基本当事人是申请人、受益人、担保行，根据保函开立方式的不同，还可能涉及通知行、转开行、反担保行、保兑行等当事人。银行保函主要经过申请人申请、担保行审查、担保行开立保函、保函修改、保函索赔和保函注销等环节。按照不同的标准可以把银行保函分为不同的种类。作为商业信用的替代或补充，银行保函与跟单信用证和备用信用证有许多异同点，而备用信用证是一种信用证形式的保函。

本章关键术语

见索即付保函	投标保函	履约保函	预付款保函	违约	索赔
反担保	履约	指示行	保兑行	转递行	

本章思考题

1. 银行保函的当事人有哪些？其各自的作用是什么？
2. 开立银行保函的具体业务过程有哪些？
3. 按照不同的标准，银行保函可分为哪几种？
4. 银行保函与跟单信用证的区别是什么？

本章练习题

一、填空题

1. 国际商会1998年10月出版了______（ISP 98），即国际商会第590号出版物，并于1999年1月正式实施。

2. 银行保函业务中的委托人是指申请开立银行保函的一方，不同种类的银行保函，委托人也各异，如在投标保函中指______，在履约保函中指______。

3. 银行保函的主要作用是以______为手段来保护受益人的经济利益，促使______顺利进行。

二、判断题

1. 银行保函设计的反担保是银行为了避免风险，要求申请人自身对担保行的再担保。（　）

2. 备用信用证是信用证的一种，具有信用证的形式和内容，但实质上是个保函。（　）

3. The pledge has the power to sell the property in any circumstances.（　）

4. The traditional guarantee is a principal undertaking.（　）

5. An irrevocable guarantee can be cancelled or amended at any moment.（　）

三、选择题

1. 在保函的基本内容中，保函的有效期包括（　　）。

A. 生效日期　　B. 失效日期　　C. 最迟交单期　　D. 最迟装运日

2. One of the main functions of a banker is to accept (　　) from his customers.

A. money　　B. cash　　C. advance　　D. deposit

3. (　　) ratios is used to measure a company's ability to pay maturing obligations.

A. Leverage　　B. Activity　　C. Profitability　　D. Liquidity

4. The borrower will use the (　　) of the facility for financing of said contract.

A. margin　　B. proceeds　　C. profits　　D. interests

5. All guarantees should include the principal debtor, the (　　) and the guarantor.

A. beneficiary　　B. creditor　　C. mortgagee　　D. lender

6. The bond should state that claims must be received (　　) than the expiry date.

A. a little earlier　　B. a litter later　　C. not earlier　　D. not later

附录：

投标保函式样

To: ________________ (Beneficiary)　　　　Date ________________

Dear Sirs,

Know all men by these presents that we ______ (name of the bank) (hereinafter called the surety), at the request of the ______ (Applicant) (hereinafter called the bidder) are held firmly bound onto the ______ (name of the beneficiary) (hereinafter called the employer), for which payment to be duly made. We firmly bind ourselves and our respective successors by these presents. Whereas the employer has invited the bidder for the ______ (name of the bid and its number) (hereinafter called the project), and whereas the bidder is submitting a bid (hereinafter called the bid) in accordance with the "instructions to bidders and conditions of bid" (hereinafter called the conditions for bid), and whereas it is necessary that the bid should be accompanied by a bid bond in favour of the employer in the sum of ______ only as security for the due and faithful fulfillment by the bidder of the conditions for bid, now, therefore, the conditions of the above mentioned bond are such that:

a. if before expiration of the ______ days from the date fixed for the closing of bid, the bidder shall have received notice from the employer of its acceptance of the bid and if within ______ days of having received such notice the bidder shall, in accordance with the conditions for bid, furnish the employer with a performance bond for the due and proper performance of the project, and

b. if upon expiration of ______ days from the date fixed for the closing of bid, the bidder shall not have received notice from the employer of its acceptance of the bid, then, the bidder shall be released from the obligation under the conditions for bid, and

c. if, on default by the bidder to furnish the employer with a performance bond as a foresaid, the surety shall pay to the employer the said amount of the above-mentioned bond for such default, then this obligation shall be null and void, but otherwise shall be and remain in full force and effect until ______.

Upon expiration this bond should be returned to us for cancellation.

For ×× Bank

(Signature)

第七章 国际保理与包买票据

学习目标

- 掌握国际保理业务的含义、影响及具体服务项目，了解其产生与发展过程。
- 熟悉国际保理业务的当事人、运作过程和国际双保理业务的具体做法。区分国际保理和传统结算业务，理解国际保理给出口商带来的好处。
- 掌握包买票据的含义、业务特点及主要当事人。
- 了解包买票据业务的基本做法。

爱立信南京公司在中国工商银行南京分行开有资金账户，但是由于当时中国工商银行没有开展保理业务，于是2000年，爱立信南京公司“倒戈”投向了花旗银行南京分行。你听说过保理业务吗？保理公司常常是银行的全资附属机构，在银行保理业务的“货架”上摆放着五个保理金融产品。本章内容将带你走近保理，了解保理产品，领略保理业务的重要性。

第一节 国际保理业务概述

一、国际保理业务的含义

> 国际保理的基本特点为它是集结算、管理、担保和融资为一体的综合性售后服务业务。

国际保理（International Factory）又称国际保付代理，在我国又称为承购应收账款业务，它是指保理商（Factor）从其客户（出口商）手中购进通常以发票表示的对债务人的应收账款，并负责信用销售控制、销售分户账管理和债权回收业务。因此，它既是一种可供选择的国际结算方式，又是一种短期的贸易融资方式。

参考资料

保理业务的发展

1. 保理服务的起源

早在18世纪工业革命时期，英国纺织工业蓬勃发展，狭小的国内市场已经不能满足资本家追逐高额利润的需要，于是向海外倾销纺织品便成为资本主义初期经济扩张的必经之路。由于出口商对进口商的资信和当地市场的情况知之甚少，因而他们的纺织品多采用寄售方式（Consignment）向海外出口，由进口商所在地的商务代理负责货物的仓储、销售和收账，并在某些情况下提供坏账担保和融资服务。为了解决出口商的资金积压与扩大再生产的矛盾，这种采用寄售方式的商务代理制逐渐演变成提供短期贸易融资的保理服务。出口商在商品出运后，可将有关单据售给经营保理业务的机构，以及时收回销售货款，继续并扩大再生产。

2. 国际保理服务在全球的发展

近年来，国际保理服务获得了巨大发展。根据国际保理商联合会的统计，1990年全世界有保理公司507家，全年营业额达137亿美元；到2000年全球保理公司增加到981家，营业额达到5 890亿美元。10年间，保理公司数量增加了93.5%，营业额增长了4 200%。到2010年，全球保理公司有3 271家，营业额达到1.364万亿欧元，保理公司数比2009年增加了89.3%，营业额比2009年增长了21%。

欧洲和北美的保理业务发展较早、较快、较普遍，美国的保理业务始终处于世界领先地位。但近年来欧洲各国的保理业务发展迅速，大有超过美国之势。保理业务发展最快的国家要数意大利，其保理业务总量约占欧洲业务总量的一半。德国、比利时、丹麦等国以及东欧的匈牙利、捷克等国的保理业务发展得也较迅速。

在大多数欧洲国家，保理服务主要是提供有追索权的贸易融资和其他服务，提供坏账担保处于次要地位，这主要是因为这些国家的短期出口信用保险很普及。

进入20世纪70年代以来，保理业务在亚洲和拉丁美洲地区得到了较快的发展，亚洲一些国家和地区、东盟国家以及墨西哥、巴西、智利、厄瓜多尔、土耳其等国家和地区都设立了保理公司并开展了保理业务。

保理业务目前主要集中在西欧与亚太地区的经济发达国家和地区，绝大多数发展中国家和地区尚未开办这项业务。

20世纪90年代初，中国银行率先在国内推出国际保理服务，并与国外保理公司和保理商国际组织建立起密切联系。1993年，中国银行加入国际保理商联合会（FCI），成为正式会员。

近年来，保理业务在中国发展迅速，特别是伴随互联网技术的发展，线上线下保理公司承做了大量的中外应收账款的保理服务。无论是商业银行全资附属的保理机构，还是非银行的保理公司，不仅机构数量在增加，业务规模也越来越大。

二、保理服务发展动因

现代国际保理业务产生于18世纪的欧洲工业革命，在第二次世界大战之后得到了较快的发展，尤其是在最近30年中，随着科学技术的进步，国际保理业务的服务手段也更加先进，保理商为客户提供的服务内容也不断丰富和完善。在当前的国际贸易结算领域，人们已经越来越重视对国际保理的运用。这主要有以下几个方面的原因：

（一）国际贸易中买方市场的普遍形成

各国出口商为了在贸易活动中扩大自己的出口份额，纷纷向客户提供更加优惠的贸易结算条件。国际保理业务因为可以为买方减少开立信用证的费用，并且在买方资金困难、不足以支付货款时，获得保理商为其提供的信用担保，使买方提前获得贸易利益，因而备受买方青睐。而国际保理业务由于可以事前获得对方资信情况，使销售商可以放心大胆地采用这一付款方式。

（二）信息产业的进步和电子通信技术得到普遍应用

保理业务提供的服务内容大多需要先进的信息技术作为基础手段，从国外市场的需求、客户的资信调查，到贸易伙伴国的市场规则、法律法规、交易习惯以及瞬息万变的市场行情等调查内容，都需要保理商借助先进的技术手段来完成。而传统的国际贸易方式根本无法胜任这样大量、复杂的工作，所以也就无法适应国际贸易的新发展。

（三）国际保理相关惯例规则的制定与实施

伴随着经济全球化进程的加快，为了使本国经济更好地融入全球经济的发展中，各国在贸易管理法规以及习惯方面，都逐渐采用国际通行的惯例规则。[①] 法律环境的建设为国际保理业务的倾力开展提供了有效的法律保证。

（四）经济的高速发展

经济的高速发展也要求金融业不断进行业务创新。一方面满足客户的需要，另一方面也可以拓展自身的服务领域，培育新的经济增长点。因此，各国金融业在巩固自身传统产业的同时，也在大力发展新的中间业务品种，其中保理业务就是各国金融机构争相占领的一个新的服务领域。

随着保理服务的发展，保理服务的产品范围不断拓展。保理商不仅对纺织品、食品和一般日用品等出口应收账款提供短期融资，并且对家具、电子产品、机械产品等出口账款也给予资金融通，并提供其他有关服务。

三、保理服务的影响

保理服务之所以在国际结算和贸易融资中能得到迅速发展，是因为它能给进、出口双方带来积极的影响。

---

① 1998年5月，国际统一私法协会（International Institute for the Unification of Private Law）通过了《国际统一私法协会国际保理公约》；国际保理商联合会于1968年制定了《国际保理业务惯例规则》。

（一）保理服务对出口商的影响

1. 有利于出口商尽快收回资金，提高资金的使用效益

出口商将货物装运完毕，即可立即获得不超过90%的发票金额的有追索权的贸易融资，缩短了资金回收的周期，保证了较为充足的营运资金，加速了资本的周转。在经济萧条时期，有助于出口商应付因资金周转缓慢而造成的资金困难等问题；在经济繁荣时期，充足的营运资金促使出口商发展业务，扩大经营。同时还可以有效地防止属于成长型的出口企业超营运资金经营（Overtrading），即在市场看好、产品畅销时期，企业的生产经营规模迅速膨胀，以至于造成超过营运资金的承受能力，出现清偿能力不足的问题，影响企业的正常发展。保理服务可以帮助解决这类问题。

2. 有利于出口商转移风险

只要出口商的商品品质和交货条件符合贸易合同的规定，在保理商无追索权地购买其出口债权后，出口商就可以将信用风险和汇价风险转嫁给保理商，潜在的坏账风险大大减小，债款回收率明显提高。

3. 能节省非生产性费用

出口商把售后管理交给保理商代管后，可以集中力量进行生产、经营和销售，并可相应减少财务管理人员和办公设备，办公用房占用面积也可相应减少，从而可以减少日益昂贵的人头费用和房屋租金；而且，由于保理商负责收取货款、寄送账单和查询催收工作，出口商不仅可以节省大量的账务管理费用，如邮电费和电话费等，还可以最大限度地减少因会计人员休假、生病等人为因素给工作带来的影响。

4. 有利于出口商获取有关信息

由于保理商熟悉海外市场和商业活动的情况，在很大程度上保障了对进口商资信调查的准确性和真实性，为出口商决定是否向进口商提供商业信用提供了可靠依据。保理商还经常向中小出口商就海外市场情况和进口国的有关法规提出出口建议，替其寻找买主和代理商，协助其打进国际市场，增强其竞争能力。

5. 有利于维护和提高出口商的资信

由于出售应收账款的预收款计入出口商正常的销售收入，所以提高了企业的资产/负债比率，改善了其资产负债表（Balance Sheet）的状况，有助于出口商资信的提高，有利于出口商的有价证券上市和进一步采用其他融资方式；而且资金状况改善会带来更佳的选购机遇。

6. 增大出口成本

对出口商的不利之处是会提高出口成本并因此导致出口价格上升或出口利润下降。保理服务对出口商的影响是很直接、明显的。

（二）保理服务对进口商的影响

保理服务对进口商的影响是间接的和不明显的。出口商采用保理服务使得进口商能以非信用证方式支付货款。

首先，保理服务使进口商避免积压和占用资金。保理服务适用赊销方式购买商品，进口商不需要向银行申请开立信用证，免去交付押金，从而减少资金积压，避免信用额度的

减少，降低进口成本。其次，保理简化进口手续。通过保理业务，买方可迅速得到急需的进口物资，大大节省要求开证、催证等的时间，简化了进口手续。

当然，采用保理业务，出口商将办理该项业务有关的费用转移到出口货价中，增加了进口商的成本负担。但是，由于保理服务的费率较低，一般为业务量的0.75%～2.5%，货价提高的金额一般仍低于因交付开证押金而蒙受的利息损失。

四、国际保理业务的服务项目

（一）销售分户账管理（Maintenance of the Sales Ledger）

对出口企业销售分户账的管理[①]是指出口商发出货物后，将有关的售后账务管理交给保理商。销售分户账管理是确保出口企业正常生产、经营和销售的必要手段，是出口企业减少经营开支、提高经济效益的最基本的财务管理工作。

具体做法是：保理商收到其客户（出口商）交来的销售发票后，在电脑中设立分户账，输入必要的信息及参考数据，如债务人、金额、支付方式、付款期限等，然后由电脑进行自动处理，诸如记账、催收、清算、计息、收费、统计报表的打印等项工作，保理商可根据客户的要求，随时或定期提供各种数字和资料。

（二）债款回收（Collection from Debtors）

债款回收是一种技术性、法律性较强的工作。一般出口商甚至包括畅销产品的卖主因缺乏这种回收债权的技术而常常导致营运资金周转不灵、应收账款不能及时收回、应付账款也不能按期偿付，给出口企业带来生产、经营、销售链条上的障碍。而保理商则拥有专门的收债技术和知识，能够正确适时地从不同债务人处收回债务。如果产生争议和纠纷，保理商又有专门的法律部门提供有效的律师服务。

债款回收的具体做法是：客户先与保理商商议收债方式、程序和最后手续；然后，双方签订保付代理协议，各自按照协议规定履行权利与义务。

（三）信用销售控制（Credit Control）

信用销售控制是指通过对进口商进行资信调查及评估核定信用额度，掌握进口商的资信变化情况并根据变化调整其信用额度。

国际贸易渠道和网络错综复杂，国际市场行市千变万化。出口企业了解和掌握客户的资信变化情况，制定出切实可行的信用销售限额和采取必要的防范措施，避免和减少潜在风险是至关重要的。然而，对于一般中小企业来讲很难做到这一点。保付代理商却以其独特的优势，利用保理商联合会广泛的代理网络和官方或民间的咨询机构，利用其母行在国外广泛的分支机构和代理网络，通过现代化手段获取最新动态资料，依据所掌握的客户资信情况的变化，为供应商（出口商）提供其客户的信用销售额度，从而将应收账款的风险降到最低限度。

---

① 保理商通常是大的商业银行的附属机构，拥有完善的账户管理制度、先进的管理技术和丰富的管理经验。同时，各大保理商具有电子计算机及现代化的办公设备，并与国外各种机构建立了计算机联网，能够提供高效的社会化服务。

（四）坏账担保（Full Protection Against Bad Debts）

保理商对坏账担保的服务项目是有限制条件的。通常，保理商对其客户并非提供100%的坏账担保，而只对已核准的应收账款提供100%的坏账担保。这就是说，只要供应商对其每个客户的销售控制在保理商核定的信用销售额度之内，就能有效地消除由买方信用造成的坏账风险。但对由供应产品的质量、服务水平、交货期等引起的贸易纠纷而造成的坏账和呆账，保理商不负赔偿之责。

（五）贸易融资（Trade Financing）

保理商在促进企业改善经营管理、提高经济效益、提供贸易融资服务方面起着不可忽视的作用。保理商可以向供应商提供无追索权的贸易融资，而且手续方便，简单易行。它不像信用放款那样需要办理复杂的审批手续，也不像抵押放款那样需要办理抵押品的移交和过户手续。供应商在发货或提供技术服务后，将发票通知保理商，即可立即获得不超过80%的发票金额和无追索权的预付款融资，基本解决了在途和信用销售的资金占用问题。

第二节　国际保理业务的运作

一、国际保理的当事人

国际保理有两种做法，即国际单保理和国际双保理，前者有三个当事人，后者则有四个当事人。

（一）卖方

即出口商或称供应商，指对提供货物或服务出具发票的，且其应收账款已被出口保理商叙做保理业务的一方。

> 出口商采用赊销（O/A）和跟单托收的承兑交单（D/A）的非信用证结算方式时，适合使用保理。

（二）债务人

即买方或称进口商，指对由提供货物或服务所产生的应收账款负有付款责任的一方。

（三）出口保理商

指与卖方签订保付代理协议，对卖方的应收账款承做保理业务的一方。出口保理商通常在出口商的所在地。在国际单保理的情况下，无出口保理商。

（四）进口保理商

指同意代收卖方以发票表示的并过户给出口保理商的应收账款的一方。根据《国际保理业务惯例规则》，进口保理商对出口保理商过户给它的并已承担信用风险的应收账款必须付款。进口保理商对出口保理商承担担保付款的责任。

二、国际保付代理业务的具体做法

（一）国际单保理业务的具体做法

按照国际惯例，国际单保理的做法是：买卖双方经过谈判，决定采用保付代理方式结算时，由卖方向进口国的保理商申请资信调查，签订保付代理协议，并提交需要确定信用额度的进口商名单。进口保理商对进口商进行资信调查，确定有关信用额度。出口商在信用额度内发货，将有关发票和货运单据直接寄交进口商，并将发票副本送交进口保理商。进口保理商负责应收账款的管理和催收，并提供100%的买方信用风险担保。进口商于应收账款到期日对进口保理商付款，进口保理商按保付代理协议规定的日期将全部款项扣除费用后，转入出口商银行账户。如果卖方有融资需求，进口保理商也可于收到发票副本后以预付款方式提供不超过发票金额80%的无追索权的短期贸易融资，剩余的20%的发票金额则在收到进口商（买方）付款之时，扣除有关费用及贴息后转入出口商的银行账户。

具体操作如图7—1所示。

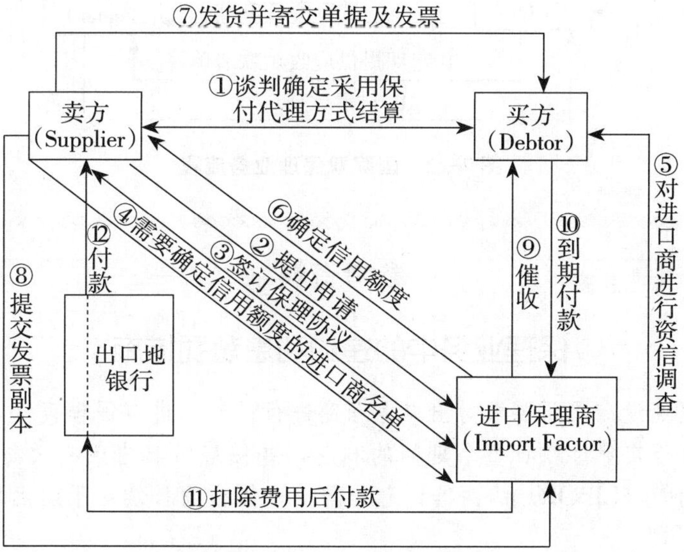

图7—1　国际单保理业务流程

（二）国际双保理业务的具体做法

国际双保理业务指买卖双方所在地均有保付代理商的保付代理业务。欧洲各国一般都采用双保理方式。

双保理的具体做法基本与单保理相同，所不同的是，双保理多了一个出口保理商，进口保理商直接与出口保理商交易，而不是与买方交易。

具体业务流程如图7—2所示。

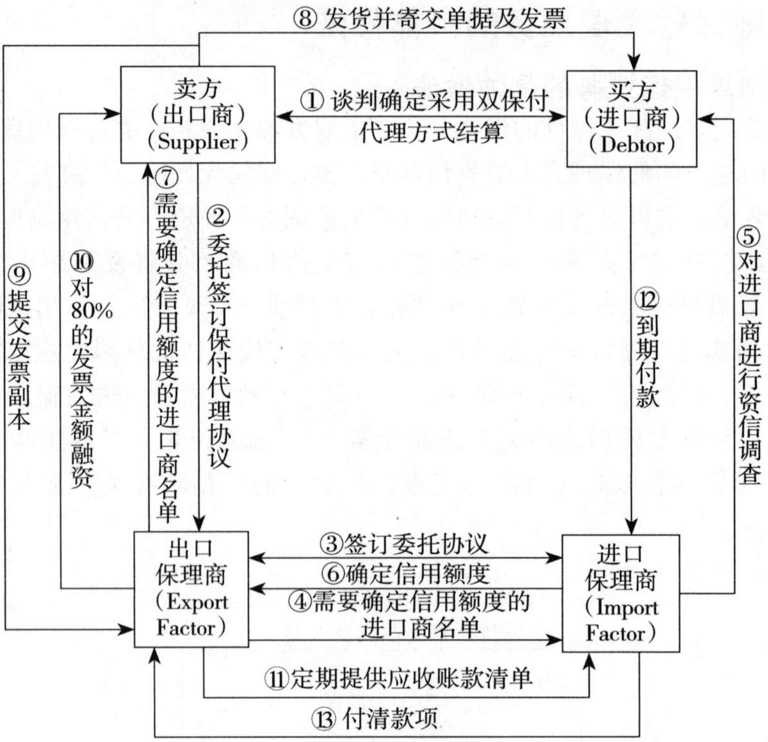

图 7—2　国际双保理业务流程

参考资料

保理业务中的违约利息惩罚措施

如果进口保理商没有按照要求对出口保理商进行付款，进口保理商必须负责向出口保理商支付从应付款日至实际付款日整个期间的利息，并按应付日当天有关货币的 90 天期的伦敦同业银行拆借利率（LIBOR）的两倍计息和向出口保理商补偿由于延迟付款而使其遭受的汇价损失。

如果伦敦同业银行拆借利率缺少该有关货币的报价，则按应付日出口保理商能够得到的该货币最低拆借利率的两倍计息。

不过，如果进口保理商由于人力所不能控制的原因而不能按期付款，则除需立即通知出口保理商外，还需向出口保理商支付从应付款日至实际付款日之间的利息，它相当于出口保理商所能获得的用有关货币最低拆借利率计算出的利息。

三、国际保理与传统结算方式的比较

国际保理与传统结算方式的比较见表 7—1。

表 7—1 国际保理与传统结算方式的比较

项目＼种类	国际保理	汇付	托收	信用证
债权风险保障	有	无	无	有
进口商费用	无	有	一般有	有
出口商费用	有	有	有	有
进口商银行抵押	无	无	无	有
提供给进口商的财务灵活性	较高	较高	一般	较低
出口商竞争力	较高	较高（发货后汇付）	一般	较低

与汇付和托收方式相比，国际保理的最大优点是有债权风险保障。

与信用证相比，进口商利用国际保理的优点是：以承兑交单和赊销等延期付款方式，利用了卖方融资；免除了开证押金和其他开证费用，节约了费用；可凭自身良好的信誉和财务表现，获得保理商的信用担保额度，不必提供抵押；收到单据就可以提货，及时将适销商品投放市场。而信用证可以说是进口商最不愿意接受的支付条件。

在当前激烈的买方市场条件下，如果出口商一味坚持信用证方式，往往就会失去贸易成交的机会。因此，对出口商来说，利用国际保理方式，通过对客户提供更有利的 D/A 和 O/A 付款条件，可以大大提高竞争力，从而增加贸易机会扩大出口，这是出口商应用国际保理方式的最大好处。

出口商应用国际保理的其他好处还有：

1. 风险保障

只要出口商的商品品质和交货条件符合合同规定，保理公司在承购了出口商的票据之后，便对出口商无追索权，于是，出口商便把信用风险和汇价风险转嫁给了保理商，出口商的债权可以获得 100%的保障，排除了坏账损失。

2. 节省成本

保理商利用其广泛的信用情报代替出口商查询其未来顾客的信用地位，为出口商节省了买方资信调查成本。财务管理和追收都由保理公司负责处理，也减轻了出口商的业务负担和管理成本。当然，如果出口商发现保付代理的成本太高，可以放弃，由自己承担信用风险。不过一般说来，保理商更了解实际的风险，要求的风险保证金不会高于信用风险的成本。

3. 手续简单

与信用证相比，出口商可以避免最烦琐的单证手续和信用证条款的约束，免除因哪怕是无关紧要的个别打字错误都会引起单证不符而遭拒付的风险；可以随时应进口商的需求和运输情况发运货物，免除因等待国外来证或修改信用证而错过装运、销售时机的损失。

4. 迅速获取融资

出口商只要按合同要求把货物装运完毕，保理商就立即以预付款方式提供 80%～90%的发票金额的融资，在进口商按期将货款全部付给保理商后，保理公司再将剩余的

10%～20%的货款付给出口商，并扣除手续费。所以融资保理能减少资金占用以满足营运需求，加速资金周转，促进利润增加。

5. 有利于企业的有价证券上市与进一步融资

出口商如果通过从银行贷款取得资金融通，则会增加负债数字，提高企业的资产负债，恶化资产负债表的状况，对企业的资信不利，影响其有价证券的上市。而出口商利用保理业务，货物装船，出卖票据后，立即收到现金，不仅资产负债表中的负债不会增加，反而使资产负债表中的资产增加，改善资产负债比率，有利于企业的有价证券上市与进一步融资。

6. 保理业务的内容广泛而综合

保理提供的服务项目有多种，出口商可根据本公司的实际情况，要求保理商提供该项业务的全部服务项目（Full Factoring Service）或部分服务项目（Part Factoring Service）。对于中小型企业，可以委托保理公司承担资信、托收、催收账款事务甚至代办会计手续，从而节省人力和成本。因此，保理业务具有较强的灵活性和适应性。

案例分析

出口保理业务的反索纠纷

案情：某年初，国内某出口商B公司委托当地某出口保理商叙做一笔出口保理业务。在获得出口保理商批准的20万美元信用额度后，出口保理商即与出口商签订了《出口保理业务协议》及《保理融资扣款授权书》。同年4月和5月，出口商先后向出口保理商提交了两张发票，金额共计20万美元。出口保理商随即将这两张发票先后转让给了英国的某进口保理商，并根据出口商的申请，向其提供了16万美元的出口保理融资。

8月5日，出口保理商收到进口保理商发来的争议通知，告知出口保理商，该年出口商以托收方式发给进口商的货物因质量问题被进口商海关扣留，致使进口商不能提取该批托收项下议付货款的货物，进口商A公司因此拒付该出口商保理项下两笔应收账款。进口保理商同时随附了一份进口国海关的证明书。出口保理商立即将有关争议情况通知了出口商，出口商承认托收项下的货物有问题，并正在与进口商交涉。为了资金安全，出口保理商根据与出口商签署的《保理融资扣款授权书》及《出口保理业务协议》的有关条款规定，于8月11日将保理融资款项及其利息费用从出口商账上冲回，出口商对此未提出任何异议。

然而，在这之后直至次年7月进口商倒闭，买卖双方始终未能协商解决保理项下这起因反索而引起的贸易纠纷。其后第三年3月5日，出口商以“出口保理商冲回保理融资侵犯了出口商的合法权益”为由向法院起诉，要求出口保理商赔偿人民币200多万元，后又认为起诉理由不当而主动撤诉，并另以“保理业务项下贸易合同未出现任何质量争议，出口保理商却以质量争议为由扣划保理融资款项是严重侵犯出口商权益”为由起诉出口保理商。

分析：所谓反索，指的是进口商与出口商另外一笔交易的结果导致进口商向出口商提出索赔而引起的争议。本案显然是由反索引起的贸易纠纷。

根据《国际保付代理公约》第十条的规定，如果保理人付款时不知道与债务人付款相关的货物信息，则当供应商不履约、履约有瑕疵或履约延迟时，进口商只可以向供应商收回其已经给付的款项，却无权向保理人收回已经给付的款项。反之，若保理人付款时知道与债务人付款相关的货物信息，则当供应商不履约、履约有瑕疵或履约迟延时，进口商有权收回其已经付给保理人的款项，或有权利对保理人不付款。因此，在保理业务中保理商保证赔付必须建立在“出口商按时按质按量履行交货义务”的基础上，如果买方对此提出异议、抱怨或索赔，均被推定为是发生贸易纠纷，保理商将立即转告出口商处理。如纠纷未能在合理时间内得到解决，则相关的应收账款，不论其是否在信用额度之内，均为不合格应收账款，保理商有权主动冲账，并不承担坏账风险。由此，若保理项下贸易合同出现质量争议，出口保理商扣划保理融资款项是合法的。那么，在本案中，出口保理商是否可以以进口商提出的反索为由扣划对出口商的保理融资款项？

按照FCI颁布的《国际保理业务惯例规则》第四十一条的规定：“如果债务人提出抗辩、反索或纠纷，并且如果出口商于发生纠纷的应收账款所涉及发票的到期日后270天内收到该纠纷通知，进口保理商不应被要求对债务人由于这种纠纷而拒付的金额进行付款。”即按照该规定，在进口商提出反索的情况下，进口保理商有权对本贸易合同项下的金额拒绝融资。即在本案中，出口保理商是可以以进口商提出的反索为由扣划对出口商的保理融资款项的，此做法符合国际惯例。因此，出口商的起诉并不成立。

从本案中得到的经验教训可归纳为如下两点：首先，为便于双方控制风险，出口商在向出口保理商提出信用额度申请时，应将其与买方之间所有现存贸易纠纷如实通报；其次，《出口保理业务协议》应明确一旦出口商以保理方式交易，需将所有对该买方的应收账款（信用证交易及现金交易项下的除外）转交出口保理商处理。

资料来源：高洁：《国际结算案例评析》，北京，对外经济贸易大学出版社，2006。

知识应用

保理业务是否对贴现银行有益处？体现在哪里？

分析：保理使银行扩大了服务项目，加强了与国际金融界的交往，有利于培养金融专业人才；利用外资为国内出口商广开融资渠道，促进了贸易出口，带动了业务发展；融资效率高，不占用银行信贷规模却扩大了融资金额和范围；可随时在二级市场上出售所贴现的票据，能转移风险。

第三节　包买票据概述

一、包买票据的含义

包买票据即指福费廷①，又称票据包购。所谓福费廷是指包买商（通常为银行或其附属机构）从出口商处无追索权地购买由进口商承诺支付并经进口地银行担保的远期承兑汇票或本票的这样一种业务活动。因此，通过福费廷业务，出口商将因提供商品或劳务而产生的对进口商的债权放弃给了包买商，同时获得了对价支付，提前收回了货款。

包买票据业务是一种中期贸易融资方式，对于大宗交易，多采用分期付款的形式，期限一般为3～7年，以5年的为多。

二、包买票据业务的起源与发展

第二次世界大战以后，为了医治战争创伤，重建家园，欧洲各国需要进口大量建设性物资和日用品，如东欧各国向美国购买大量谷物，因为缺乏外汇资金而需要向银行贷款，但银行融资能力有限，于是瑞士苏黎世银行协会首先开创了包买票据融资业务。

20世纪50年代后期，随着各国经济实力的恢复与发展，资本性货物的贸易越来越多，出口竞争日益加剧，资本性货物的卖方市场逐步转变为买方市场，买方已不再满足于传统的90～180天的融资期限，要求延长付款期限。这种不断延长的信贷期限大大超出了卖方本身资金所承受的限度，卖方不得不向银行提出越来越长的融资需求，当时的银行无法提供出口商所希望得到的融资服务，于是包买票据融资方式就活跃起来。

20世纪80年代后，由于第三世界债务危机的困扰，以及国际局势动荡不安，正常的银行信贷受到抑制，而包买票据业务却持续增长，逐渐由欧洲向亚洲及全世界发展，包买票据二级市场逐渐形成，该业务交易方式日益灵活，交易金额日益增加，而且票据种类也不断扩大，形成了一个世界范围内的包买票据交易市场。

三、包买票据业务的特点

（1）包买票据业务一般是以国际正常贸易为背景的，不涉及军事产品。一般限于成套设备、船舶、基建物资等资本货物交易及大型项目交易。

（2）在包买票据业务中，出口商必须放弃对所出售债权凭证的一切权益，贴现银行也必须放弃对出口商的追索权。

（3）包买票据业务的期限一般为1～5年，属于中期融资业务。但近年来国际上发展出最短的包买票据业务为180天（6个月），最长的可至10年，通常采用每半年还款一次

---

① Forfaiting 源于法语“a forfeit”和德语“forfaiterung”，含“放弃某种权利”的意思。

的分期付款方式。

（4）包买票据业务属批发性融资业务，适合于100万美元以上的大中型出口合同，对金额小的项目而言，其优越性不明显。近年来也发展了一些小额交易，但要收取较高的费用。

（5）出口商必须对资本货物的数量、质量、装运、交货期担负全部责任。

（6）包买票据业务较多地以美元、欧元及瑞士法郎为结算和融资货币。其他可自由兑换的货币使用得较少。

四、包买票据业务的主要当事人

（一）包买商（银行）

包买商多为出口商所在国的银行及有中长期信贷能力的大金融公司，做包买票据业务是其经办的国际信贷业务的一部分。包买商在与出口商达成包买票据业务的协议，并购入出口商转让的票据后，既成为该项延期付款交易的信贷机构，又承担了向进口商分期收回货款以及利率、汇率变动的风险。

（二）出口商

出口商为资本货物交易中的供货方。当出口商以延期付款方式与进口商达成交易而需要资金支持时，可向包买商申请包买票据融资。在出口商将表明交易金额的若干张票据全部转售给包买商并向其支付贴息后，即可取得贴现净额，提前收回货款。

（三）进口商

进口商为资本货物交易中的进货方。在进口商在包买商的资助下以延期付款方式购入货物后，当作为正当持票人的包买商向其提出付款要求时，应无条件地履行其在票据上的债务责任，按期归还货款。

（四）担保人

担保人虽不是包买票据业务的直接当事人，但担保人及其担保对包买票据业务有着至关重要的影响。包买商为转移及规避风险，只购入经担保人担保的票据。若进口商不能按期偿还货款，担保人有责任代其偿还。担保人多为进口地银行，在履行付款责任后，担保人有权向进口商追索，但追索能否成功，将取决于进口商的资信状况，故担保人承担着追索不能成功的风险。

五、包买票据业务的益处

（一）对出口商的益处

（1）包买票据融资不影响出口企业的债务状况，不受银行信贷规模和国家外债规模的影响。

（2）包买票据业务是无追索权方式的贴现，出口企业一旦将手中的远期票据卖断给银行，同时也就卖断了一切风险，包括政治、金融和商业风险，免除了后顾之忧。

（3）出口企业通过采用包买票据方式在商务谈判中为国外买方提供了延期付款的信贷条件，从而提高了自身出口产品的竞争力。

（4）出口企业可将全部或部分远期票据按票面金额融资，无须受到预付订金比例的限制。

（5）出口企业在支付一定的贴现费用后，可将延期付款变成现金交易，变远期票据为即期收汇，提高了资金使用效率，扩大了业务量，增强了企业活力。

（6）由于包买票据采用固定利率，出口企业可尽早核算出口成本，卖断以后的一切费用均由贴现银行承担。

（7）包买票据融资操作简便、融资迅速，不需要办理复杂的手续和提供过多的文件，可以节省时间，提高融资效率。

（二）对进口商的益处

（1）可获得贸易项下延期付款的便利。

（2）不占用进口商的融资额度。

（3）所需文件及担保简便易行。

第四节　包买票据业务的基本做法

一、包买票据业务的操作程序

（一）询价

出口商在与进口商签订商务合同之前就应做好融资的准备。有时，为了争取订单，出口商往往主动或被动同意向进口商提供远期信用融资，并将延期付款利率打入货价。为了确保出口商能按时得到融资，并且不承担利率损失，出口商应尽早与银行（包买商）联系询价，得到银行的正式答复及报价后再核算成本，与进口商谈判并签约。有些出口商因缺乏对包买票据业务的了解，签约以后才找银行做包买票据业务，结果发现给进口商的延付利率低于银行贴现率，只好蒙受损失。

出口商在向银行询价时，须提供下列有关情况：

（1）合同金额、期限、币种。

（2）出口商简介、注册资本、资信材料、签字印鉴及其他有关情况。

（3）进口商详细情况、注册地点、财务状况、支付能力等。

（4）货款支付方式、结算票据种类。

（5）开证行/担保行名称、所在国家及其资信情况。

（6）出口商品名称、数量及发运情况。

（7）分期付款票据的面额和不同到期日。

（8）有关进口国的进口许可和支付许可。

（9）有关出口项目的批准和许可。

（10）票据付款地点。

（二）报价

银行接到出口商的询价后，首先要分析进口商所在国的政治风险、商业风险和外汇汇出风险，核定对该国的信用额度，然后审核担保人的资信情况、偿付能力，以及出口货物是否属正常的国际贸易，合同金额期限是否能够接受等。

如果以上几方面均达到满意，银行便根据国际包买票据市场情况做出报价，报价的内容包括：

1. 贴现率（Discount Rate）

贴现率[1]一般有两种报价方式，即固定利率和浮动利率，由出口商自己选择。通常出口商喜欢固定利率，因为他们可在交易的开始就知道总的贴现成本。

2. 承担费（Commitment Fee）

承担费是银行在承诺期[2]内根据贴现的面值及向出口商承诺的融资天数计算出来的费用。银行一旦承诺为出口商贴现票据，从签订包买票据协议起的任何一天，都有可能成为实际贴现付款日，所以银行要事先筹备好资金，随时准备支付票款，如中途出口商因某种原因未能履约，银行要蒙受一定的资金损失，因此，收取相应的承担费是合理的。

知识应用

承担费率一般为年化利率 0.5%～2%。计算公式为：

承担费票面值×承担费率×承诺天数/360

例如：

贴现票据面值：USD 1 000 000

承担费率：1.5%的年化利率

承诺期：90 天

承担费=1 000 000×0.015×90/360=USD 3 750

3. 多收期（Grace Days）

多收期是指从票据到期日至实际收款日的估计延期天数。由于任何延期都会增加银行的成本，所以，银行为补偿其在到期日向进口方银行索偿时可能遇到的拖延或其他麻烦，一般在报价时都在实际贴现天数的基础上多加 3～7 天的宽限期。

（三）签约

出口商在接受了银行的报价后，便需要与银行正式签订包买票据协议，协议的内容包括：

（1）项目概况及债务凭证。

（2）贴现金额、货币、期限。

（3）贴现率及承担费率。

（4）有关当事人的责任义务。

① 贴现率的高低是根据进口国的综合风险系数、融资期限的长短、融资货币的筹资成本等决定的。贴现率通常以 LIBOR 加一个附加率表示，LIBOR 反映银行的筹资成本，附加率反映银行所承担的风险和收益。

② 承诺期是指从银行与出口商签订包买票据协议起至银行实际贴现付款日止的一段时间，承诺期不是固定的，但一般不超过 6 个月。

（5）违约事件及其处理。

（6）其他。

（四）交单

根据包买票据协议的有关规定，出口商在发货之后应立即将全套的装船单据交银行议付，议付行将远期票据寄开证行/担保行承兑后退给出口商。出口商在银行承兑的远期汇票或本票上背书并注明“无追索权”字样后，正式连同其他的单据在承诺期内交贴现银行审核。一般须提交的单据有以下几种：

（1）本票或银行承兑汇票等。

（2）提单副本。

（3）发票副本。

（4）合同副本。

（5）信用证或保函副本。

（6）出口商对其签字及文件真实性的证明。

（7）出口商债权转让函。

（五）审单及付款

银行在收到出口商提交的单据后须认真审核，尤其对出口商签字的真伪要核实。若该贴现银行是投资性贴现，应事先得到进口方银行的付款承诺及进口国有关政府和法律的许可文件。然后，经审核单据无误后向出口商付款。

> 投资性贴现——自留票据，到期后向进口方银行索偿；代理性贴现——在贴现的同时转贴给二级市场。

若该贴现银行是代理性贴现，则需事先与二级市场的有关银行达成默契。在收到出口商的全套单据后，再背书给下一手银行，并提供其他有关资料和证明，收到付款后再支付给出口商。

银行在贴现付款时，须按出口商的指示，将贴现款项汇到其指定的银行账户上。同时，向出口商提供一份贴现清单，列明贴现票据的面值、贴现率、期限、承担费以及贴现后的净额。同时抄送给进口方银行一份作为存档文件，以便在到期日索偿时参考。

（六）到期索偿

贴现银行向出口商付款后，要将远期票据妥善保存，在到期日之前，将票据寄付款银行索偿。付款银行按照贴现银行的指示将款项汇到贴现行指定的账户，这样，一笔包买票据业务就完成了。

如果付款银行未能在到期日正常付款，贴现银行可委托律师对付款银行起诉，同时向出口商通报拒付事实，以便取得出口商的协助。若真是由于进口国的政治风险和外汇短缺造成无力支付，贴现银行也只能承担一切损失。

包买票据的业务流程可用图 7—3 来表示。

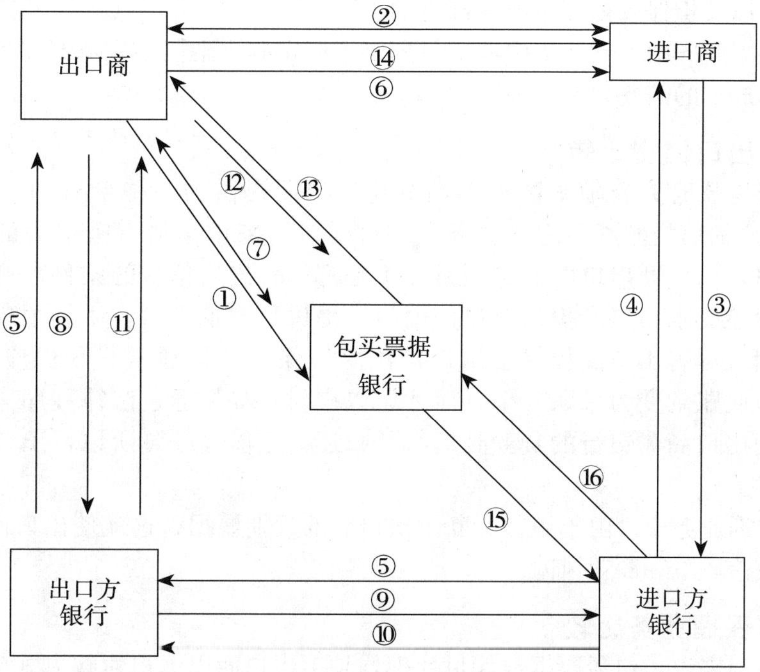

图 7—3　包买票据业务流程

图 7—3 中的业务说明：

①出口商联系包买票据银行进行包买票据咨询。

②出口商与进口商签订商务合同。

③进口商向进口方银行递交信用证开证申请。

④进口方银行向进口商开出信用证。

⑤进口方银行经出口方银行向出口商通知信用证。

⑥出口商向进口商发货。

⑦出口商与包买票据银行签订包买票据协议。

⑧出口商在发货之后将全套的装船单据交出口方银行议付。

⑨出口方银行向进口方银行提交远期票据请求承兑。

⑩进口方银行承兑远期票据。

⑪出口方银行将承兑票据退给出口商。

⑫出口商向包买票据银行提交包买票据所需单据。

⑬包买票据银行向出口商贴现付款。

⑭出口商将运输单据提交进口商。

⑮在到期日包买票据银行凭远期票据向进口方付款银行索偿。

⑯进口方付款银行向包买票据银行付款。

二、包买票据与其他融资方式的比较

（一）与商业贷款比较

在商业贷款中，银行贷款利差的高低主要是根据借款人的资信情况好坏、贷款金额大小、期限长短以及担保或抵押情况等确定的。

在包买票据业务中，银行为中期贸易提供了固定利率融资，它满足了客户控制利率风险、确定融资成本的需要。

（二）与出口信贷比较

出口信贷是政府为鼓励本国资本性货物出口而提供的一种带有利息补贴（Interest Make-up）性质的信贷融资。这种融资方式对出口商来讲是最有吸引力的，但它要求的条件比较严格，出口商出口的所有项目并不是都符合出口信贷的条件。并且，在出口信贷项下，一般还要求出口商投保出口信用险、提供财产抵押等，手续烦琐，不仅增加了费用开支，而且尽管出口商投保了出口信用险，保险公司通常只承保应收账款的 90% 左右，并在应收账款变为呆账 6 个月后才予以赔付，如果通过法律程序索债，赔付期可能会更长，而出口商欠银行的贷款到期必须归还，不能延续。所以，出口商还要承担一定的收汇风险。

在包买票据业务中，由于银行买断了出口商的远期票据，这就使出口商避免了所有的收汇风险、政治风险和商业风险。

（三）与保理业务比较

对于出口商来说，包买票据与保付代理均是由出口商以无追索权方式将应收账款出售给包买商或保理公司，从而当即获得出口销售货款，但两者有以下显著区别：

（1）包买票据主要为大型资本货物贸易提供资金融通，而保理的服务对象多为普通商品贸易。

（2）包买商习惯于为客户的一项贸易提供一项融资服务；而保理商提供的是综合保理服务，而且在一定期限内（如一年）保理商要多次为同一客户办理贸易结算与融资。

（3）包买商可为付款期限是 6 个月至 10 年的资本货物贸易提供中长期信贷融资；而保理商多为普通商品贸易提供服务，所以只提供付款期限为 180 天之内的短期贸易融资。

（4）包买票据业务需出口商提交经由担保人担保的票据，而保理业务无此要求。

（四）与一般贴现业务比较

包买票据业务属于票据贴现的范畴：包买商作为贴现人贴入出口商提交的票据，从贴现金额中扣除贴息及手续费后，将净额支付出口商，包买商从而作为正当持票人，于到期日要求付款人付款，包买商也可将票据转售他人。但包买票据作为资本货物贸易的融资手段与一般票据贴现具有以下不同：

（1）包买票据的主要特征在于包买商以无追索权方式贴入票据，当付款人拒付票款时，包买商虽具有对付款人的优先债权或向担保人提出赔偿的权利，却唯独没有向出口商追还所付贴现净额的权利；而一般贴现业务的贴现公司贴入票据后，仍享有向票据出让人追索票款的权利。

（2）包买票据业务的融资对象为大型资本货物贸易，通常需使用固定间隔期的多张等值票据；而一般贴现的票据主要用于普通商品贸易，一次贸易只涉及一张体现贸易金额的票据。

（3）包买票据业务中的票据须经担保人担保后，包买商才予以贴现融资；而一般贴现只需付款人对票据（指汇票）进行承兑，持票人对票据进行背书即可，无须担保。

（4）包买票据的费用除贴现利息及手续费外，还包括选择费、承担费及罚金；而在一般贴现业务中，贴现公司只按当时市场利率扣收贴现息及手续费，故包买票据的费用负担高于一般贴现。

包买票据和其他融资方式的比较总结如表 7—2 所示。

表 7—2　　包买票据与其他融资方式对比表

种类 内容 项目	包买票据	国际商贷	出口信贷		保理	一般贴现
			卖方信贷	买方信贷		
融资对象	出口商	进口商/出口商	出口商	进口商/进口方银行	出口商	出口商
融资范围	大型资本货物贸易	项目融资	机电产品成套设备		消费品、普通商品	普通商品贸易
融资比例	100%票面额	注册资本以外的资金缺口	85%合同金额		80%发票金额	扣收贴现息及手续费，付净额
利率	商业利率（固定）	商业利率（浮动）	政府补贴（固定）		商业利率（固定）	商业利率（浮动）
期限	中长期（6 个月至 10 年）	短、中、长期（不限）	中长期（1～10 年）		短期（180 天以内）	短期
风险	无追索权	还本付息	还本付息		无追索权	有追索权
文件要求	简便	复杂多样	复杂多样		简便	齐全，高信誉
债权凭证	汇票、本票、保函	—	—		托收单据	汇票、本票
出口商品国内制造部分	—	—	一般机电产品 70%以上，船舶 50%以上		—	—
担保/抵押	—	银行担保/物业抵押	银行担保/财产抵押		—	—
投保信用险	—	—	不一定	需要	—	—

本章小结

国际保理在我国又称为承购应收账款业务。它是指保理商从其客户（出口商）手中购进通常以发票表示的对债务人的应收账款，并负责信用销售控制、销售分户账管理和债权回收业务。国际保理有两种做法，即国际单保理和国际双保理，应该熟悉这两种业务流程。保理服务能对进、出口双方带来积极的影响。福费廷业务是一种以无追索权方式为出口商贴现远期票据的金融服务，它也称为包买票据。应该熟悉福费廷业务的当事人和业务流程。

本章关键术语

国际保理	出口保理商	进口保理商
贸易融资	销售分户账管理	债款回收
信用销售控制	评估核定信用额度	核准

本章思考题

1. 国际保理业务的含义与特点是什么？
2. 国际保理业务对进出口双方的影响有哪些？
3. 保理服务方式有哪些项目？
4. 在保理业务中，进口商到期不付款怎么办？

本章练习题

一、填空题

1. 信用销售控制是指通过对进口商进行______及评估核定信用额度，掌握进口商的资信变化情况并根据变化调整其______。

2. 简单地说，保理业务是一项集______、______、______、______及______于一体的新型综合性金融业务。

3. 国际保理业务有两种运作方式，即______和______，前者仅涉及______，后者涉及______。

4. The factoring actions are as follows:

1) Approval; 2) ______; 3) Finance; 4) Subsequent Assignment; 5) ______.

5. The import ______ shall bear the risk of loss arising from the failure of the ______ to pay in full any approved account receivable on the due date in accordance with the terms of the relevant contract of sale.

二、判断题

1. 国际保理业务能为出口商和进口商带来增加营业额、风险保障、节约成本、简化手续、扩大利润和提高资信等益处。（　）

2. 采用国际保理并不能降低收汇风险。（　）

3. International factoring can be used in international payment method like O/A、D/A,D/P, etc.（　）

4. Export factor has a claim on the full payment that it pays to the exporter.（　）

三、选择题

1. 保理商所提供的金融管理服务主要包括：（　）。

A. 对进口商的资信分析和信用评估

B. 应收账款的代售服务

C. 对认可的应收账款进行融资

D. 承接应收账款的会计工作

2. Which parties in the following are also in factoring? (　　)

A. Exporter　　B. Importer　　C. Export Factor　　D. Import Factor

3. In the international factoring, the party that bares the risk is (　　).

A. Exporter　　B. Importer　　C. Export Factor　　D. Import Factor

4. 在核定的信用额度内，保理商对出口商货款的最高保障金额是（　　）。

A. 70%　　B. 80%　　C. 90%　　D. 100%

5. 出口商欲利用国际保理服务，须具备的条件有：（　　）。

A. 出口商必须是合法经营者

B. 出口商具有一定的经验和资历

C. 债务人必须是出口商的老客户

D. 出口商的经营必须具有较大规模

E. 贸易商品为非资本性货物

F. 出口商的客户分布相对较为分散

第八章 国际贸易融资方式

学习目标

- 掌握出口贸易融资各种方式的概念、特点，了解其基本程序。
- 掌握远期信用证融资的各种方式及特点。
- 掌握进口贸易融资各种方式的概念、特点，了解其基本程序。
- 区分几种融资方式的应用范围。

在国际贸易结算业务中，银行往往向有资格的客户提供融资服务，这类服务和结算过程紧密相关，从而也称为国际结算融资。国际贸易融资业务包括两种形式：一种是由银行向客户直接提供资金融通；另一种则是银行为客户提供信用保证，以使客户能从贸易对方或第三方取得融资的方便。国际贸易融资方式根据银行提供融资便利的对象不同可以分为进口贸易融资和出口贸易融资，福费廷和保理业务都属于出口贸易融资。随着中国经济的发展和对外贸易的扩大，这两类业务在中国的开展具有很大潜力。

第一节 出口贸易融资

出口贸易融资是指银行或金融机构直接或间接为出口商提供的融资，提供融资的主要是出口方银行和其他金融机构。出口贸易融资的方法主要有打包放款、出口押汇、票据贴现、银行承兑以及保理和福费廷等。其中，后两种融资方式已经在前面做了介绍，就不再重复了。

一、信用证打包放款（Packing Loan/Credit）

（一）信用证打包放款的含义和特点

信用证打包放款简称打包放款（Packing Credit），是指出口方银行以出口商提供的进口方银行开来的信用证正本作抵押向其发放贷款的融资行为。包括根据预支信用证提供的打包放款和以其他信用证为抵押发放的贷款。

打包放款是银行在信用证项下对出口商提供的短期融资，它具有以下特点：

第一，打包放款的发放时间是出口商接受信用证之后、发货和交单之前。

第二，打包放款的目的是向出口商提供备货、发货的周转资金。

第三，打包放款的金额不是信用证的全部金额。打包放款的金额只是信用证金额的一部分，融资的具体金额由打包放款银行根据出口商资信、存款数目、抵押品以及在本行的业务来确定。

第四，打包放款的期限不超过打包放款银行给开证行所寄单据上的收款日期。银行提供打包放款是以抵押正本信用证为前提的，因此，提供贷款的银行承担了议付义务。议付行收到出口商交来的单据后应马上寄开证行，收到开证行支付的贷款后即可扣除贷款本息，然后将余额付给出口商。因此，打包放款的期限一般是自信用证抵押之日至收到开证行支付贷款之日。

（二）打包放款协议

打包放款协议是出口方银行与出口商签订的确定打包放款中双方责任和义务的契约。签订协议是打包放款不可缺少的重要一环。

参考资料

打包放款协议包括的主要内容有：

（1）借款金额及支付方式。在申请贷款时，出口商应提交正本信用证及打包放款申请书，由银行逐笔审查批贷。

（2）借款用途。打包放款仅限于抵押信用证项下的出口商品的备货和出运，不得挪作他用。

（3）借款期限。由银行与出口商根据贷款收回的时间来确定，通常不超过3个月。

（4）借款利率。由双方参照银行同期贷款利率协商确定。

（5）贷款货币。通常是信用证规定的结算货币。

（6）借款的偿还。一般由贷款银行直接从信用证项下贷款中扣还，必要时可以从出口商在银行开立的账户中扣还。

（7）保证条款。出口商应作如下保证：

• 协议项下的全部出口商品必须向银行认可的保险公司投保，如有意外，保险赔偿金应优先用于支付贷款本息。

• 银行有权检查、监督出口商对贷款的使用。

• 出口商在协议条款等变化前应先征得银行同意，如果违反有关规定，银行有权停止对出口商继续提供贷款，提前扣收已贷出的款项。

(8) 违约责任。出口商若不按协议规定使用贷款及不按期归还贷款本息，银行有权从出口商在任何银行中的账户中扣收，并在原定利率基础上加收罚息。

(三) 打包放款中的风险与银行应注意的问题

如果打包放款是根据预支信用证进行的，那么融资风险应由开证行承担。如果受益人不能按期提交与信用证规定相符的单据，以便融资银行从开证行处收款，那么融资银行可要求开证行偿还贷款本息。因为融资银行是根据开证行的批示发放贷款的。

如果是根据其他信用证发放的放款，那么融资风险应由融资银行承担，与开证行无关。在这种融资方式中，出口方银行不能仅凭国外信用证就给受益人贷款，因为信用证只是开证行的有条件付款承诺，如果受益人不能满足信用证规定的条件，开证行是不会付款的。因此，银行应加强对打包放款的审查。

银行对打包放款的审查：

(1) 总额度的审查。

指银行在签订打包放款协议之前对出口商确定信用额度时的审查，主要是审查出口商的资信状况，给受益人核定一个打包放款信用额度，该额度可循环使用。

(2) 对信用证的审查。

指对某一打包放款业务中信用证条款、开证行资信和出口商品市场的审查。银行对于没有确定信用额度的客户，可凭担保逐笔发放贷款。

二、出口押汇（Outward Bills）

出口押汇是出口商将代表货权的单据及其他单据抵押给银行，从而得到银行扣除押汇利息及费用后的有追索权的垫款。出口押汇主要指买单、议付（Negotiation），它包括信用证项下单据押汇和托收单据押汇。

(一) 出口信用证押汇（Negotiation under Documentary Credit）

卖方凭买方银行开来的信用证将货物发运后，按照信用证要求制作单据并提交其往来银行要求议付，即以出口单据为抵押，要求往来银行提供在途资金融通，这种资金融通方式就叫出口信用证押汇。对于受理押汇的银行来说，这种融资风险较小，收款比较有保障，但如果出口商未能做到单据严格相符，则会失去开证银行的信用保障。

出口商要求银行议付其出口单据时，应填写申请书连同信用证正本和全套单据提交银行。银行核对申请书印鉴并验收单据后开始审查单据。除了根据信用证条款和规定审查单据以确定是否严格相符外，该银行通常还要审查开证行所在国家的政治及经济状况、开证行的资信状况、信用证条款是否符合国际惯例、对物权的控制及出口商的资信状况。

参考资料

议付行在出口押汇中的审查内容

1. 开证行所在国家的政治及经济状况。如果开证行所在国家政局不稳，经济状况恶化，外汇短缺，则会不同程度地影响信用证项下的安全收汇。除非信用证已由第三国信用良好的银行加具保兑或确认偿付，否则往来银行一般不愿受理出口商的押汇申请，而通常按信用证作寄单（不议付）处理，即收妥货款后再解付给出口商。

2. 开证行的资信状况。如果开证行的资信欠佳，清偿能力不足，则这类银行所开信用证项下的出口单据一般不做议付押汇，仅按信用证寄单处理，以减少业务风险和不必要的麻烦。

3. 信用证条款是否符合国际惯例。根据《跟单信用证统一惯例》，信用证业务的有关各方处理的是单据，而不是单据所代表的货物，银行只应根据单据表面状况以及与信用证所列条款是否相符来决定究竟是付款还是拒付。如果信用证中含有违背上述原则的条款，或含有某种出口商本身所不能控制的附加条件，则该类信用证项下的单据将不适合于叙做押汇。例如，信用证规定进口商收到货后××天付款，或凭进口商收到货物后出具的验收合格证明付款等，这类条款实质上已否定了信用证作为一项独立文件的性质，加列了信用证独立文件以外的付款条件，从而取消了开证行承担第一性付款责任的信用保证。

4. 对物权的控制。在目前所采用的各种运输单据中，一般只有海运提单或包括海运的联运提单以及货物承运收据是物权单据，而其他运输方式所采用的运输单据均不是物权单据，仅为发货证明，货物在目的地交付通常也无须收货人提交物权单据。如果信用证规定的单据是物权单据，则该银行可通过掌握物权单据来控制货物，从而减少业务风险；如果信用证规定的运输单据是非物权单据，则该银行对议付申请的受理将更加严格谨慎，因为一旦开证行拒付及向出口商行使追索权失败，它将不能通过处理单据所代表的货物以减少损失。

5. 出口商的资信状况。在信用证押汇业务中，提供押汇的银行即议付行是以信用证项下的相符单据为抵押向出口商（也即信用证的受益人）提供在途资金融通的，它拥有追索权，除非议付行对信用证加具了保兑。如果议付行本身以外的任何原因导致了拒付或迟付，则议付行有权向受益人追索融资垫款及利息。但如果受益人的资信欠佳，清偿能力不足，则议付行在开证行拒付情况下对受益人的追索便可能因无钱可追而落空。因此，银行在受理押汇申请时，对出口商的资信状况也要进行必要的了解。

资料来源：李晓洁、徐曙娜等编著：《国际贸易结算》，207页，上海，上海财经大学出版社，2003。

收到押汇申请的银行在完成上述审查及审核单据后，如果单证严格相符，就可以立即议付单据，叙做出口押汇，从货款中扣除押汇利息后付给出口商。因为开证行对相符单据承担第一性付款责任，所以对出口押汇通常没有额度限制。能否叙做押汇主要取决于单据的相符情况和出口商的资信状况。

如果单证不符，即单据中存在不符点，则议付银行可以用电报或电传征询开证行的意见，也就是通常所说的“电提”。由于单证不符的事实自动解除了开证行的第一性付款责任，因此付款与否完全取决于开证申请人（即进口商）。开证行会立即与申请人联系以取得认可或授权，然后以加押电讯的形式通知议付行联系结果。如果开证行同意接受不符点，那么开证行的电报通知或授权实质上起着修改信用证的作用，开证行重新承担第一性付款责任。在这种情况下，议付行可视单据为相符单据立即叙做押汇。

除电提外，银行还可以考虑凭受益人出具的担保书（Letter of Indemnity），对不符点单据进行担保议付。受益人向议付行出具书面担保要求银行对不符点单据叙做押汇，日后如果开证行因同样不符点拒付单据，则受益人保证立即退还银行垫款、利息（即从属费用）。由于银行通常仅对资信良好或能提供相当抵押品的受益人的信用证叙做担保议付，所以一般均核定有相应的额度来受理这类业务，以控制业务风险。

议付行均采用预收方式收取押汇利息，而押汇利息则是根据押汇利率和融资期限计算出来的。如果实际收汇时间超过了预收利息融资期限，则议付行有权向受益人追收超过时间的迟付利息。

融资期限指议付行收回货款所需的时间。

（二）出口托收押汇（Advance against Documentary Collection）

托收业务基本上是以商业信用为基础的结算方式，银行只作为代理人行事，不提供信用保障。在通常情况下，出口商将全套单据交给托收行后，必须等到进口商付款且托收行收妥以后才能结汇，资金占用时间较长。如果出口商在提交单据、委托银行代向进口商收取款项的同时，要求托收行先预支部分或全部货款，待托收款项收妥后归还银行垫款，那么与此要求相关的这种融资方式就叫做托收押汇。

托收行凭押汇成为全套单据（包括汇票和物权单据）的正当持有人，因此有权要求付款人支付货款。在正常情况下，这是托收行收回押汇款项的主要渠道。如果付款人拒付，托收行就可以向出口商追索，而当出口商破产倒闭，自己追索无望时，托收行对该款项可以寻求物权的保障，通过处理单据即货物来回笼资金，并且保留就不足部分对出口商索偿直至参与破产清理的权利。

知识应用

在出口融资方式中，出口托收押汇与出口信用证押汇均是出口商从银行提前融资获得款项，那么两者的根本区别是什么呢?

分析：出口托收押汇与出口信用证押汇的根本区别在于后者有开证行的付款保证，属银行信用；而前者没有银行信用保证，付款与否完全取决于付款人（即进口商），属商业信用。为控制业务风险，银行通常核定相应额度，只在额度内叙做出口托收押汇，为核定额度而进行的有关审查也更严格。通常需要审查的项目包括：出口商的资信状况、清偿能力和履约能力，运输保险及代收行的情况等。

此外，为了防止遭进口商拒付的风险，避免陷入追索出口商甚至被迫变卖货物的被动局面，托收行在叙做托收押汇时一般事先与出口商签订托收押汇合同，而且托收押汇的利率一般也稍高于出口信用证押汇。当实际收汇时间（也即银行垫款时间）超过押汇期限时，托收行有权向出口商追收差额押汇利息。当托收款项变为呆账、坏账或长时间不能收回时，托收行有权向出口商索回垫款及由此产生的利息。

第二节 远期信用证融资

一、卖方远期信用证融资

卖方远期信用证又叫真远期信用证，它是付款期限与贸易合同规定一致的远期信用证。采用卖方远期信用证融资主要是指通过远期汇票的承兑与贴现来融资。

（一）银行承兑与票据贴现

银行承兑（Bank's Acceptance）是指银行在远期汇票上签署“承兑”字样，使持票人能够凭此在公开市场转让及贴现其票据的行为。银行承兑的主要是有贸易背景的汇票；承兑汇票的持有人通常是出口商。

银行承兑汇票时，不必立即垫付本行资金，而只是将自己的信用借出，增强汇票的流通性或可接受性，使持票人能在二级市场上取得短期融资的便利。

银行对汇票予以承兑后便成为汇票的主义务人，到期应承担付款责任，因此，承兑银行在承兑前应对义务人（进口商）的资信等进行审查，并采取相应措施，以降低自身风险。票据贴现（Discounting）是指票据持有人在票据到期前为获取现款而向银行贴付一定利息所做的票据转让。贴现票据必须是已承兑的远期汇票，承兑人通常是开证行或其他付款行，票据持有人通常是出口商。票据贴现能使出口商立即取得现款，因此，它也是国际贸易融资的一种方式。适合做贴现的票据（汇票）有信用证项下的汇票、托收项下的汇票和出口保险项下的汇票。

在办理贴现时，银行通常要与出口商签订质押书，确定双方的责任和义务。如果到期银行不能从票据付款人那里收回票款，则它有权对出口商追索。此外，银行还应对贴现票据的付款人、承兑人的资信情况进行审查，只有在确认符合条件后才予以贴现。

（二）远期信用证融资的程序

出口商发运货物后，即可通过银行将全套单据交开证行，经该行承兑汇票并退还寄单行（通知行）后，寄单行就可以以贴现方式购买全套汇票并以此向出口商融资，出口商则用贴现所得款项偿还原打包放款的融资款项。寄单行因此成为承兑汇票的正当持票人，它即保存汇票，于到期日向开证行（承兑人）索偿，也可将汇票转让，进行再贴现。远期（承兑）信用证的结算和融资过程如图 8—1 所示。

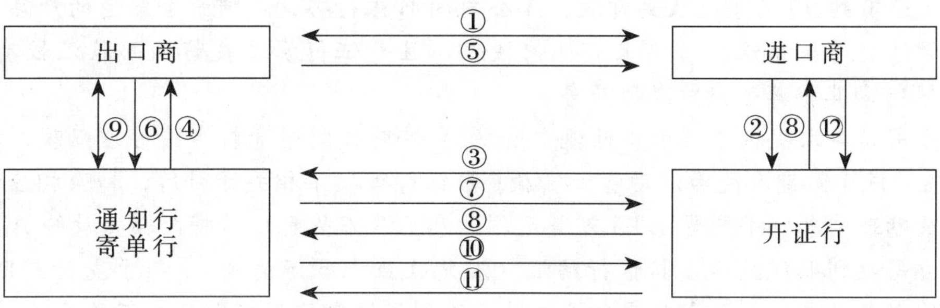

图 8—1 承兑信用证融资流程图

在图 8—1 中：

① 进出口双方签订贸易合同，确定以远期信用证方式结算。

② 进口商申请开证。

③ 开立远期（承兑）信用证。

④ 通知及办理打包放款。

⑤ 发运货物。

⑥ 出口商向寄单行交单。

⑦ 寄单。

⑧ 开证行承兑汇票并将承兑汇票寄回寄单行，与此同时，开证行凭信托收据向进口商放单，进口商提货。

⑨ 寄单行贴现承兑汇票，出口商得到资金融通。

⑩ 寄单行到期提示承兑汇票。

⑪ 开证行（承兑人）付款。

⑫ 进口商到期付款赎回信托收据。

（三）远期信用证融资的风险

远期信用证融通方式由于付款周期较长，合同金额较大，因而孕育着较大风险。

第一，进口商不仅要支付较高的成本，而且要冒进口货物与贸易合同及单证不符的风险。

第二，开证行承兑汇票后，面临进口商拒付的风险。

第三，寄单行面临贴入承兑汇票后开证行倒闭的风险。

第四，出口商面临汇票承兑前开证行或进口商无理拒付的风险。

因此，有关当事人都必须对交易及融资对方的资信做详细的了解，并采取相应措施，以降低和防范风险。

案例分析

案情：A 公司收到一张从花旗银行香港分行开立的见票后 90 天付款、金额为 1 000万美元的信用证，经过一段时间的备货发运后向议付行交单。10 天后收到开证行发出的承兑电，承诺于 2010 年 9 月 30 日付款。

由于还有约 90 天才能收到货款，A 公司向 B 银行咨询有何资金融通的产品可以提供，由于该公司在 B 银行目前未有任何授信，且开证行资信良好从而收汇较有保障，所以 B 银行向其推荐了出口贴现业务。

A 公司按要求提供了《出口贴现申请书》、外贸合同等资料申请办理贴现，利率约定为 3%，低于同期人民币流动资金贷款。B 银行审核了相关资料后，扣除相应的议付手续费及贴现利息（手续费 1.25 万美元，贴息 7.5 万美元）后将余额发放给 A 公司。

A 公司收到贴现款后在 B 银行结汇（汇兑收益 1.5 万美元），用于支付前期货款，用较低的财务成本加速了企业资金的流转，达到了远期信用证即期收汇的目的。

> 对B银行而言，从此项出口贴现业务中，获得了哪些好处？
>
> 分析：(1) 风险小，B银行在到期开证行付款以归还该笔贴现款项之前，对出口商保留追索权。(2) 收益可观，B银行综合收益合计 1.25＋7.5＋1.5＝10.25（万美元），约折合67万元人民币（按2010年的平均汇率6.5换算）。

二、买方远期信用证融资

(一) 假远期信用证的含义

买方远期信用证（Buyer's Usance L/C）即假远期信用证，指信用证项下远期汇票付款按即期付款办理的信用证。它是相对于卖方远期信用证而言的。这是出口方银行（议付行）通过开证行向开证申请人（进口商）提供短期融资的一种方式。

(二) 假远期信用证融资的程序

假远期信用证融资的程序如图 8—2 所示。

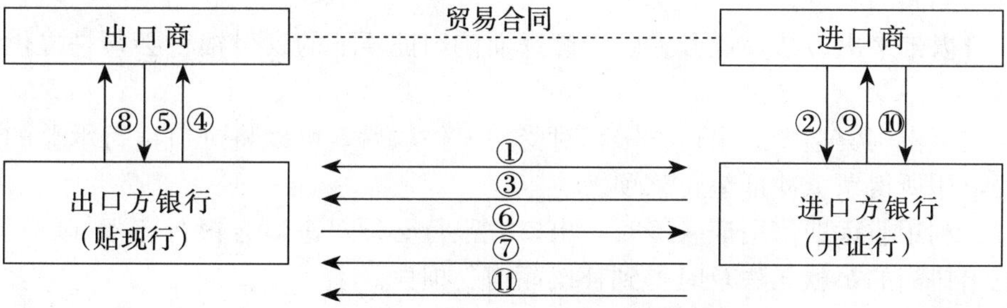

图 8—2 假远期信用证融资流程图

在图 8—2 中：

① 进出口双方银行签订由出口方银行以假远期信用证形式向进口商融资的协议，出口方银行根据协议开立专门账户。

② 进口商申请开立远期付款、银行承兑信用证。

进口方银行（开证行）开立信用证时应注明：

• 本信用证项下汇票付款日为见票后若干天（以便开证行承兑）。

• 本信用证项下远期汇票付款按即期付款办理（出口方银行即期付款给受益人或出口商）。

• 本信用证限制在银行（提供融资的出口方银行）议付。

③ 开证行开证。

④ 通知信用证。

⑤ 出口商交单申请议付。

⑥ 出口方银行寄单。

⑦ 开证行承兑汇票并授权出口方银行由专户内支付货款给出口商。

⑧ 出口方银行按面额支付票款。

⑨ 开证行凭信托收据向进口商放单。

⑩ 进口商于到期日还款，包括本金、利息。

⑪ 进口方银行偿还垫款。

(三) 假远期信用证的意义

1. 对进口商的影响

假远期信用证使进口商得到了出口方银行的融资。不过进口商应支付从出口方银行支款日（议付日）起至汇票到期日期间的利息给出口方银行，并承担有关费用。

2. 对出口商的影响

假远期信用证对出口商基本没有什么影响，其仍然是在发货后交单议付，收回货款。

3. 对进口方银行的影响

进口方银行承兑汇票后，必须到期付款，并且对出口方银行没有追索权。

4. 对出口方银行的影响

假远期信用证对出口方银行的影响如下：

（1）可以获得利息收入。出口方银行可收取从贷款日（议付日）至汇票到期日（开证行偿还日）期间的利息。

（2）可以带来出口结算业务。因为假远期信用证项下的议付银行必须是提供融资的出口方银行。

（3）实际占用资金少。出口方银行对受益人付款后，可以将进口银行承兑的远期汇票进行贴现，用所得票款冲抵垫付款项。

不过，利用假远期信用证融资时，出口方银行必须对进口方银行有很好的了解，否则会因为对出口商的垫款无法及时得到补偿而遭受损失。

(四) 真假远期信用证融资的比较

真假远期信用证融资的相同点是其融资都是由远期信用证项下远期汇票的承兑与贴现实现的。不过，两者存在很大的差别。

1. 贸易合同规定的付款期限不同

一般而言，贸易合同是信用证开立的基础，真远期信用证符合这一条件，信用证与合同的付款期限相同，都是远期付款；但假远期信用证却不符合这一条件，信用证是远期付款，合同却是即期付款。对于与合同付款条款不一致的信用证，受益人通常是不会接受的，受益人接受假远期信用证是为了给进口商从银行融资提供方便。

2. 贴息支付者不同

真远期信用证的融资者是受益人，贴息支付者也是受益人；假远期信用证的融资者是开证申请人，融资成本也由其承担。

第三节　进口贸易融资

进口贸易融资是银行贸易外汇业务的一个重要组成部分。这类融资结合进口贸易的各种结算方式，根据国家的外贸信贷方针、政策，接受外资企业的申请，提供进出口贸易结算资金融通的便利，以利于进出口贸易的发展。进口贸易融资主要有以下几种形式。

一、开证授信额度（Limits for Issuing Letter of Credit）

（一）开证授信额度的含义

开证授信额度是开证行对在本行开户且资信良好的进口商在申请开立信用证时提供的免收保证金或不要求其办理反担保或抵押的最高资金限额。

> 开证授信额度由开证行根据资信情况决定，是开证行对进口商在开立信用证方面给予的信用支持。

通常情况下，银行在进口商申请开立信用证时，都要求其提交开证申请书并提供保证金或抵押金，存入银行专门账户，以便收到单据后对外付款，或要求进口商提供反担保及抵押品，保证收到合格单据后付款赎单。银行这样做的目的是为了避免进口商破产或无力付款赎单，或不按期付款赎单，以降低自身风险。

但对资信良好的长期往来客户，为简化手续，提供优惠服务，增强吸引力和竞争力，银行通常可根据客户的资信、经营状况和业务数量，确定一个限额，即开证额度。银行内部对开证额度按余额进行控制，只要进口商申请开立信用证的金额不超过这一限额，银行就可以免收保证金、抵押品或不要求办理反担保，从而减轻进口商的资金压力。对于超过信用额度部分的金额仍按正常手续办理。

根据客户资信和业务性质的不同，授信额度可分为以下两种：

（1）普通信用证授信额度。普通信用证授信额度（General L/C Limit）是指在开证行确定进口开证申请人的开证额度后，申请人采用“余额控制”的方法，可循环使用该额度。开证行根据客户的资信状况和业务需求变化，随时可对额度作必要的调整。这种授信额度多用于在银行开立账户并与银行长期保持良好业务关系的进口商。

（2）一次性使用授信额度。一次性使用授信额度（One Time L/C Limit）是指开证行为开证申请人的一个或几个贸易合同核定的一次性开证额度，不能循环使用。开证行根据客户的资信状况和抵押品的情况核定一次性开证额度，供申请人在该宗贸易合同项下使用。该笔业务结束后，授信额度即失效，它主要用于银行对其资信有一定了解，但业务往来不多的进口商。

（二）授信额度的确定

授信额度的确定是建立在银行对客户的了解和信任的基础上的，银行一般是从以下几个方面调查、了解客户情况的：

1. 企业在银行的授信记录及信用水准

银行对于经常光临本行的客户，一般都要对其每笔业务做必要的授信记录，以确定其信用水准，为将来对其提供授信额度做准备。对于已经对其提供了授信额度的客户也应坚持做好授信记录，并以此来确定是否增加或减少对该企业的信用额度。如果一家企业由于内部原因，不能按期偿还银行贷款，或不注重维护与银行的良好信誉关系，则其授信额度就会被银行注销。

2. 企业的财务状况

财务状况是一家企业能否顺利向前发展，并保证对银行履行其债务义务的重要标志之一。财务状况的审查主要是通过对财务报表的分析进行的。

3. 企业的管理水平

管理水平的高低是衡量一家企业能否适应激烈的市场竞争，更好地向前发展，进而能否在与银行的交往中确保银行权益的另一标准。

4. 企业发展的前景

银行已提供或拟提供授信额度的对象应该是那些有良好发展前景的企业，银行通过支持这些企业不仅可以降低风险，而且可以从中受益。

（三）开证授信额度的操作程序

开证授信额度操作的基本程序如下：

1. 进口商提出申请

需申请开证授信额度的进口商应按银行规定的格式填写授信额度申请书，表明申请的授信额度金额、种类、期限等。

2. 银行审查

银行根据进口商的申请书，审查其资信情况、经营状况、内部管理、财务状况以及以往的有关业务记录，确定对该进口商的授信额度总额。

3. 签订授信额度协议书

银行应与进口商签订开证授信额度协议书，以确定双方的权利义务。

参考资料

授信额度协议书的主要内容包括：

（1）银行的开证义务。银行在用信用额度代替押金缴纳的前提下，根据开证申请书开立信用证。

（2）进口商的义务。进口商的义务主要是按期付款。进口商在收到银行的付款通知书后，必须保证于付款日前将足够的款项拨入进口商在银行开立的账户，由银行对外付款，如果发现单据明显不符，进口商可将拒付理由书面通知银行并退回全套单据。如果在付款日进口商的账户资金不足或无理拒付，进口商应保证承担由银行为维护自身信誉所做的一切努力而产生的责任和风险。

（3）进口商的保证条款。进口商保证不因贸易背景、汇率变化等因素影响对银行的付款义务。

此外，还包括抵押品及担保条款、费用条款、生效条款等。

4. 建立业务档案

协议签订后，客户可以使用开证授信额度；银行则应对客户建立业务档案，根据协议规定的总额度，对进口商的开证金额实行余额控制。当进口商使用授信额度开立信用证或信用证金额增加时，银行的授信额度自动作相应递减；当进口商使用授信额度开立信用证而单到付款或信用证注销，或信用证减额时，授信额度便自动恢复或相应增加。

5. 增减授信额度总数

进口商在使用授信额度一段时间后，如果感到总额度不够用，还可向银行提出增加授信额度的申请，批准与否由银行决定；反之，如果银行认为客户资信有所下降，可以减少甚至取消该客户的授信额度。

提供开证授信额度的银行可视情况向申请人或使用授信额度的客户按授信总额每年收取一定比率的风险管理费。

二、信托收据（Trust Receipt）

（一）信托收据的含义和作用

信托收据（Trust Receipt，T. R.，T/R），又称信托提单、留置权书（Letter of Lien）或信托证（Letter of Trust），最早产生于美国，是进口商以信托的方式向银行借出全套商业单据时出具的一种保证书。在此文件中，进口商将货物抵押给银行，以银行受托人的身份提取货物，并在一定期限内，对银行履行其付款职责。其实质是进口商与开证行或代收行之间关于物权处理权的契约，其主要功能是帮助进口商获得资金融通。

进口商与银行签订信托收据（信托契约）并办妥其他相关手续后，两者之间便形成一种信托关系。进口商在未付清货款前，可向开证行或代收行借出单据，从而得以及时报关、提货、销售等。但其仅为“借单行事”，处于代管货物的地位，是代保管人（Bailee）[1]，物权归开证行或代收行所有。故而，进口商取得的货款应属开证行或代收行。只有在进口商向开证行或代收行付款并赎回信托收据后，才拥有物权。

> A trust receipt is a bridging loan that provides a buyer with financing to settle goods imported on sight terms. Under a trust receipt, the applicant pledges the imported goods in favor of the Bank. This means that he takes possession of the imported goods, but holds them in trust for the Bank. When he sells the goods, he has to use the proceeds of the sale to repay the Bank.

信托收据的使用主要有两种情况：一是在托收项下远期付款交单业务中进口商凭信托收据借单（D/P・T/R）；二是信用证业务下的凭信托收据借单。

（二）跟单托收中信托收据的应用

在远期付款交单托收结算方式中，在进口商承兑汇票之后、付款到期之前，是进口商寻求融资的时间。有时候汇票的到期日会远迟于到货日，因为卖方对风险持谨慎态度，仅愿意承受较长期的资金负担，但不愿以承兑交单方式成交。因为承兑交单方式在货到目的港以后会因买方尚未付款从而银行不予交单，货物可能被卸在港口而使卖方遭受风险，甚至被海关罚款，所以实际上是不可行的。

买卖双方之所以仍然签订这类合约，是因为进口方和代收银行之间已有约定，在货物到达后，买方在付款前出具一张信托收据向代收行（即信托人，Truster）借取单据以提取货物。代收行有保管好单据的责任，同意进口方凭信托收据借单，其实是代收行为进口

① 故而信托收据又被称为受托人收据（Bailee Receipt）。

方提供了到期付款的信用担保。倘若进口方提货后到期不能付款，则代收行应承担付款责任。

所以，这种方式是以代收行提供信用为前提的，它使进口方得到了资金融通，当然进口方的信誉必须足够好。

（三）信用证中信托收据的应用

远期信用证中也同样存在上述远期付款交单的问题，即付款交单期限迟于到货日期，申请人（即被信托人或受托人）在付款赎单前，往往凭借信托收据向银行借取单据；开证行在借出单据后，即失去了对物权的控制，所以也只有在申请人信誉足够好的情况下，才会同意借单。

参考资料

信托收据使用过程中应注意的事项

在信托收据的使用过程中，作为信托人，银行有权随时取消信托，收回货物或货款。如果遇到被信托人破产，银行的债权可优先获得清偿。作为受托人，进口商应以银行的名义保护货物，如办理仓储、投保火险等，出售货物所得款项应交给银行或以银行名义单独保管，货物亦不能抵押给他人。

利用信托收据进行融资时，存在的一个潜在风险是：受托人（进口商）有可能违反信托规定，不愿或无力退还货物或货款。发生这种情况时，如果该项融资经出口商同意或授权，则风险由出口商自负；如果未经出口商同意，而是由充当信托人的银行主动提供这项融资，则风险由银行承担，届时银行必须支付货款，视同进口商已经支付，因为此时银行已经无法退回全套单据了。因此，在办理信托收据业务时，银行应严格审查进口商的资信等级，避免承担借出单据不获付款的风险。

资料来源：李晓洁、徐曙娜等编著：《国际贸易结算》，202页，上海，上海财经大学出版社，2003。

三、担保提货（Shipping Guarantee，S/G）

担保提货是指在进口跟单信用证或进口跟单托收项下，货物运抵目的港（地）后，包括提单在内的单据尚未寄到。由于没有正本提单，进口商就无法提货，而延期提货会使进口商增加开支，或者承受进口商品行情下跌、市价回落的风险，因此，进口商为了报关的需要，事先可以向开证行或代收行签具“申请担保提货书”，连同进口商自己的担保信（又称联合保证书），以求通过银行的担保，及时通关提货。

“申请担保提货书”的主要内容是：要求凭担保在没有正本提单的情况下提货，银行向承运人保证赔偿因不凭正本提单交货而遭受的损失。进口商保证提单一经收到立即补交，换回银行担保，并承担运输公司的一切费用和损失。银行根据进口商的申请，可以提供担保，以便及时报关。为了防止进口商凭借担保骗取货物，银行应对进口商进行审查，确信其为该批货物的收货人，并且可以要求进口商提供担保或是交纳保证金或抵押品，以维护银行的权益。

四、进口押汇（Inward Bills）

（一）进口押汇的含义

进口押汇是信用证开证行对开证申请人（进口商）的一种短期资金融通。

进口押汇是指信用证开证行在收到出口商或出口方银行寄来的单据后先行付款，待进口商得到单据、凭单提货并销售货物后再收回该货款的融资活动。

在正常情况下，作为开证申请人的进口商在得到开证行付款赎单的通知后，应立即将款项交开证行赎单，并且在付款以前是得不到单据从而不能提货的。但是，如果进口商的资信较好，并且信用证项下单据所代表的货物市场销售行情好，能在短期内收回货款，则银行可以根据有关协议代进口商先对外支付货款，并将单据提供给进口商以便其提货、销货，最后将货款连同利息一并收回。

（二）进口押汇的步骤

1. 申请与审查

如果需办理进口押汇，则进口商应首先向银行提出书面申请，银行要对进口押汇进行严格审查，并根据进口商的资信等情况确定押汇金额。

2. 签订进口押汇协议

进口押汇协议是开证行与进口商之间签订的确定双方权利和义务的书面契约，具有法律效力。

3. 开证行对外付款

开证行在收到出口方银行寄来的单据以后，应严格审查，如果单证相符，即可对外付款。

4. 凭信托收据向进口商交付单据

在进口押汇业务中，信托收据（T/R）是进口商在未付款之前向银行出具的领取货权单据的凭证。银行根据进口押汇协议凭信托收据将货权单据交付给进口商，进口商因此处于代为保管和销售货物的地位。

5. 进口商凭单据提货及销售货物

进口商在从银行借出货权单据后，即可凭单据向承运人提货，并可销售货物或对货物进行其他处理。

6. 进口商归还贷款本息，换回信托收据

在约定的还款日到期时，进口商应向银行偿还贷款及利息，并于还清本息后收回信托收据，解除还款责任。

参考资料

进口押汇协议的内容

1. 押汇金额及进口商的付款义务。进口商从银行得到的进口押汇资金应用于银行为其开立的信用证项下的对外付款。在信用证项下的单据到达并经审查合格后，银行凭进口商的信托收据对外付款。待押汇期满后，进口商将押汇本息一并归还给银行。

2. 押汇期限及利率。进口押汇的时间较短，一般为1～3个月。押汇利率由双方协商约定。

3. 进口商的保证条款。进口商应保证在押汇到期日前将押汇本息归还给银行，否则，银行有权对其收取罚息，或处理押汇项下的货物。

4. 延期还款条款。进口商应在规定的时间内将货款及相应的利息偿还给银行。

5. 货权及其转移条款。在进口商未能还清银行押汇本息之前，押汇项下的进口货物的货权属于银行。

6. 违约条款。如进口商违约，银行就有权对其提出法律诉讼，或冻结其在银行的其他账户，或停止进口商在本银行办理的一切融资业务。

资料来源：李晓洁、徐曙娜等编著：《国际贸易结算》，203页，上海，上海财经大学出版社，2003。

五、进口垫款

进口垫款是进口方银行在进口代收业务项下向进口商提供的一种资金融通便利。进口商获得此项贷款后，可以办理进口代收项下的付款赎单。银行在接受进口商的申请后，通过资信调研，根据申请人的资信情况，让其循环使用进口垫款。

关于进口垫款融资形式下进口商应提供抵押品的比例，则根据申请人的资信情况和经济实力而定。

六、进口代收押汇

进口代收押汇是银行以包括物权单据在内的托收单据为抵押向进口商提供的一种垫款融资服务，该形式仅适用于采用付款交单（D/P）方式的跟单托收单据。

在跟单托收业务中，出口商发货后委托银行向进口商收取货款，在付款交单方式下，托收行收到托收单据后，即向进口商提示付款赎单。进口方的代收行在收到托收单据以后，先行垫款对外支付，同时按照押汇协议将单据交给进口商，由其提货进行加工、转卖，然后进口商用收回的货款归还银行的垫款。银行通常根据客户的资信状况和抵押品情况核定一个押汇额度，供客户周转使用，其掌握原则和业务处理与信托收据基本相同。

本章小结

国际贸易融资是指围绕国际贸易结算的各个环节发生的资金和信用融通活动。贸易融资业务风险小，收益率高，同时有利于银行等金融机构吸收存款，增强资金实力，改善资产质量。国际贸易融资的业务品种十分繁多，并且随着国际贸易和金融业的发展不断涌现出新品种。短期贸易融资主要有出口贸易融资的打包放款、出口押汇、票据贴现、银行承兑和真假远期信用证等，以及构成进口贸易融资的开证授信额度、信托收据、担保提货、进口押汇等。

本章关键术语

授信额度　信托收据　担保提货　打包放款　出口押汇
进口押汇　进口垫款　票据贴现　假远期信用证

本章思考题

1. 简述打包放款的定义和特点。
2. 试述信托收据在跟单托收与信用证业务中的运用。
3. 出口托收押汇与出口信用证押汇的区别是什么？
4. 在本国货币为硬货币的条件下，作为进出口商如何选择避免汇率风险的结算融资方式？
5. 试述三种国际贸易融资方式，并指出它们的优缺点。
6. 真假远期信用证的区别是什么？

本章练习题

一、填空题

1. 在信托收据中，______是信托人，代表委托人掌握物权；______是被信托人或受托人，代表信托人处理货物。

2. 如果合同物品是畅销商品，出口商可选择对其有利的结算方式，如______和银行保函等方式。

3. 以 FOB、FCA 条件达成的买卖合同，出口商不宜采用______结算方式。

二、判断题

1. 一般来说，承担汇率风险的一方，应该有权选择有利于自己的结算方式，如出口商选择货到付款、信用证等结算方式。(　　)

2. 在实际业务中，无论是进口还是出口，争取由我方安排运输将更有保障。(　　)

3. 无论是预付货款，还是货到付款，都可以使用银行保理来防止收款后不交货或收货后不付款的情况出现。(　　)

4. It is not preferred to use O/A，D/P or D/A as payment methods for exporter if the customer is not in high credit. (　　)

第九章 国际贸易结算中的单据

学习目标

- 理解单据的概念、作用、种类。
- 掌握商业发票的内容和审核要点。
- 掌握货物运输单据的内容。
- 掌握保险单据的内容。
- 了解附属单据的种类。

单据是单据证书的简称，在英文中称为“Documents”。在国际贸易结算业务中，单据是指国际贸易结算中反映货物特征及说明交易情况的一系列证明文件或商业凭证。在国际贸易中，不论采取什么结算方式，都会发生单据的交换。国际商会制定的《跟单信用证统一惯例》（UCP 600）中有近一半的条款都是有关单据的，单据的重要性由此可见一斑。

第一节 单据概述

一、单据的含义

单据（Documents）也称货运单据、商业单据，是出口方应进口方和其他有关方的要求必须备妥并提交的，完整地代表货物所有权的各种货运单据。它通常是由出口方制作或取得后通过银行转交给进口方，交单是出口方履约的重要环节和内容。在现代国际贸易结算中，出口方的交货主要是通过交单来完成的。

二、单据的作用

在国际贸易中，各国各地区采用的或要求对方提供的货运单据不尽相同，但它们的功能和作用应该是相同或者大致上相同的，比如，运输单据代表货物所有权的归属，保险单据是货物在运输过程中一旦发生损坏灭失可以获得相应经济补偿的依据，各种商检证明是保障货物品质、规格、数量、质量的官方或非官方的凭证，产地证是证明货物的原产地并可以作为享受差别优惠关税的根据，等等。归纳起来有以下几点。

（一）单据可以代表货物的物权

在国际贸易结算业务中，卖方交付单据代表交付了货物，买方取得单据代表收到了货物。这样，通过单据的转移就达到了货物转移的目的，同时也使货物的转移合法化。

（二）单据是一种履约的证明

单据中有详细的货物描述及卖方履约情况的相关证明，出口商只有在履行了合同义务后，才能取得相应的证据或单据。

（三）单据是付款的证据

在信用证业务中，开证行的付款是以信用证中规定的相符单据为依据的。在汇款、托收等非信用证结算方式中，进口商履行付款义务，一般应在收到货物或单据后，在规定时间内支付货款。至于付款支付的数量、时间、币种等均以汇票、发票等为依据。

此外，单据还是进口商提货、进出口商报关、纳税的重要凭证。

三、单据的种类

单据一般分为基本单据和附属单据两大类。基本单据是根据货物成交的贸易条件确定的、必须由出口方提供的单据，主要是商业发票、运输单据和保险单据。三种基本单据根据不同标准还可进一步细分为不同的种类。附属单据则是根据贸易合同约定，或者根据信用证条款中的要求和规定，须向进口方或授权付款银行提供的、除基本单据以外的其他单据，比如产地证明书、卫生检验证书、品质检验证书、装箱单、重量单、进口许可证、海关发票等。附属单据有些是官方所要求的，以满足海关盘查的需要或政府有关贸易的法令政策的规定；有些则是买方要求的，以便核查货物的具体状况。

单据的种类如图 9—1 所示。

知识拓展

中性单据（Neutral Document）

进口商有时要求单据上不填写出口商的名称。其目的是进口商可以通过转让单据出售货物，而不致把原始的供货人暴露给新的买主。这种不写明出口商名称的单据叫中性单据。其实，中性单据本身并不是一种单据，而只是把某种单据中性化了（Neutralized）。提单、保险单、装箱单、商检证书等都可以做成中性单据。

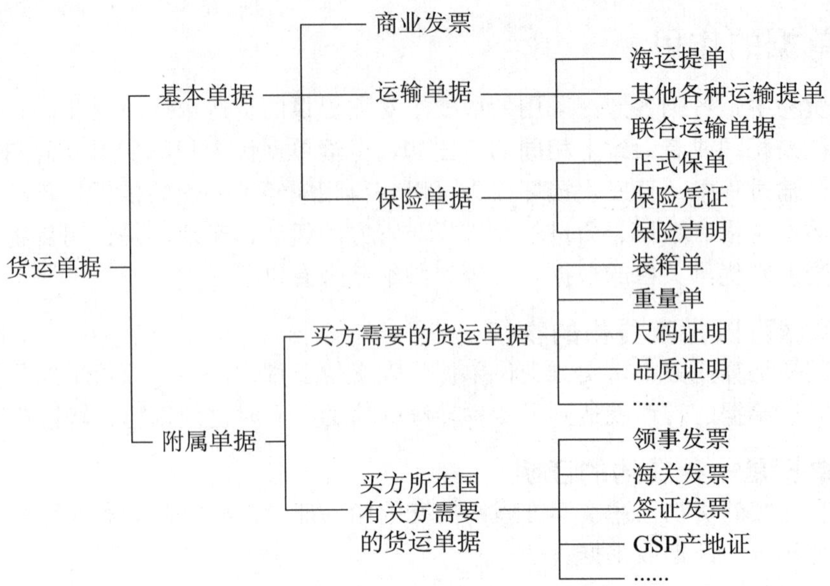

图 9—1　单据的种类

第二节　商业发票

商业发票（Commercial Invoice）通常简称发票（Invoice），它是卖方开立的凭以向买方索取货款的价目清单，是装运货物的总说明。发票全面反映了有关交易的详细内容，是各种单据的中心单据，也是卖方必须提供的主要单据之一。

A commercial invoice is the accounting document by which the seller claims payment from the buyer for the value of the goods and/or service being supplied.

一、商业发票的内容

各国进出口商所使用的商业发票没有统一的标准化格式。但一般商业发票应具备首文、正文和结文三部分基本内容。

（1）首文（Heading）部分。该部分主要写明基本情况，通常标注发票名称及号码、合约或订单号码、发票制作日期和地点、运输工具、装货地点、卸货地点等。

（2）正文（Body）部分。正文是说明履约情况的部分，主要通过对货物和货价的描述来提供履约证明。

（3）结文部分。结文部分最重要的内容是出口商的签章（Exporter's Signature），在信用证项下，必须是受益人签发发票。除此之外，还可按需要标注进出口许可证号、外汇批准号、税则号等内容，或证实性文句。发票必须加盖出口商的图章，若信用证要求发票手签，必须另加负责人的手签，否则被视为无效发票。出口商提交的发票张数必须与信用证的要求一致。

商业发票的样式如图 9—2 所示。

Electronic Distributing Associates

Invoice

June 17, 200×

Sold to: Importadora Electronica S.A.
Panama, Rep of Panama

Terms: Documentary Credit

Invoice N° 741

Contract N° 1714

Packaging	Description	Price
1 Container	Televisions, VCRs, Video Recorders	USD100,000.-
	VHS cassettes	USD 5,500.-
	FOB Factory	USD105,500.-
	Handling	USD 150.-
	Freight	USD 16,850.-
	Total C & F Panama	USD 122,500.-

Electronic Distributing Associates
Hong Kong Consolidators Inc., as agents

图 9—2 商业发票样式

资料来源：苏宗祥、景乃权、张林森编著：《国际结算》，3 版，397 页，北京，中国金融出版社，2004。

二、商业发票的作用

商业发票主要有以下几个方面的作用：

（1）它是卖方履约情况的书面证明。发票是交易的合法证明文件，在全部单据中，发票是卖方专为说明履约情况而提供的单据，从发票可以看出交易的全貌。

（2）它是供买方了解、掌握、验收和核对货物的品名、规格、数量、重量等的依据，用以确认已发货物是否符合合同条款的规定。

（3）它是买卖双方收、付款记账的依据。

（4）它是进出口商进出口报关、缴纳关税的重要依据。

（5）它是供出口商计算和支付佣金的依据。

（6）它是出口商缮制其他单据的依据。

（7）在不用汇票的情况下，发票替代汇票作为索汇的凭证。

除了以上几点外，发票还可作为统计的凭证，在保险索赔时作为价值证明。

三、商业发票的审核要点

由于商业发票是全部单据中的中心单据，所以对它的审核要特别详尽。

（1）注意发票的首部必须印有“Invoice”或“Commercial Invoice”字样。

（2）要注意发票签发人的名称、地址要与信用证规定一字不差。即使信用证规定的是错误的，在没有改证的前提下，只能将错就错，严格按信用证规定缮制。

（3）要注意审查发票的抬头人。在信用证项下，发票的抬头人必须缮制成信用证的开证申请人。

（4）要注意唛头与信用证规定相符，并注意与其他单据保持一致。

（5）货物描述是发票的主要内容，根据 UCP 600 的规定，发票中对货物的描述必须与信用证完全一致。它包括：品名、规格、款号、颜色等。一般可按信用证原文照抄，切忌标新立异，以免画蛇添足。

（6）数量、单价、金额必须符合信用证的规定。尤其注意对 UCP 600 第 30 条关于信用证金额、数量和单据的增减幅度条款的理解。“约”或“大约”（about）用于信用证金额或信用证规定的数量或单价时，应解释为允许有关金额或数量或单价有不超过 10%的增减幅度。此外，在审核数量、金额时，还要注意信用证是否允许分批装运，分运条款是否有具体的要求和规定。

（7）佣金、折扣的扣除。如果合同中有支付佣金或折扣的规定而信用证金额为全额且未在价格条款中显示含佣金或折扣的问题，则在发票中也不应显示佣金或折扣的内容，以避免造成单证不符而影响收汇。其应得佣金或折扣可以在货款收妥后另行汇付。

（8）包装、重量、尺码等必须准确无误。

（9）注意是否按信用证的规定在发票中注明了特殊的文字，该文字本身是否符合信用证及其他单据的要求。

（10）要注意发票是否需要签章，如有手签要求，是否手签。

（11）最后，还要核对发票份数是否与信用证的要求一致。

参考资料

唛头也可简称为“唛”，又可称为“运输标志”，其作用是便于在装卸、运输、储存过程中识别、点数，防止错发错运。一批货物刷上唛头之后就确立了它与合同的关系。唛头通常是由一些字母、数字及简单的文字组成，有的还伴有几何图形。如果没有唛头，则填写“N/M”。

唛头与号码在发票上必须注明，且须与提单、包装单、货物一致。对于件号、批号，如果是 NO. 1—100，但实际上货物只有 95 箱，且又无法确定缺哪几号箱，则这种情况下可在件号前加注“EX”，以此表示该货物中有缺箱，使发票和提单上的件数表示一致。当一张发票中需提供两个或两个以上的唛头时，第一个唛头必须制作完整，其余的可以省去这批唛头中相同的部分。

第三节 货物运输单据

货物运输单据（Transport Documents）是表明货物的承运人已将货物装上运输工具

或已将货物发运或已接管货物待运的单据。单据一方面反映了货物被接管或装运时的状况，已装运货物所要经历的运程，货物的有关当事人及其相互之间的权利、义务关系；另一方面又通常代表着运输中的货物，是货物的物权凭证。因此，运输单据是货物运输业务中最重要的证明文件，也是国际贸易结算中最重要的单据之一。

与运输方式相对应，货物运输单据有海运提单、公路运单、铁路运单、航空运单及联合运输单据。由于在国际贸易中，80%以上的货物是通过海运方式来运输的，所以海运提单是下面重点讲述的内容。

一、海运提单的基本概念

（一）什么是海运提单

海运提单[①]（Marine Bill of Lading 或 Ocean Bill of Lading）简称提单（B/L），指出口商作为托运人，把出口货物交给作为承运人的轮船公司，由后者运抵目的港，再由承运人把货物交给作为收货人的进口方的这样一种运输过程所开出的单据。

（二）海运提单的当事人及关系人

（1）托运人（Shipper/Consignor）。托运人是指委托轮船公司运送货物的当事人，亦称货方。根据不同的贸易条件，可能是发货人（卖方），也可能是收货人（买方）。在 FOB、CIF、CFR 等条件下，出口商是发货人、托运人；在 EXW 等条件下，进口商是托运人、收货人（也可以转让给他人）。信用证项下提单的托运人一般是信用证的受益人。

（2）承运人（Carrier）。承运人指承运货物的那一方，亦称船方，他有义务按照提单记载将货物运至目的地交与收货人。根据情况的不同，承运人可能是船舶所有人即船东，也可能是租船人。

（3）收货人（Consignee）。收货人即有权在目的港凭提单向承运人提取货物的当事人，亦称抬头人。一般是进口商，但也可能是第三方。

（4）受让人（Transferee or Assignee）。受让人是经过背书或交付转让接受提单的人，有向承运人要求提货的权利。只要抬头许可，提单是可以转让的。

（三）海运提单的作用

（1）货物收据。它是承运人确认从托运人处收到货物后签发的一纸证明。承运人向托运人签发提单后，确认已按提单上所记载的有关商品的标志、数量以及商品的表面状况收到商品，从而承运人就有责任在正常情况下，按提单上所列明的情况，向收货人交付货物。

（2）运输契约，或称运输契约的凭证。海运提单上规定了承运方与货物关系方（即船方与货方）各自的权利和义务，成为一项正式契约。依照双方约定，托运人按时向承运人提交货物，承运人向托运人出具海运提单，这份提单就成为双方运输合约的证据。提单背面印就的条款即视为双方共同接受的运输合约条款，承运人和托运人分别对此承担了合约所规定的各自的责任。

---

① 见附图 9—1。

（3）货物所有权凭证，即物权凭证。海运提单实际上代表了货物，凭其可以占有、转让、流通和抵押，而海运提单的转让构成货物所有权的转让。海运提单成了流通证券或半流通证券。

此外，如果货物在运输过程中受到损失，货主向船公司或保险公司提出索赔时，提单还是索赔依据之一。

二、海运提单的内容和缮制要求

国际公约和各国国内立法均对提单需要记载的内容做了明确规定，以保证提单的效力。各国船运公司一般采用自己设计制作的提单，虽然它们在格式上还是存在不少差异，但内容大致相同，通常分正反两面记载着相关的信息。

（一）提单正面内容[①]

（1）货物的品名、标志、包装或者件数、重量或者体积以及运输危险货物时对危险性质的说明。

（2）承运人的名称和营业地点。

（3）船舶名称。

（4）托运人的名称。

（5）收货人的名称。

（6）装货港和在装货港接收货物的日期。

（7）卸货港。

（8）多式联运提单还要增加接收货物的地点和交付货物的地点。

（9）提单的签发日期、地点和份数。

（10）运费的支付。

（11）承运人或者其代表的签字。

（二）提单背面条款

（1）首要条款。说明该提单所适用的法律条款或规则。

（2）定义条款。对与提单有关的术语的含义和范围做出明确规定的条款。

（3）司法管辖权条款。规定当事人之间的争执或纠纷受哪一国法律管辖。

（4）承运人责任和免责条款。责任条款明确承运人承运货物过程中应承担的责任；免责条款则说明了在约定的特定情况下，承运人对货物所遭受的损失不予负责，无须赔偿。

（5）承运人责任期间条款。明确承运人对货物运输承担责任的开始和终止时间。

（6）赔偿条款。

（7）特定货物条款。明确承运人对运输一些特定货物时应承担的责任和享有的权利，如危险货物、散装货物、高价值货物、舱面货物等。

此外，还有其他多样条款，如有关碰撞、共同海损、货主所付分摊损失的条款。

---

① 摘自《中华人民共和国海商法》第 73 条规定。

知识拓展

约束提单的国际公约

为保证当事人的权益，明确各自的责任和义务，从 20 世纪 20 年代起，有关方面先后倡议制定了 3 项国际公约。

(1)《海牙规则》(Hague Rules)。

《海牙规则》的全称为《统一提单的若干法律规则的国际公约》(International Convention for the Unification of Certain Rules of Law Relating to Bill of Lading)。自 1931 年 6 月生效以来，该公约得到了 50 多个国家的承认，我国也于 1981 年加入该公约。《海牙规则》相对偏重于维护船方利益而忽视货方利益，因此它自生效以来一直受到代表货方利益和航运业不太发达的国家或地区的反对。

(2)《维斯比规则》(Visby Rules)。

《维斯比规则》的全称为《修改统一提单的若干法律规定的国际公约的议定书》(Protocol to Amend the International Convention for the Unification of Certain Rules of Law Relating to Bill of Lading)。它是在《海牙规则》的基础上所做的修改，但并未对《海牙规则》的基本原则做出实质性修改，只是提高了货物损害的赔偿标准，仍然反映了传统海运国家的利益。自 1977 年 6 月生效以来，只有英、法及北欧等 20 多个国家和地区采用这一规则。

(3)《汉堡规则》(Hamburg Rules)。

《汉堡规则》的全称为《1978 年联合国海上货物运输公约》(United Nations Convention on the Carriage of Goods by Sea，1978)。它对《海牙规则》做了全面的修订，扩大了承运人的责任，对船货双方的权益和责任做了较为合理的规定，基本上平衡了船、货双方在货物运输过程中所承担的义务与风险。可以说，《汉堡规则》是广大发展中国家在国际经济与航运领域中争取自身权益的一项重大成果，尽管其受到船方利益代表者的批评与反对，但仍获得了许多国家特别是货主国家的欢迎。该公约已于 1992 年 11 月正式生效。

三、海运提单的种类

随着国际海运业务的不断拓展和创新，海运提单的种类日趋增多，可按各种标准进行分类。

(1) 按提单签发时货物是否确实已经装上货船，分为“已装船提单”(Shipped on Board B/L) 和“待运提单”(Received for Shipment B/L)。

(2) 按运输过程中是否转换运输工具或转换船只，分为直达提单 (Direct B/L)、转船提单 (Transshipment B/L) 和联运提单 (Through B/L) 等。

(3) 按海运提单上对于所运货物和包装状况是否有瑕疵批注，分为清洁提单 (Clean B/L) 和不清洁提单 (Unclean or Dirty B/L)。

(4) 按提单可否转让及如何转让，分为记名提单 (Straight B/L)、指示性提单 (Or-

der B/L）和不记名提单（Open B/L）三种。

（5）按提单上运输条款的详细差异情况，分为简式提单（Short Form B/L）和全式提单（Long Form B/L）。

（6）按船舶营运方式的不同，分为班轮提单（Liner B/L）、租船提单（Charter Party B/L）和运输代理行提单（Horse B/L）。

（7）根据提单正面所载明的运费支付方式，分为运费预付提单（Freight Prepaid B/L）和运费到付提单（Freight Collect B/L）。

（8）过期提单（Stale B/L）和倒签提单（Anti-dated B/L）。

（9）集装箱运输提单（Container B/L）。

参考资料

其他运输单据：货物运输单据除海运提单外，尚有航空运单、多式联运单据、邮包收据、公路运单和铁路运单等。它们之间的共同点是它们都是运输凭证，但其功能作用与海运提单不尽相同。

（1）航空运单（Airway Bill）。航空运单是作为承运人的航空公司接受托运人之委托以飞机装载货物开立的凭证。但是航空运单不是货物所有权凭证，也不能凭以提取货物，不能转让；收货人是凭航空公司的提货通知单提货。

（2）铁路运单（Railway Bill）。铁路运输是目前运量仅次于海运的国际货物运输方式。在使用铁路运输的情况下，承运人向托运人签发的货运单据就是铁路运单。同航空运单类似，铁路运单只是货物收据和运输合同，也是铁路与货主间核收运杂费、索赔和理赔的依据，但不能作为物权凭证，一律作记名抬头，不得转让。

（3）多式联运单据（Multimodal Transport Document，MTD）。多式联运是使用集装箱，通过海、陆、空等两种及两种以上运输手段完成的国际连贯运输，是一种现代化运输方式。多式联运综合运用了海陆空多种运输方式，提供了更高效、更系统的物流服务，使传统的货运实现了多层次延伸。以本人身份与托运人签订至少要用两种不同方式才能将货物从接管地运至交货地的运输合同，并对全程运输负责的承运人称为多式联运营运人（Multimodal Transport Operator，MTO）。由MTO签发的证明货物将以多式联运方式或将被安排以多式联运方式运送的合同文件就是多式联运单据（MTD）。MTD与海运中的联运提单的实质不同，不能混为一谈。联运提单只适合于海运和其他运输方式所组成的运输，它属于海运，MTD不一定包含海运，其范围更广；联运的每一承运人只负责自己的航段，提单签发人仅对第一程运输负责，而MTD的签发人则是对全程运输负责。当MTD做成空白指示或来人式抬头时，表明该单据可以转让；若是做成记名式抬头，则不可转让，同时它也失去了物权凭证的作用。

（4）邮包收据（Parcel Post Receipt）。邮包收据通常是由寄件人填写，注明寄件人、收件人的名称地址，寄运货物的名称、价值等，经邮局核实重量并收费后签发。

案例分析

倒签提单的后果

案情：我国某分公司与瑞士某公司签订出售某农产品 3 500 公吨的合同，每公吨 CIF 鹿特丹 24 英镑，共值 84 000 英镑。装船日期为当年 12 月至次年 1 月，对方以不可撤销的即期信用证进行支付。我国某公司在租船装运时，因原订货船临时损坏，在国外修理，不能在预定时间到达我国口岸装货，临时改派香港某公司租船装运，但又因连日风雪，迟至 2 月 11 日才装运完毕，2 月 13 日开航。这家公司为了取得符合信用证所规定的装船日期（即 200×年 12 月 1 日至次年 1 月 31 日）的提单，要求外轮代理公司按 200×年 1 月 31 日签发提单，并以此提单向银行办理议付。货物到达鹿特丹后，买方聘请律师上船查阅航行日志，查实提单的签发日期是伪造的，立即凭证向当地法院起诉，并由法院发出扣船通知。船由外轮公司以 30 000 英镑提保放行，我方经 4 个月谈判，共赔偿 20 600 英镑，买方才撤回上诉而结案。

分析：此例属于“倒签提单”。从国际货物买卖合同看，列有“装运日期”的条款为合同要件。因此，违背“要件”的一方不仅会遭到对方索赔，对方甚至可以废除合同。倒签提单日期掩盖了真实的装运日期，实质上是掩盖了延迟交货的责任。由于市场价格变化剧烈，延迟交货可使对方在价格下跌时受到损失，如果有下手转卖合同，势必造成买方的违约交货。所以不论从法律上，还是从利益上，倒签提单都是不允许的。

参考资料

UCP 600 对多式联运单据签发人的修改

在 UCP 500 第 26 条中“多式联运单据”的签发人有承运人或多式联运营运人以及他们的具名代理或代表，而 UCP 600 删去了多式联运营运人。

在 UCP 600 第 19 条 a 款中：“至少包括两种不同运输方式的单据（即多式联运单据或联合运输单据），不论其称谓如何，必须表面看来注明承运人名称并由下列人员签署：承运人或作为承运人的具名代理或代表，或船长或作为船长的具名代理或代表。代理的签字必须注明其是作为承运人的代理或代表还是作为船长的代理或代表签字的。”

之所以删去 MTO 签发的运输单据，是由于 MTO 一般就是指货运代理——“货代”，目前在众多的“货代”中，他们的规模、资信、经营能力等各不相同，差距甚大，如果不考虑到这种差距，笼统地将签发多式联运单据的权限交给他们，不够妥当。在贸易实务中也出现过一些资信不良的货代与当事人相互勾结，给对方造成经济损失的现象。因此，UCP 600 将“多式联运营运人”签发单据的内容删除。

第四节 保险单据

在国际贸易中，货物自起运地出运，一般要经过长途运输才能抵达目的地，而在运输途中，货物有可能遭到无法预料或无法控制的自然灾害或意外事故，受到损坏或灭失。这类损坏灭失如果没有除承运人、托运人外的第三方承担责任给予物质赔偿，那么必然要由进出口双方中的任一方或双方共同承担；这样的话，国际贸易势必要成为一个风险巨大的行业，从而将限制进出口贸易的增长和发展。

国际贸易中货物的运输包括海、陆、空三个领域，但常采用的运输方式应为海上运输方式，因为靠海洋运输，具有许多优点：运输距离不受限制；海运运费相对低廉；适用货物的范围广泛；特别是集装箱运输方式近数十年来得到了越来越广泛的采用。因此，介绍国际贸易货物的保险，重点自然应当放在海运保险上。

一、海运保险的保障范围

（一）可保障的风险

主要包括海上风险（Perils of Sea）和外来风险（Extraneous Risks）。海上风险也称为海难，它包括在海上发生的自然灾害和意外事故，前者是指由非常的自然力量所造成的灾害，如恶劣气候、海啸、雷电、海上风暴等；后者是指搁浅、触礁、碰撞、沉没等意外事故。外来风险是指由一般或特殊外来原因引起的风险，比如偷窃、雨淋、钩损、串味等，以及由战争、罢工、暴动等造成的风险。

（二）可保障的损失

海运风险颇多，各种风险带来的货物损坏和灭失也不尽相同。保险公司（承保人）承担的赔偿责任自然也不一样。海上货物运输保险中保险人（Insurer）承保的损失又叫海损（Average），包括全损和部分损失①。

（三）可承担的费用

保险公司负责赔偿的海上费用主要包括施救费用（Sue and Labour Expenses）和救助费用（Salvage Charge）。

二、海运保险的险别

保险险别是确定保险人和被保险人（The Insured）权利和义务的条款，也是保险人承保责任大小和收取保费多少的依据。主要分为基本险、一般附加险、特殊附加险三大类。基本险是主险，附加险则是在投保基本险的基础上可以任意选择附加投保。

（一）基本险（Chief Risk）

基本险是保险人对承保货物所负担的最基本的保险责任，是投保人必须投保并且可以

---

① 全损指海洋运输中整批货物遭到的全部毁损，可以分为实际全损和推定全损。部分损失按其性质可以分为共同海损和单独海损。

单独投保的险别，又分为以下三个险别：

(1) 平安险 (Free from Particular Average, FPA)。由英文可看出，平安险最初承保范围只针对全损，即“单独海损不保”。但随着实践的发展，保险业竞争加剧，平安险的承保范围已经超出了全损和共同海损的限制。目前平安险的一般责任范围包括：海上风险造成的全损；海上风险造成的共同海损；意外事故造成的单独海损。平安险是保险人的承保责任最小的一种基本险。

(2) 水渍险 (With Particular Average, WPA)。水渍险是在平安险的承保责任范围之外增加单独海损的赔偿责任的险别，即“包括单独海损”。保险人的承保范围大于平安险，除平安险包括的责任范围外，它还包括自然灾害所造成的单独海损。

(3) 一切险 (All Risks, AR)。其责任范围除了包括水渍险的各项责任外，还包括负责货物在运输途中由一般外来原因所造成的全损或部分损失。一切险并非承保一切风险，它不包括特殊外来原因造成的损失。可以看出，三种基本险别是层层包含的关系：一切险包含了水渍险的承保范围；水渍险包含了平安险的承保范围。投保人办理货物运输保险时，只需任选一种基本险投保即可。

(二) 一般附加险 (Additional Risks)

一般附加险承保由一般外来原因造成的损失。它不能单独投保，投保人必须先投保平安险或水渍险，然后才可投保一般附加险以扩展保险的责任范围。若已投保一切险，则不必再投保一般附加险。常见的一般附加险有下列 11 种，投保人可根据需要选择一种或多种投保：(1) 偷窃、提货不着险 (Theft, Pilferage, and Non-delivery, TPND)；(2) 淡水雨淋险 (Rain, Fresh Water Damage, RFWD)；(3) 短量险 (Risk of Shortage)；(4) 混杂、沾污险 (Risk of Intermixture & Contamination)；(5) 碰损、破碎险 (Risk of Clash & Breakage)；(6) 渗漏险 (Risk of Leakage)；(7) 串味险 (Risk of Odor)；(8) 受潮、受热险 (Sweating Heating Risk)；(9) 钩损险 (Hook Damage)；(10) 包装破裂险 (Breakage of Packing Risk)；(11) 锈损险 (Rust Risk)。

(三) 特殊附加险 (Special Additional Risks)

特殊附加险指承保由特殊外来原因引起的特殊风险所造成的损失的特殊险别。它也必须依附在基本险项下投保。任何一种基本险都可附加投保特殊附加险。特殊附加险主要包括：(1) 战争险 (War Risk)；(2) 罢工险 (Strikes Risk)；(3) 交货不到险 (Failure to Delivery Risk)；(4) 进口关税险 (Import Duty Risk)；(5) 舱面险 (on Deck Risk)；(6) 拒收险 (Rejection Risk)；(7) 黄曲霉素险 (Aflatoxin Risk) 等。

三、保险单据分类

(一) 保险单 (Insurance Policy)

保险单①也称正式保单，俗称大保单，是保险人 (Insurer) 即承险人发给被保险人 (The Insured) 的保险契约。该契约是保险人承保指定航程内某一批货物面临的风险，若该批货物遭到灭失，保险人即保险公司将按规定予以赔偿。

---

① 见附图 9—2。

正式保单中一般须列明：(1) 当事人的名称和地址；(2) 保险标的的名称、数量或重量、唛头；(3) 运输工具；(4) 保险险别；(5) 保险责任的起讫时间和地点；(6) 保险人的签章；(7) 赔款偿付地点以及保险人与被保险人双方约定的其他事项等。这是贸易实务中使用得最多的一种保险单，也是保险单的发展趋势。

（二）保险凭证（Insurance Certificate）

保险凭证俗称小保单，也称保险证明，是保险人出具的一种简化的保险契约，上面仅载明：被保险人的姓名、船名、保险金额、投保险别等。它与信用证一样，原则上与信用证具有同等效力。但按习俗，凡信用证上规定要求提供保险单者，就不能以保险凭证代替；但信用证要求提供保险凭证时，却可以用保险单取而代之。

（三）联合凭证（Combined Certificate）

联合凭证是一种更为简化的保险凭证，保险公司只在出口公司的商业发票上加注保险编号、险别、金额，并加盖保险公司的印章。联合凭证仅适用于我国内地对港、澳地区的部分交易。

（四）预约保险单（Open Policy of Open Cover）

预约保险单又称预保合同，是一种长期的、总括性的货物运输保险合同。合同中规定承保货物的范围、险别、责任、费率、赔款处理等项目。凡属于合同约定的运输货物，在合同有效期内自动承保。其优点是减少了逐笔签订保险合同的手续，并可以防止因漏保或迟保而造成的无法弥补的损失。保险公司一般对使用预约保险单的投保人提供更优惠的保险费用，因而也吸引了不少投保人。

除此之外还有流动保单（Floating Policy）、统保单（Blanket Policy）、暂保单（Cover Note）等类型。

（五）保险声明（Insurance Declaration）

投保人在确定货物详情、装运日期、运输工具等细节后，就把这些资料填写在印有保险人预先签字表明双方确曾订有预约保险单并注明其号码的声明格式上面，这就是投保人向保险人的单项陈报。由于它是预约保险项下依据预约保险单而陈报的货物保险，因此这项声明与保险证明同样都是具有保险效力的。

（六）暂保单（Cover Note）

保险经纪人在接受投保人的委托之后，向投保人签发暂保单，此暂保单只是代投保人办理保险的约定，并不证明保险公司已经与投保人签订了保险合同，不起保险单的作用，不能凭以向保险公司索赔。保险人对经纪人签发给投保人的暂保单不负法律责任。暂保单是基于不明确货物的运载工具以及起运日等情况，先办理投保而经保险公司同意后签发的，一旦确定相关信息，须将暂保单交给保险公司换取正式保单，因此银行不接受保险经纪人出具的暂保单。

第五节 附属单据

一、商品检验证明（Inspection Certificate）

（一）商品检验证明的含义及作用

商品检验证明简称商检证，是证明出口商品的规格、品质、数量、重量和特性的检验文件，是出口方应进口方要求在货物装运前所做的相应检验的书面证明。在国际贸易中，进出口双方地处两个不同的国家或地区，货物不能当面清点验收；同时，货物在长途运输途中也可能由于诸种原因而发生残损短缺。为了便于货物的交接，也为了便于确定事故的起因和责任归属，商品在发运前有必要通过有资格的权威性的机构检验并出具有关证明。

商品检验证明的具体作用如下：

（1）议付货款的单据。如果检验证明中所列的项目或检验结果与信用证规定不符或与出口商提交的其他单据不符，有关银行可以拒绝议付货款。

（2）衡量交货是否与合同相符的依据。

（3）处理争议的依据。当交货品质、数量、包装以及卫生条件等不符合合同规定时，检验证明被买卖双方作为处理争议的具有法律效力的有效依据。

（4）作为海关通关验收、征收关税的必要证明。出具检验证书的机构应该是买卖双方以外的第三方。许多国家设有专门性的商品检验机构，这些机构有些是国家设立的官方机构，如我国的商品检验局，有些则是私人性或同业公会的检验机构。

（二）商品检验证明的主要内容

（1）发货人名称。填写时要符合信用证的规定。

（2）收货人名称。一般是进口商，应注意与信用证及其他单据中的收货人名称保持一致。

（3）货名、重量、唛头。应与商业发票、提单上的相应内容完全一致。

（4）出具商检证明的日期。应不迟于提单日期，最好在提单之前一两天或与提单日是同一天。

（5）提供检验证明者签字。一般而言，此处的盖章与签字一样有效，但有些国家要求一定要手签，盖章无效。

（6）证明内容。这是检验证明的核心内容，即商检机构或公证处等进行检验或鉴定的结果。

（三）商品检验证明的种类

（1）品质检验证书（Inspection Certificate of Quality）。用以证明进口商品品质、规格、等级等实际情况的书面文件。

（2）重量或数量检验证书（Inspection Certificate of Weight or Quantity）。用以证明进出口商品的重量或数量的证书。

（3）包装检验证书（Inspection Certificate of Packing）。用以证明进出口商品包装情况的证书。

（4）卫生或健康检验证书（Sanitary/ Healthy Inspection Certificate）。用以证明可供人类食用的出口动物产品、食品等已经过卫生检疫或检验合格的证书。

（5）兽医检验证书（Veterinary Inspection Certificate）。用以证明出口动物产品已经过检疫且检疫合格的证书。

（6）消毒检验证书（Disinfection Inspection Certificate）。证明出口动物产品已经过消毒处理、保证安全卫生的证书。

（7）温度检验证书（Inspection Certificate of Temperature）。用以证明出口冷冻商品温度的证书。

（8）熏蒸检验证书（Inspection Certificate of Fumigation）。用以证明出口粮谷、油籽、豆类、皮张等商品以及包装用的木材与植物性填充物等已经过熏蒸灭虫的证书。

二、产地证明书（Certificate of Origin）

产地证明书[①]亦称产地证或原产地证书，是证明有关出口货物的原产地或制造地的文件，是进口国通关验收和征收、减免关税的必要证件。

产地证明书的主要作用有：（1）通过证明货物的原产地来享受进口国的优惠税率。因为进口国海关往往会针对来自不同国家或地区的商品采用不同税率的差别待遇政策。（2）通过证明货物的原产地来符合进口配额的要求。

参考资料

目前常用的原产地证书为普惠制产地证。它是发展中国家向发达国家出口制成品或半制成品享受普遍优惠税率而规定要填写的证明，进口国的海关接到此种证明后凭以给予减免关税的待遇。

普惠制是普遍优惠制的简称，是在一次联合国贸易和发展会议上发展中国家取得的一种贸易优惠，是发达国家对来自发展中国家的大部分工业品、半制成品和部分农产品特别是纺织品实行的减税、免税进口的单方面的关税优惠。由于享有这种减免税优惠，受惠国的产品在施惠国市场上的竞争能力相应提高，从而能扩大受惠国的出口，增加其出口收汇。

普遍优惠制的基本原则有三条，即普遍的、非歧视性的、非互惠的。普遍的原则是指所有的发达国家都应当对所有发展中国家出口的制成品、半制成品提供优惠待遇。非歧视性的原则是指发达国家不能用任何借口把某些发展中国家排斥在受惠国范围以外。非互惠的原则是指发达国家应单方面给予发展中国家关税优惠，而不要求发展中国家对发达国家给予同等优惠待遇，是一种单向的税率优惠。以上三原则是既定原则。然而，由于现行普惠制方案提出的受惠产品范围和受惠国获益程度有限，一些主要施惠国又通过各种手段限制优惠待遇，甚至随意决定自己的受惠国，致使普惠制方案遭到扭曲，加上普惠制以外的其他非关税措施盛行、有关原产地的规则既复杂又不统一等因素，从整

① 见附图 9—3。

个情况看，普惠制并未达到预期目标，对发展中国家的经济增长和工业化的促进作用相当有限。

参考资料

黑名单证明

黑名单证明（BLACKLIST CERTIFICATE）是一个国家与其他国家的政治关系恶化、紧张，或某国处于战争状态时，要求对一些事项提供的证明，如证明货物产地不属于某特定国家；有关各方（制造商、银行、保险公司、船公司等）不属于黑名单之列，如船公司黑名单；装货船只或飞机不停靠此类国家港口、悬挂此类国家的国旗。但是，许多国家的有关机构特别是商会抵制提供此项证明书。

三、包装单据（Packing Document）

（一）装箱单（Packing List）

装箱单是说明货物中每一件包装明细情况的单据，它的作用是说明出口商品的花色、规格和包装情况。装箱单可以合并在发票上，也可以单独制作，但信用证上将两者作为独立凭证分别要求时不应合并。若每件货物的花色、品种不同，则须在装箱单上逐件载明。如果整批货物的花色相同而重量不同，则可用重量单来代替装箱单。装箱单的内容一般包括合同号、发票号、唛头、货名、体积、进口商或收货人名称、地址、船名、目的港等。装箱单由出口商制作，其内容应与货物实际包装相符，并与发票、提单所列一致。

（二）重量单（Weight List）

重量单证明装货重量与合同规定相符。凡是按照装货重量成交的货物，出口商在装运货物时，均须向进口商提供重量证明书。货到目的港，如果短缺，则出口商不负责任。凡是按到岸重量成交的货物，到岸时如有短缺，进口商必须提供重量证明书，才能向出口商、轮船公司或保险公司索赔。船舶公司计算运费时，须由出口商提供重量证明书。这项证明书一般由商检机构出具，或由公证行、重量鉴定人出具。

本章小结

现代国际贸易结算是跟单结算，单据对进出口商和银行都具有重要意义。在实际运用中，单据是不可或缺的，因此正确理解单据的含义和作用是重中之首。国际贸易结算中的单据根据作用可分为基本单据和附属单据。基本单据包括商业发票、运输单据、保险单据。附属单据主要有商品检验证明、原产地证书、重量单、装箱单等。

本章关键术语

商业发票	运输单据	海运提单	清洁提单
不清洁提单	保险单	普惠制产地证	商检证

本章思考题

1. 根据你的理解，单据有什么作用？
2. 简述对商业发票的审核要点。
3. 按运输单据的不同，国际货物运输单据的种类有哪些？
4. 列举附属单据的种类。

本章练习题

一、填空题

1. 基本单据主要包括运输单据、保险单据和______。
2. 商业发票是______开立的凭以向买方______的价目清单，是装运货物的总说明。
3. 按提单签发时货物是否确实已经装上货船，分为______和______。
4. 保险单也称正式保单，俗称______，是保险人即承险人发给被保险人的保险契约。
5. ______是证明出口商品的规格、品质、数量、重量和特性的检验文件，是出口方应进口方要求在货物装运前所做的相应检验的书面证明。

二、选择题

1. 商业发票的正文不包括（　　）。

A. 货物名称　　B. 卖方　　C. 银行　　D. 货物的单价和数量

2. 联运提单的英文表示是（　　）。

A. Direct B/L　　B. Through B/L

C. Container B/L　　D. Transhipment B/L

3. 可以是有价证券的单据包括（　　）。

A. 海运提单　　B. 保险单　　C. 商业发票　　D. 普惠制产地证

附录：

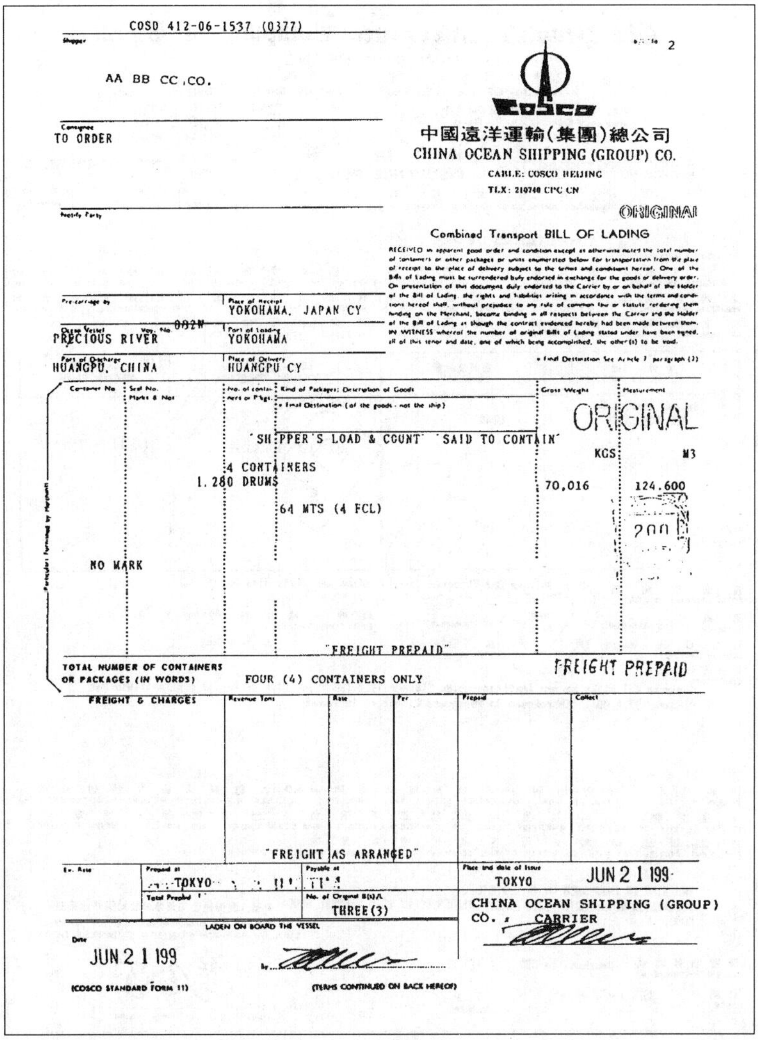

COSD 412-06-1537 (0377)

Shipper

AA BB CC ,CO.

Consignee

TO ORDER

Notify Party

B/L No. 2

中國遠洋運輸(集團)總公司

CHINA OCEAN SHIPPING (GROUP) CO.

CABLE: COSCO BEIJING

TLX: 210740 CPC CN

ORIGINAL

Combined Transport BILL OF LADING

RECEIVED in apparent good order and condition except as otherwise noted the total number of containers or other packages or units enumerated below for transportation from the place of receipt to the place of delivery subject to the terms and conditions hereof. One of the Bills of Lading must be surrendered duly endorsed in exchange for the goods or delivery order. On presentation of this document duly endorsed to the Carrier by or on behalf of the Holder of the Bill of Lading, the rights and liabilities arising in accordance with the terms and conditions hereof shall, without prejudice to any rule of common law or statute rendering them binding on the Merchant, become binding in all respects between the Carrier and the Holder of the Bill of Lading as though the contract evidenced hereby had been made between them. IN WITNESS whereof the number of original Bills of Lading stated under have been signed, all of this tenor and date, one of which being accomplished, the other(s) to be void.

Pre-carriage by	Place of Receipt: YOKOHAMA, JAPAN CY
Ocean Vessel / Voy. No.: PRECIOUS RIVER 002W	Port of Loading: YOKOHAMA
Port of Discharge: HUANGPU, CHINA	Place of Delivery: HUANGPU CY

* Final Destination See Article 7 paragraph (2)

Container No.	Seal No. Marks & Nos	No. of containers or P'kgs.	Kind of Packages; Description of Goods	Gross Weight	Measurement
			* Final Destination (of the goods - not the ship)	ORIGINAL	
			'SHIPPER'S LOAD & COUNT' 'SAID TO CONTAIN'	KGS	M3
		4 CONTAINERS 1,280 DRUMS		70,016	124.600
			64 MTS (4 FCL)		
NO MARK					
			"FREIGHT PREPAID"		

Particulars furnished by Merchant

TOTAL NUMBER OF CONTAINERS OR PACKAGES (IN WORDS)　FOUR (4) CONTAINERS ONLY　FREIGHT PREPAID

FREIGHT & CHARGES	Revenue Tons	Rate	Per	Prepaid	Collect
	"FREIGHT AS ARRANGED"				

Ex. Rate	Prepaid at	Payable at	Place and date of Issue
	TOKYO		TOKYO JUN 2 1 199
	Total Prepaid	No. of Original B(s)/L: THREE(3)	CHINA OCEAN SHIPPING (GROUP) CO., CARRIER

LADEN ON BOARD THE VESSEL

Date JUN 2 1 199　by

(COSCO STANDARD FORM 11)　(TERMS CONTINUED ON BACK HEREOF)

附图 9—1　海运提单样式

资料来源：苏宗祥、景乃权、张林森编著：《国际结算》，3 版，286 页，北京，中国金融出版社，2004。

中國人民保險公司
天津分公司
The People's Insurance Company of China
TIANJIN BRANCH

总公司设于北京　一九四九年创立
HEAD OFFICE: BEIJING　ESTABLISHED IN 1949

地址：中国天津和平区曲阜道保险大楼
Insurance Building, Qu Fu Road
Heping District, Tianjin, China

CABLE: 42001 TIANJIN
TEL: 315366, 315367
TLX: 23262 PICC CN
FAX: (86) (22) 301297

发票号次
INVOICE NO. TES/203023098

保险单
INSURANCE POLICY

保险单号次
POLICY NO. TT03/ 1201071193302512

中国人民保险公司（以下简称本公司）
THIS POLICY OF INSURANCE WITNESSES THAT THE PEOPLE'S INSURANCE COMPANY OF CHINA (HEREINAFTER CALLED THE COMPANY)

根据
AT THE REQUEST OF TIANJIN TEXTILES I/E CORP.

（以下简称被保险人）的要求，由被保险人向本公司缴付约定的保险费，按照本保险单承保险别和背面所载条款与下列特款承保下述货物运输保险，特立本保险单。
(HEREINAFTER CALLED "THE INSURED") AND IN CONSIDERATION OF THE AGREED PREMIUM PAID TO THE COMPANY BY THE INSURED, UNDERTAKES TO INSURE THE UNDERMENTIONED GOODS IN TRANSPORTATION SUBJECT TO THE CONDITIONS OF THIS POLICY AS PER THE CLAUSES PRINTED OVERLEAF AND OTHER SPECIAL CLAUSES ATTACHED HEREON.

标记 MARKS & NOS	包装及数量 QUANTITY	保险货物项目 DESCRIPTION OF GOODS	保险金额 AMOUNT INSURED
As per Invoice No. TES/203023098	4 CTNS	ART NO.42518 65%P.35%V GABARDINE	USD1,769.00

COPY

总保险金额
TOTAL AMOUNT INSURED: U.S. Dollars One Thousand Seven Hundred and Sixty Nine Only.

保费
PREMIUM: AS ARRANGED　费率 RATE: AS ARRANGED　装载运输工具 PER CONVEYANCE S.S. TIAN [illegible] V. [illegible]

开航日期
SLG ON OR ABT: as per B/L　自 FROM: Hsinkang　至 TO: HongKong

承保险别
CONDITIONS: Covering All Risks as per Institute Cargo Clauses (1.1.1963) and Risk of War as per Institute War Clauses (11.3.80). (Warehouse to Warehouse Clause is Included)

所保货物，如遇出险，本公司凭本保险单及其他有关证件给付赔款。
CLAIMS, IF ANY, PAYABLE ON SURRENDER OF THIS POLICY TOGETHER WITH OTHER RELEVANT DOCUMENTS.
所保货物，如发生本保险单项下负责赔偿的损失或事故，应立即通知本公司下述代理人查勘。
IN THE EVENT OF ACCIDENT WHEREBY LOSS OR DAMAGE MAY RESULT IN A CLAIM UNDER THIS POLICY IMMEDIATE NOTICE APPLYING FOR SURVEY MUST BE GIVEN TO THE COMPANY'S AGENT AS MENTIONED HEREUNDER.

THE MING AN INSURANCE CO. (H.K.) LTD.
INTERNATIONAL BUILDING, 14TH FLOOR 141, DES VOEUX ROAD, CENTRAL HONG KONG.

中国人民保险公司天津分公司国外业务部
THE PEOPLE'S INSURANCE CO. OF CHINA
TIANJIN BRANCH FOREIGN BUSINESS DEPT

赔款偿付地点
CLAIM PAYABLE AT: Hongkong in USD

日期
DATE: 28TH JUN., 200×　天津 TIANJIN

冯念贤
Deputy Manager Feng Nian - Xian

附图 9—2　保险单样式

资料来源：苏宗祥、景乃权、张林森编著：《国际结算》，3 版，365 页，北京，中国金融出版社，2004。

ORIGINAL

1. Exporter (full name and address) TIANJIN ANIMAL BY-PRODUCTS IMP & EXP CORP 80 YANTAI STR., TIANJIN, CHINA	CERTIFICATE NO. A2-488C CERTIFICATE OF ORIGIN OF THE PEOPLE'S REPUBLIC OF CHINA
2. Consignee (full name, address, country) MARUBENI CORP., 5-7 Honmchi 2-CHOME CHUO-KU OSAKA JAPAN	
3. Means of transport and route FROM TIANJIN TO KOBE BY SEA	5. For certifying authority use only
4. Destination port KOBE	

6. Marks and numbers of packages	7. Description of goods; number and kind of packages	8. H.S. Code	9. Quantity or weight	10. Number and date of invoices
M A 612 KOBE NO.1/9	-9-(NINE) BALES LIGHT GREY DEHAIRED GOATSWOOL(KWT02) * * * *	51.05	-953.4- NET	203073061 NOV.3,1993

11. Declaration by the exporter	12. Certification
The undersigned hereby declares that the above details and statements are correct; that all the goods were produced in China and that they comply with the Rules of Origin of the People's Republic of China. TIANJIN -3 NOV 200× Place and date, signature and stamp of authorized signatory TIANJIN ANIMAL BY-PRODUCTS IMPORT & EXPORT CORPORATION II0703700	It is hereby certified that the declaration by the exporter is correct. 天津 NOV 200× Place and date, signature and stamp of certifying authority

附图 9—3 产地证明书样式

资料来源：苏宗祥、景乃权、张林森编著：《国际结算》，3 版，375 页，北京，中国金融出版社，2004。

第十章 国际贸易结算风险管理

学习目标

- 掌握国际贸易结算中的风险类型及防范。
- 理解案例的含义，分析其对国际贸易结算风险管理的启迪。

国际贸易——无论是出口贸易还是进口贸易——中由于当事人处于不同的国家或地区，各国或地区的政治、经济、文化、法律、法规各有差异，且贸易从洽谈、签约到最终进口商收货以及出口商收款，历经较长的时间，过程复杂，存在各种各样的风险，最终转化为贸易结算的风险。因此，对国际贸易结算中存在的风险进行分析、研究、综合管理，有利于提高进出口商的收货、收款效率，促进国际贸易的发展。

第一节 出口贸易结算风险

在出口贸易中，出口商需要经过洽谈、签约、备货、包装、检验、托运等环节。各个环节受自然、人为等各种因素的影响，受各个国家或地区不同规章制度以及惯例习俗的影响，使出口贸易经常存在各种潜在风险，并最终在国际贸易结算中以对外拒付的形式表现出来。

因此，所谓出口贸易结算风险实际上是指出口商无法按时收款（收汇）的风险，该风险受出口贸易过程中诸多因素的制约，但是最主要的是由进口商信用风险①、银行信用风险、国家信用风险以及贸易结算方式选择风险等组成的风险。

① 这里的信用风险（Credit Risk）是指进口商或出口商是否恪守信用的风险。一般而言，信用风险的主要对象是出口商。

一、进口商信用风险

进出口商签订合同以后，在合同执行期间，由于各种因素的影响，进口商的资信状况会发生变化。若在此期间进口商由于清偿能力不足或破产倒闭而无法正常支付货款，或者出于其他原因而使进口商违约拒付，出口商就会遭受呆账或坏账的损失。这就是进口商信用风险。

一种说法认为进口商信用风险包括受货风险、财务风险、贸易结算方式选择风险三类。

进口商信用风险是贸易中面临的最主要风险。这一风险直接导致出口商无法收款，严重损害出口商的利益，也成为国际贸易活动最主要的障碍。采用不同的结算方式，对出口商而言，该风险是否由其承担会有所不同。若采用商业信用基础上的结算方式（如汇款、托收），则该风险直接转化为出口贸易结算的风险；若采用银行信用基础上的结算方式（如信用证、银行保函），则该风险就不直接转化为出口贸易结算的风险，进口商的资信就不会直接影响出口商的收汇。

二、银行信用风险

进出口商采用银行信用基础上的结算方式，在合同执行期间，若信用证的开证行或者银行保函的担保行资信发生变化，或者清偿能力不足无力支付，或者出于其他原因不愿支付，出口商就可能因此遭受无法收汇的损失。这就是银行信用风险。

信用证、保函结算方式虽然提供的是一种银行信用，但是只有资信好的银行才具备这种可靠的作用。出口商能否从开证行获取货款，取决于信用证开证行的信用是否良好，当指定银行向开证行索偿时，只有实力雄厚、信用良好的开证行才具有充分的清偿能力。

案例分析

案情：1997 年 10 月 20 日，海南省供销对外经济贸易公司与韩国快递公司签订了一份 23 吨冻白带鱼的出口合同，货款总额为 69 460 美元。同年 11 月 3 日，海南该公司收到快递公司为开证申请人、韩 A 行为开证行的不可撤销信用证。证中规定待出口的白带鱼须由韩方人员验收并加盖有关印鉴。出口方在有效期内装运好后将全套单据通过议付行寄给韩 A 行提示付款。韩 A 行以手续不全、名称不符而拒付。

分析：这表面上看只是一般信用证项下的单证相符争议，但实际上是东南亚金融危机对各国金融机构造成影响的侧面反映。东南亚金融危机危及韩国一些银行，其中就有韩 A 行。由于以美元结算，当韩元大幅贬值时就需支付比原先多出近 1 倍的韩元，韩国的银行支付美元的能力出现问题，就想方设法在单据上挑差错。实质上这是东南亚金融危机改变了韩 A 行的资信，从而导致该银行在信用证项下的拒付。

资料来源：史万钧：《外汇业务案例选》，上海，复旦大学出版社，1999。

三、国家信用风险

国家信用风险是指那些因进口国家的主权措施而造成的拒收货物或阻止向国外付款所产生的风险。它大体包括战争、国内动乱风险，兑换风险，其他主权风险等。

国家信用风险的形成主要来自两方面的原因：外汇管制的不同与制度习俗的不同。国际贸易中出口商必然面临国家信用风险，该风险伴随国际贸易活动而产生，不会因为采用不同的结算方式就得以避免。因此即使在信用证结算方式下，出口商仍直接承担国家信用风险，尤其是在某些中东国家或非洲国家，外汇受到严格管制，当地的进口商或者开证行在付款时可能要向该国中央银行申请外汇，这些银行经常会发生信用证逾期欠款的问题。而由制度、习俗所引致的风险则更多地表现在托收结算业务的处理上。某些国家并不遵守国际商会颁布的《托收统一规则》（URC 522）中的有关规定，将远期付款交单视为承兑交单处理，认为付款交单只有即期，没有远期，致使出口商在选择远期付款交单方式后，代收行按照承兑交单处理单据，从而使得出口商在收款前就失去对货物的控制权，发生许多因出口货款无法收回而最终形成呆账的事件。

四、结算方式选择风险

国际贸易结算方式主要包括汇款、托收、信用证以及银行保函。前两者建立在商业信用的基础上，后两者则建立在银行信用的基础上。选择不同的结算方式，会导致出口商收汇效果的不同。一般来说，在汇款和托收方式项下，出口商将直接承担来自进口商的信用风险以及进口国的国家信用风险；而在信用证和银行保函方式项下，出口商将直接承担来自开证行或担保行的信用风险以及进口国的国家信用风险。

在上述四种结算方式中，信用证或银行保函与基础贸易合同相互独立，以及银行在业务中处理的对象是单据而不是货物，使得信用证和保函易为诈骗者所利用，成为其诈骗的主要工具。以信用证、银行保函为例，其产生的主要风险如下。

（一）假冒信用证（银行保函）

假冒信用证（银行保函）是指国外不法分子自行或与开证行、担保行勾结伪造的信用证（银行保函）。假冒信用证（银行保函）的开立目的主要在于骗取佣金、质押金、履约金、预付款或者购货款以及出口商的货物。

假冒信用证（银行保函）一般具有以下几个特点：金额较大，有效期短；电开本信用证（银行保函）无密押，使用第三家银行密押，而第三家银行的确认电文没有加押；信开本信用证（银行保函）的签字无从核对；信开本信用证（银行保函）随附印鉴式样，而该印鉴式样也是假冒的；开证行、担保行的名称或地点不明确；单据要求寄往第三家银行，而第三家收单行根本不存在。

（二）软条款信用证

软条款信用证是指信用证含有付款条件含糊不清、银行责任不明的条款。如买方签署的收货证明、运输方代买方收到货物的证明、由买方会签的商检证、申请人的签字要求银行核对等。软条款信用证易使受益人处于被动地位，不能及时按信用证条款履行义务，而受益人的质押、佣金、履约金却易落入申请人手中。

案例分析

案情：某年我国一家出口公司与美国金华公司签订了一份销售某地区 5 万立方米花岗岩的合同，金额为 195 万美元。据此，买方通过一家银行开来一张购买 5 万立方米花岗岩、金额为 195 万美元的信用证。信用证上加下列条款："必须在收到开证申请人通过开证行发出的指定船名的指示后，货物才装运"。我方出口公司收到该证后，只看到买方如约开来信用证，没有察觉买方在信用证上加列的上述"软条款"，当即汇交买方履约金约 32 万美元。不久，买方派来代表称验货后货物不合格，因此拒绝发出装船通知。

分析：本案例中的买方通过信用证的软条款轻而易举地达到了诈骗巨额履约金的目的。我方出口公司除了被骗履约金外，还由于买方拒发装船通知，货物无法装运，必须承担清理大量花岗岩滞留港口的巨额费用，损失惨重。

资料来源：吴升祺：《现代国际结算学》，上海，立信会计出版社，1999。

（三）可转让信用证

随着国际贸易的不断发展，可转让信用证业务逐渐增多。在我国，可转让信用证一般在我国香港来证中较多见，这是因为可转让信用证主要适用于中间贸易。香港作为一个自由港，是世界转口贸易的中心，许多国家和地区都通过香港间接与我国发生贸易往来。于是，一些中间商利用其所处地理位置、信息、人际关系的优势，不是通过开立信用证，而是以转让国外开来的信用证给国内实际供货人的方式展开贸易活动。这样中间商可以达到降低风险、赚取利润的目的，同时还可以保守商业秘密，避免真正的买卖双方直接联系。可转让信用证因为中间商的存在，起到了隔离进出口双方、信息不对称的风险。一旦信用证转让行和中间商信誉不好，经营作风不良，可转让信用证的真正供货商将可能出现风险。另外近年来可转让信用证经常在境内外总公司与分公司之间开立，境内外总公司与分公司联手套用银行信用的事件也屡屡发生，并且可转让信用证比较复杂，涉及的当事人较多，因此应尽量避免使用此种结算方式。

（四）风险条款信用证

（1）单据免费放给开证申请人条款。

这意味着申请人在付款之前就可以获得物权凭证即单据，这必然给受益人收款带来风险。

（2）正本提单径寄开证申请人条款。

由于正本提单是物权凭证，可以提示请求交付货物，且正本提单一式几份，任何一张的法律地位都完全相同，一张提示兑现后，其余各张均告失效，所以受益人把正本提单寄给申请人，等于主动在收汇前放弃物权，实质上是把银行信用转化为商业信用。

（3）限制运输船只、船龄或航行航线条款。

在委托货物运输时，有关运输的船只、船龄以及航线很难确定，通常是由船公司根据所承载货物的性质、种类、数量和规格等条件做出相应的安排。一旦对船龄加以限制，就等于给受益人设置了一道障碍并可能使其错失良机，影响货物的及时出运。

案例分析

风险条款信用证

案情：某年 7 月 3 日，中国银行南京市分行受理开证行为沙特阿拉伯某银行的信用证，有一条款是："Documents will be released free of payment . Payment to be effected to beneficiary upon receipt of our authenticated message authorizing you to release payment."

又如，信用证中的条款为："Beneficiary's signed certificate certifying that they have sent 1/3 original B/L to Applicant by counter service directly after shipment is required. A copy of courier receipt is also required."

再如，国内某出口公司出口印花夹板，来证中规定："Certificate from shipping company certifying that the said vessel is less than 15 years of age."

分析：风险条款信用证与软条款信用证相比，前者明示了风险，后者隐藏了风险。在受理风险条款信用证时，进出口双方的银行要充分沟通，提前解决这些风险，避免开立有风险条款的信用证。

参考资料

国际贸易结算中各种各样的风险

受（收）货风险：指进口商不接受货物的风险。原因有两个方面：一是出口商提交的单据与销售合同的要求不符；二是贸易合同签订后，合同项下货物的市场价格有所下跌，进口商为了获得预期收益，迫使出口商降价，而设法拒收货物。

防范受货风险的措施在于，交易前掌握进口商的资信状况，跟踪老客户资信状况的变化，选择对己有利的贸易结算方式。

外汇风险：也称汇率风险，指以外币计价进行进出口贸易结算时，外汇升值或贬值所导致的进出口一方的经济损失。因为在国际贸易中，进出口商从订立买卖合同到支付结算一般要经过 3 个月的时间。在世界性浮动汇率制的背景下，如果计价货币汇率上升①，进

① 硬币（Hard/Strong Currency）指汇率不断上升即不断升值的货币，软币（Soft/Weak Currency）指汇率不断下降即不断贬值的货币。在国际贸易结算中常坚持"收硬付软"的原则。

口商将承担外汇风险；如果汇率下跌，出口商将承担外汇风险。

防范外汇风险的方法有：货币选择法、提前错后法、平衡法与组队法、价格调整法、货币保值法、外汇衍生品交易以及BSI法与LSI法①等。

欺诈风险：也称诈骗风险，指诈骗分子以非法占有为目的，在国际贸易结算中采取虚构事实或隐瞒真相的手段来骗取钱财的行为。

赫斯塔特风险（Herstatt Risk）：指在国际贸易结算中商业银行遇到的巨额跨境结算风险。

第二节 进口贸易结算风险

进口贸易结算风险就是进口商无法收到与合同相符货物的风险。由于国际贸易的程序复杂，受到各种因素的干扰，而这些干扰因素可能来自出口商，也可能来自出口地政治经济背景的变化，因此有可能导致进口商无法收到货物，或者收到的货物与合同不符。分析进口贸易结算风险的具体成因，可以归纳为两个方面：一方面是贸易活动中无法避免的出口商信用风险和出口地的国家信用风险，另一方面应归于结算方式选择风险。

一、出口商信用风险

进口商与出口商签订合同，进口商承担支付货款的责任，而出口商承担按照合同约定提供货物的义务。若出口商无履约能力，则进口商就会因无法收到与合同条款相符的货物或根本无法收到货物而承担相应的费用损失和丧失相应的市场机会。这种商业信用风险一直伴随着贸易活动而存在，并不会因为该笔贸易活动采用不同的结算方式而有所改变。只要出口商资信、履约能力存在问题，进口商就很有可能无法收货或者货约不一致。

但是在不同结算方式项下，出口商信用风险的表现形式各有不同。对进口商而言，汇款结算方式（如预付货款）的风险具体表现在出口商收款后不交货、迟交货或者以次充好。在以凭单付款为特点的结算方式项下（如托收、信用证、保函），由出口商带来的信用风险表现得更加复杂一些，进口商付款后能收到正确的单据，单据与合约相符，但是货物与单据的描述有出入，可能货物不存在，或者货物被以次充好。有些资信很差的出口商还有可能利用凭单付款的结算方式，采用诈骗手段骗取进口商的货款。

二、国家信用风险

在国际贸易活动中，也可能出现这样一种情况：出口商的资信以及履约能力还是比较

① BSI法指借款—即期合同—投资法（Borrow-Spot-Invest），LSI法指提早收付—即期合同—投资法（Lead-Spot-Invest）。

好的，但是出口商所在国的政治经济环境发生变化，如该国因为战争而宣布禁止出口某些重要物资，从而造成货物无法及时出运或者无法出运，给进口商带来无法收货和丧失市场销售良机的损失。这种可能出现的情况就是所谓的国家信用风险。

三、结算方式选择风险

在国际贸易结算中，除了汇款结算方式外，其他结算方式的确立均基于国际贸易各当事人已经达成的共识，即单据代表货物，单据的买卖就是货物的买卖。无论是托收、信用证还是银行保函，选择这样的结算方式都表示进口商是凭单付款，而不是凭货付款，相对于汇款下的货到付款，这无疑给进口商带来了单货不一致的风险，另外也给不法分子提供了更加隐蔽的诈骗方式，从而给进口地银行即开证行或者担保行带来风险。

（一）来自托收、信用证结算方式的风险

1. 伪造单据

伪造单据一般有两种：一是伪造单据上的签字，如提单上船长的签字；二是伪造提单的内容，如以废铁、废渣装箱，而称科学设备、仪器，取得正式提单等。伪造单据的目的可能是骗取进口商的货款，也可能是骗取银行的资金。

案例分析

案情：某年11月，我国A省某贸易公司经中国银行B分行国际贸易结算部门开立以香港芝升贸易公司为受益人、金额为126万美元的不可撤销信用证，进口印度尼西亚胶合板。信用证规定的装船日期为当年12月10日至25日，信用证开立后，该B分行于12月1日收到香港交通银行11月24日信附的上述信用证项下的单据，经初审，单据未发现不符点。付款20多天后，开证申请人因货物迟迟未到埠而生疑，遂进行调查，发现单据上提供的船名子虚乌有，也查不到供货单位，且印度尼西亚方面出具的单据均系香港印刷，不少出证单位根本无地址、电话或电传可查。后经港方查证，该案纯属一起由芝升贸易公司蓄意利用信用证凭单付款的特点、以CIF价格成交、用空头提单骗取巨额货款的诈骗案。

分析：针对伪造单据风险，最常用的解决方法就是计算机联网，特别是海关、轮船公司、商品检验机构、银行等。就像现在一笔快递业务发出后，在网络上可以监控到货物在运输途中的状况、单据的编号、单据的真伪等。随着互联网技术的发展，伪造单据风险已经可以防范了。

资料来源：冯勤等：《国际贸易结算实务与风险防范》，太原，山西经济出版社，1996。

2. 预借提单

预借提单（Advanced B/L）又称无货提单，是承运人应托运人要求，在货物尚未装船或装船尚未完毕的情况下，预先签发的“货已装船”提单，从而托运人可以在信用证有效期结束前交单结汇。预借提单与伪造提单很相似，其关键在于意图行骗的出

口商就是不装船，却出具已装船的且符合信用证要求的提单，连同其他单据要求开证行付款。

3. 倒签提单

倒签提单（Anti-dated B/L）是指承运人或其代理人应托运人的要求，在货物装船以后，以早于该批货物实际装船完毕的日期作为签发日期所签发的已装船提单，这样托运人通过使提单符合信用证中关于装船日期的规定，达到单证相符、便利结汇的目的。这是具有欺诈性的做法，侵犯了买方或者提单合法持有人的利益。

4. 提供不清洁提单

进口商和银行一般都不会接受不清洁提单。在货物、包装存在缺陷时，有时出口商会向承运人出具赔偿保证书（Letter of Indemnity），要求承运人不在提单上加不良批注，以便其顺利收汇。显然这是出口商掩盖装船时货物及其包装存在缺陷的重要事实，与承运人共谋对进口商实施的欺诈行为，极可能给进口商带来损失。虽然这在实务中相当流行，但是从法律角度上讲纯属欺诈。

（二）来自银行保函、备用信用证的风险

银行保函、备用信用证也是凭单付款。单据是担保行和开证行赔付的唯一依据，但是普通的跟单信用证要求的一些重要单据多是由独立于受益人之外的第三者出具的，如货运单据、保险单、检验证书等，这在一定程度上制约了受益人的行为。而银行保函或者备用信用证一般要求受益人只要提交一份申请人违约的声明，担保行或者开证行就承担履行付款的义务，这无形中为受益人滥用索偿权提供了更大的可能性。受益人可能会提出不公正的索偿要求，只要其提交与保函或者备用信用证严格相符的单据，申请人此时即使已经履行了合同项下的义务，也仍需承担对外赔付的责任。也可以说，这是银行保函和备用信用证风险的一个主要方面。

案例分析

案情：某年2月，中国银行应宁波保税区A世贸行的申请开具了以香港利昌公司为受益人、金额为3.2万美元的备用信用证，规定A世贸行按合同规定提供渔具，有效期至当年5月20日。4月30日，中国银行收到利昌公司电传称A世贸行提供的渔具具有质量不符的承认证书，但该世贸行实际上是利昌公司的皮包公司，注册资金为5万美元，而实际资金早已抽空。

分析：在本案例中，由于备用信用证的索赔条件已经成立，即受益人提供单证相符的单据，因而确立了开证行的绝对付款责任，但是申请人无资金赔付，最终由开证行承担赔付。而实际上申请人与受益人是一家，相互勾结，这是对备用信用证的开证行的蓄意欺诈。

资料来源：冯勤等：《国际贸易结算实务与风险防范》，太原，山西经济出版社，1996。

知识拓展

信用证项下单据开立的时间顺序为：

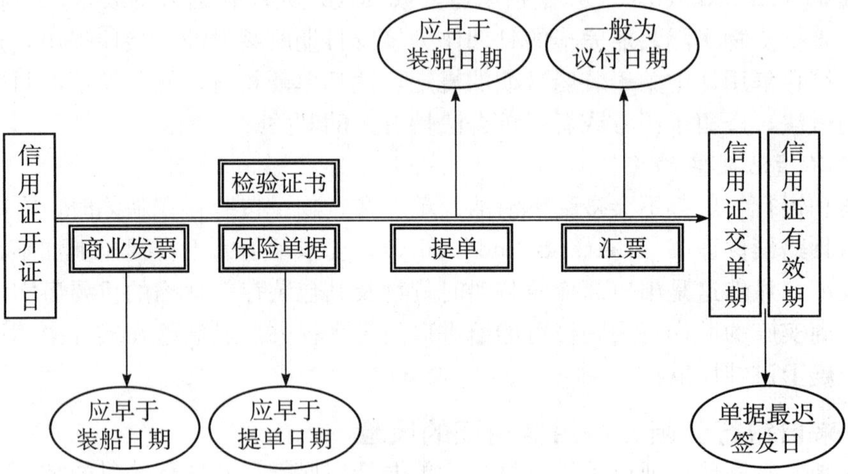

单据审核的工作方法为：

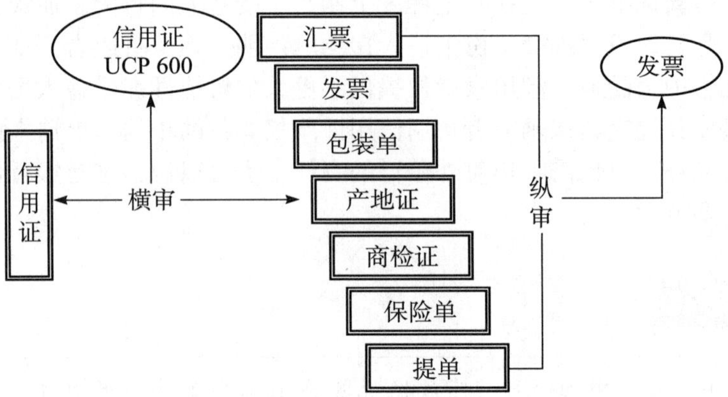

第三节　国际贸易结算的风险管理

在出口贸易过程中，出口商无法收汇的风险主要是贸易活动过程中商业信用风险、国家信用风险、以银行信用为基础的结算方式项下的银行信用风险，以及结算方式选择风险的集中体现。当然出口贸易结算风险还可能表现为对出口商提供融资后的银行无法收回贷款的风险。而在进口贸易过程中，进口商无法收到货约一致的货物的风险或者根本无法收货的风险也是贸易活动中存在的商业信用风险、国家信用风险，以及结算方式选择风险的集中体现。综合各类风险，本节将主要从商业信用、国家信用、银行信用、结算方式本身这几个角度阐述国际贸易结算的风险管理。

一、对商业信用的风险管理

进出口贸易是在商业信用的基础上运作的。加强对贸易合作伙伴的资信调查和资信状况的追踪，是风险管理中最基本的环节。客户的信誉、资金、经营作风的优劣直接关系到客户是否能够按照合同的规定履行义务，这是保证贸易活动顺利进行的主要条件。

参考资料

对于合作伙伴，贸易商应当进行全面的资信调查，主要内容应涉及：组织形式、注册资本、实有资本、公积金、资产与负债、专营业务、经营作风、业务规模、财务状况等。

贸易商可以通过与对方进行商务洽谈直接了解对方，也可以通过对方的往来银行和其他贸易合作对象进行调查了解，或者可以通过专业咨询机构、投资机构、律师机构等部门帮助了解。在此基础上建立其合作伙伴的资信档案，而且在档案建立之后，还应当通过各种渠道不断补充有关该合作伙伴的资信状况，从而对其历史与现实的资信状况和经营作风及其变化过程有比较全面的了解，以有效降低其资信变动带来的风险。

我国在对国外客商进行资信调查方面尚处于落后状态。在前述我国一家出口公司与美国金华公司签订的一份销售某地区 5 万立方米花岗岩的合同案例中，因为买方在开立的信用证中加列软条款，致使我出口公司损失 32 万美元履约保证金。后据美国邓百氏公司提供的资信报告，所谓美国金华公司的地址、电话号码等纯属虚构，无法调查。鉴于上述状况，一方面，我国目前应当设法建立全国性的、关于海外客商资信的网络和咨询服务机构，以减少商业信用风险；另一方面，贸易商本身也应当有防范风险的意识，完善贸易合同，有效降低海外客户利用合同漏洞违约或进行诈骗的机会。

二、对国家信用的风险管理

对于国家信用风险，我们首先应借助于一些信息网络，收集关于贸易伙伴所在国的政治经济动态，尤其要关注中东以及非洲的那些国家，其外汇管制一直比较严格，与这些国家发生贸易关系应当更加警惕由外汇管制引起的国家信用风险。而对于那些由国家的制度习俗引致的国家风险，由于其更多表现在托收结算业务的处理上，因此针对那些不按照 URC 522规定办理托收业务的国家，应当熟悉它们本国银行业的习惯做法，避免因其将远期付款交单视为承兑交单处理而发生许多出口货款无法回收，最终形成呆账的不利后果。

三、对银行信用的风险管理

在信用证或银行保函结算方式下，银行信用替代商业信用，因此出口商所面临的风险首先表现为银行信用风险。为了有效降低来自这方面的风险，出口商应当注意选择开证行和担保行，毕竟信用证项下的安全收汇以及银行保函项下实现索赔都是建立在这些银行的资信基础上的。

资信良好的开证行一般会尽可能避免开立一些软条款的信用证，也不会过分偏袒开证申请人的利益。选择资信良好的银行作为开证行或者担保行，就成为出口商防范银行信用风险最直接可靠的方法。在综合资信评估[①]的基础上，出口商就可以决定是否接受该银行所开立的信用证或者银行保函。除此之外，出口商还可以根据具体情况采取措施以防范银行信用风险，如要求开证行邀约另一家银行对该信用证加具保兑；由偿付行确认在该银行破产或倒闭的情况下，对议付行进行偿付；要求信用证规定可分批出运货物，以分散风险；要求加入电索条款等。

四、对结算方式选择的风险管理

（一）对信用证的风险管理

对于出口贸易结算风险，出口商应当以积极防范为主，通过各种具体措施将出口收汇的风险降低到最低程度。重要措施如下：

（1）认真审核信用证。由于信用证是一个独立于基础合约的法律文本，受益人的权利以信用证为基础，因此出口商在收到国外来证时，应当仔细审核，经验不足的出口商可以求助于当地银行。

参考资料

如何审核信用证?

银行与受益人对信用证的审核各有侧重，银行主要审核的是信用证的有效性，通过核验信用证的签章、印鉴或密押，确保信用证的真实性；审查信用证是否为可撤销信用证，在收到可撤销信用证时，银行应当在证上做上明显记号，以提请受益人关注。

受益人应当审核信用证中的有关条款，如：

（1）识别信用证中是否含有软条款。发现软条款应当立即与开证申请人协商修改软条款以降低风险，若申请人拒不接受修改，也可使其诈骗的企图得以暴露，从而起到防范风险的作用。

（2）审核来证是否为可转让信用证。若出口商是可转让证的第二受益人，则其应当委托当地银行对转让行、中间商的经营作风进行调查。若转让行和中间商资信良好，经营作风优良，出口商就可以接受该证，反之就应当防范中间商与银行相互串通来行使诈骗。

在这种情况下，出口商若不愿放弃该笔贸易合同，则可以要求转让行对可转让证加具保兑，只要单证相符，第二受益人就可以直接向转让行索汇，而无须等待原开证行的审单付款，当然出口商也可以不接受可转让证，而是要求中间商开立背对背信用证，由中间商以可转让信用证为抵押，向银行申请开立一张背对背信用证，作为受益人的出口商，只要

① 出口商对开证行或担保行的资信评估可以集中在以下几个方面：资产规模的大小以及在权威机构公布的银行排名榜中的名次；银行资本金是否充足；该银行若上市其股票在证券市场的表现；该银行的资产组合状况等。

单证相符即可获得背对背信用证开证行的付款承诺，也无须像可转让证项下须待原开证行验单后付款。

(3) 审核来证中是否具有风险性条款。对于风险性条款，出口商应当在发货前与进口商联系，及时修改或者拒绝接受信用证。

(2) 根据信用证规定交单。组织货物出运后，出口商应当根据信用证的规定，向所指定银行（议付行）交单。出口商交单务必做到完整、正确与及时，即单据的种类和份数与信用证相符；各类单据的内容也应当与信用证规定一致；交单必须在信用证规定的交单期限内，若信用证未规定交单期限，则也必须在信用证的有效期内或者提单出单日之后 21 天内交单。只有如此，才能保证单证相符，从而有利于出口商安全收汇。

对于进口贸易结算而言，进口商关注的是进口付汇后能否获得与合同相符的进口货物。进口商应当采取以下一些措施以降低进口收货的风险。

(1) 指示开证行开证，防范由假单据引发的风险。由于信用证业务处理的对象是单据，而利用信用证结算方式，进口商必须对正确单据付款，因此有必要采取措施防范假单据。

参考资料

若出口商资信不佳或者进口商对出口商资信不了解，则：

为了防范出口商制造假单据，进口商可以要求装运港的船公司在货物装运后致电开证行或进口商，告之其信用证号码、提单号码以及装船日期，还可以要求出口商在交单议付时提交船公司签署的电报副本。

为了防范出口商提供的货物以次充好，进口商可以在信用证中规定由著名的检验机构或者公证机构出具品质检验证书，如 SGS 检验证书，以证明所交货物的品质、数量、包装符合贸易合约的规定。

为了防范出口商短装货物，可以要求知名的检验机构出具数量或者重量检验证书。若要进一步防范出口商在检验后调包，还可要求检验证书显示检验是在装船时进行的。

为了证明出口货物已获得出口国政府机构的许可，可在信用证中规定对方在有关单据上加注许可证号码或者许可证副本。

(2) 要求出口商提供银行保函或者备用信用证。若交易金额巨大而对出口商资信不了解，则进口商最好在贸易合约中订明：出口商须提交银行保函或者备用信用证，并且在银行保函或者备用信用证为进口商所接受后，开证行所开立的信用证才生效。

(二) 对银行保函的风险管理

由于银行保函与信用证相比，其用途广泛但是使用不如信用证规范、完善，银行所开立的保函条款容易暴露漏洞，易被不法分子所利用，因此银行保函业务的风险比信用证更大。使用银行保函时，各当事人应当严格预防不法分子的诈骗。

（1）从保护受益人的角度看，应当审核、检验银行保函或者备用信用证的签章、印鉴或密押，确保银行保函的真实有效。

（2）从申请人的角度看，要防范来自受益人的诈骗风险，申请人必须仔细核定所开立的保函条款。例如，在保函中注明保函的最高赔付金额，而且保函金额与基础合约的金额保持适当比重，不能过高或者过低；若基础合约的内容允许，应在保函中加列减额条款，使被担保人的责任随着合约的进展减少，这时，担保人的赔付责任也相应递减；明确银行保函的有效期；索赔条款的意思表达必须清楚明了，避免使受益人产生不同理解。

（3）对于用于融资用途的银行保函（包括备用信用证），银行承担着较大风险，因此银行在开立保函之前应对申请人进行严格审查。一般而言，只要银行严格按照担保法行使敦促申请人完成其反担保手续，就能够较好地预防来自申请人的风险。

本章小结

国际贸易结算中的风险是客观存在的，这类风险集中表现为出口贸易结算风险和进口贸易结算风险，具体有进口商或出口商信用风险、银行信用风险、国家信用风险和结算方式选择风险。进出口商只有在正确识别风险、分析风险的基础上才能对国际贸易结算中的风险进行管理和规避，进而降低损失，促进国际贸易的顺利进行。

本章关键术语

进口商信用风险	受货风险	赫斯塔特风险	银行信用风险	国家信用风险
硬币	软币	预借提单	倒签提单	

本章思考题

1. 如何理解出口贸易结算和进口贸易结算中的风险？
2. 在出口贸易中来自信用证结算方式的风险有哪些？
3. 在进口贸易中来自托收结算方式的风险有哪些？
4. 在管理国际贸易结算风险的过程中，贸易商如何开展资信调查？
5. 如何对银行保函进行风险管理？
6. 查阅文献[①]，熟悉国际贸易结算中的风险。

本章练习题

一、判断题

1. 国际贸易结算中的风险是客观存在的，每一笔进出口贸易合同都包含着各种风险因素。（　　）

2. 在电汇方式中，如果通过 SWIFT 处理，则安全性将大大提高。（　　）

3. 带有“软条款”的信用证是真实的信用证，不法分子是以“合法手段”行骗。（　　）

① 如可参见谢丹丽：《试析国际结算业务中的十大风险》，载《金融与经济》，2005（10）。

4. 使用票汇方式结算，为保障货款的安全，出口方应先将收到的票据委托当地银行办理核验，最好委托银行向进口方收妥货款后才可发货。(　　)

5. 面对外汇管制严格国家的进口商，可以使用汇款和托收的结算方式，以及采用信用证方式结算，以便防范汇兑风险。(　　)

二、选择题

1. 信用证结算方式下的欺诈风险有(　　)。

A. 伪造信用证　　B. 伪造单据

C. “软条款”信用证　　D. 假远期信用证

E. 开立无贸易背景的信用证　　F. 以次货、假货进行诈骗

2. 在托收结算方式中，如果进口商蓄意诈骗，则最容易使出口商钱货两空的是(　　)。

A. D/P at sight　　B. D/P at...days after sight

C. D/A　　D. D/P

第十一章 互联网金融与结算

学习目标

- 明确互联网金融的含义。
- 了解互联网金融的主要特点。
- 知晓互联网金融的主要风险。
- 重点了解互联网金融的模式。
- 重点理解第三方支付的原理和支付通道。

我的学生在课间用手机下载了一个软件，然后自拍了一张照片，从手机上看到他佩戴来自北京潘家园眼镜城发来的各式各样眼镜的图片，他不停地问同学和老师，哪种款式的眼镜更适合他，一番讨论之后，他选择了自己和大家都认为不错的样式和价格的眼镜，点击发送，北京潘家园眼镜城开始帮他定制，因为他近视眼的资料已经在潘家园某公司的数据库中。第二天上课的时候，潘家园眼镜城通过顺丰快递送来了眼镜，只见我的学生验货后，用手机在支付宝上付了费。此事让我感到非常新鲜，如此方便，如此快捷，不仅是配一副眼镜，连支付都如此迅速轻松。移动互联网真好，足不出户，已经轻松完成了购物和支付。

第一节 互联网金融的基本问题

1995 年 10 月 18 日，世界上诞生了第一家网络银行——美国安全第一网络银行（Security First Network Bank，SFNB），完全在互联网上提供银行非现金服务，但此后网络银行并未如人们预期的那样成为银行业的主流。2013 年，互联网金融浪潮席卷中国，互联网＋零售形成的电子商务和互联网＋金融形成的网络银行的模式在中国无论是在规模上还是在创新实践上都大大超过了在美国的发展。电子商务和网络银行成为互联网＋在中国的两个典范。

一、互联网金融的含义

中国人民银行认为，互联网金融是借助互联网和移动通信技术实现资金融通、支付结算和信息中介功能的新兴金融模式。

中国人民大学吴晓求教授认为，互联网金融是指具有互联网精神，以互联网为平台，以云数据整合为基础而构建的具有相应金融功能链的新金融业态，也称第三金融业态。

总之，互联网金融是互联网精神与金融功能的融合。

互联网又称 Internet，始于 1969 年，源于美国军方的 ARPA（阿帕网，美国国防部研究计划署）。互联网最主要的精神是“开放、平等、协作、分享”。而金融的主要功能有：(1) 信用中介：资本期限转换、数量转换、特征转换。(2) 支付中介：货币的纵向支付和横向支付。(3) 资源配置：资本从收益低的产业、地区向收益高的产业、地区流动。(4) 货币创造：为全社会创造流动性，节约整个经济的交易成本。(5) 价格发现：通过市场机制找到产品真正的价值。(6) 风险分散：通过交易和经济主体的不同分割风险。因此精神和功能的融合产生了，具备互联网精神的金融业态被统称为互联网金融 。

可以肯定的是，以互联网为代表的现代信息科技，特别是移动支付、云计算、社交网络和基于大数据的数据挖掘等技术，对人类金融模式产生了深远影响。

二、互联网金融的主要特征

一是以大数据、云计算、社交网络和搜索引擎为基础，挖掘客户信息并管理信用风险。

二是以点对点直接交易为基础进行金融资源配置，将资金和金融产品的供需信息在互联网上发布并匹配，供需双方可以直接联系和达成交易，交易环境更加透明，交易成本显著降低，金融服务边界进一步拓展。

三是通过互联网实现以第三方支付为基础的资金转移，第三方支付机构的作用日益突出。

三、互联网金融的积极作用

(1) 有助于发展普惠金融，弥补传统金融服务的不足。

(2) 有利于发挥民间资本的作用，引导民间金融走向规范化。

(3) 有利于满足电子商务需求，扩大社会消费。

(4) 有助于降低成本，提升资金配置效率和金融服务质量。

(5) 有助于促进金融产品创新，满足客户的多样化需求。

(6) 有利于促进利率市场化，提高银行大众用户的利益。

四、互联网金融的主要风险

(1) 信用风险，也称违约风险。如 P2P 网上借贷，在线上把钱借给陌生人的风险比在线下的风险更大。

（2）民事法律风险。如合同无效风险和超过法定利率上限而导致利率约定无效风险。

（3）监管风险。金融监管机构和其他政府机关依据金融监管或其他行政管理的法律法规、规章对互联网金融平台或相关方做出行政处罚。

（4）刑事法律风险。对互联网金融来说，刑事法律风险一是非法集资，二是非法经营。非法集资在《中华人民共和国刑法》中有三个罪名，即非法吸收公众存款罪，集资诈骗罪，擅自发行股票、公司债券、企业债券罪。特别是互联网金融中的股权众筹产品需要予以关注。

五、互联网金融的主要模式

主要模式见图 11—1。

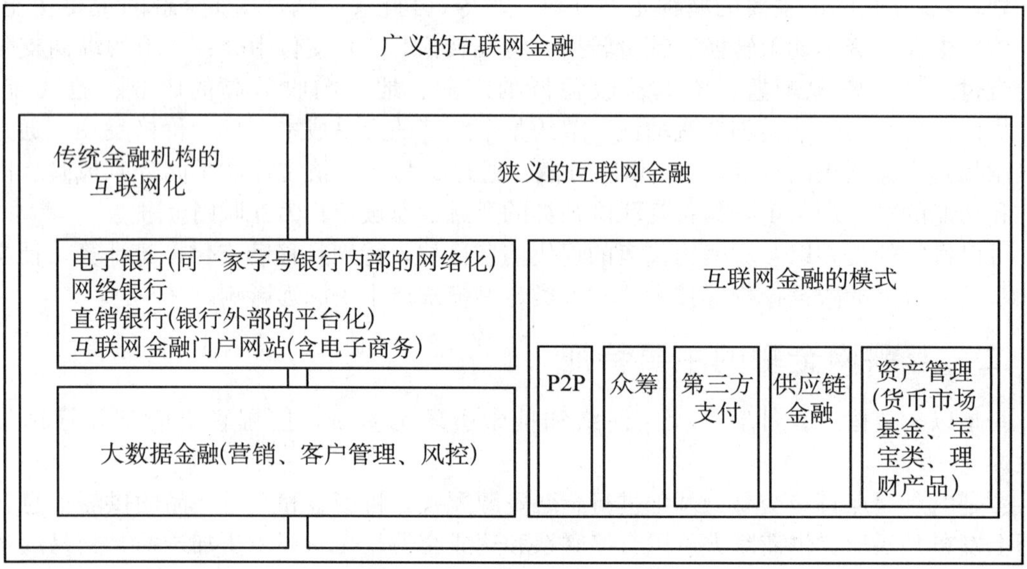

图 11—1　互联网金融模式图

广义的互联网金融模式包括了传统金融的互联网化和新兴的互联网金融。狭义的互联网金融模式包括了 P2P、众筹、第三方支付、供应链金融、资产管理（含货币市场基金）、大数据金融等。

1. P2P

P2P 是英文 Peer-to-Peer Lending 或 Person to Person 的简写，是指点对点、个人对个人的信贷平台，也有对等的交易关系的含义。因此在网络上当个人与机构之间借贷时，则不属于 P2P 模式。P2P 始于 2005 年的英国，2006 年在美国出现，中国最早的 P2P 是 2007 年由“宜信公司”开创的，目前它也是中国规模最大的 P2P 公司。

2. 众筹

众筹（Crowd Funding）的意思是大众筹资，是指通过互联网向特定或不特定的公众进行筹资的行为。特别是创意类项目的发起者通过在线平台向投资者筹集资金。众筹通常以股权、实物、作品、消费券、感谢等作为回报形式。众筹对“大众创业、万众创新”能起到孵化和发展的作用，对大众而言众筹是一种风险投资或天使投资。2012 年 4 月美国总统奥巴马签署了《2012 年促进创业企业融资法》(《JOBS 法案》)，允许小企业在众筹融资平台上进行股权融资，因此也带动了全球的互联网众筹。在中国，众筹是不能触动非法集资红线的一种新的商业模式。但其风险也比较多地集中在欺诈和非法集资上。

3. 第三方支付

第三方支付是指在商品和金融交易的双方之外，由第三方支付机构所完成的资金监管、托管行为和资金划付行为。第三方支付是随着电子商务的发展而产生的一种金融业态，这里的第三方支付特指非银行机构借助通信、计算机和信息安全技术，采用与各大银行签约的方式，在用户与银行支付结算系统间建立连接的电子支付模式。

4. 互联网平台的资产管理

它是指在互联网平台上提供较多的理财产品，起点低、种类多、可 T＋0 赎回、具有良好的流动性解决方案。用户可在消费、投资、保障等多功能产品中灵活转换。目前互联网金融平台是以货币市场基金为主，随着民营银行和网络银行的兴起以及金融改革的深入，资产证券化的产品也应运而生，将更多地为平民百姓提供多样化的理财产品，达到资产管理的目的。

5. 供应链金融

供应链金融是指把产业或行业上下游企业作为一个整体对象来对待，即多个企业在一个链条上完成生产或贸易，通过企业上下游间的信息流、物流、贸易流、信用流、资金流进行有效的整合，运用各种金融产品向链条中上下游的中小企业提供融资服务，盘活整个供应链。通常的做法是通过给一个核心企业提供信贷，辐射到它的上下游企业。特别像手机、电脑组装行业的供应链，当每个环节顺畅时，整个链条就有效。通过对核心企业应收账款的融资打通整个供应链，过去由银行在线下操作，现在越来越多的互联网公司在线上操作，因为有真实的贸易行为和背景，供应链金融的风险相对降低。

又比如，京东商城、苏宁的供应链金融模式是以电商作为核心企业，以未来收益的现金流作为担保，先获得银行授信，再为供货商提供贷款。

6. 大数据金融

大数据金融是指与金融大数据的收集、加工、分析、应用紧密联系的一种金融服务与应用模式。通过网络记录的真实行为数据，进行分析和研究，精准地进行战略规划、客户营销、经济趋势、消费倾向、信贷发放、风险控制、产品创新等一系列工作的预测和管理。

7. 金融互联网化

金融互联网化属于广义的金融，互联网金融的出现倒逼了传统金融的迅速变化，各家金融机构都加大了互联网化的投入，形成了“水泥＋鼠标＋手指”银行。水泥银行指网点银行，鼠标银行指网上银行，手指银行指手机银行。三管齐下，传统金融在追赶互联网金融的变革中丰富了银行的金融产品和服务。

六、传统金融与互联网金融的区别

两者的具体区别见表 11—1 和图 11—2。

表 11—1　　传统金融与互联网金融的区别

	传统金融	互联网金融
交易媒介	金融机构、网点	互联网平台并连接金融机构
销售方式	线下销售为主	线上销售为主
风控方式	线下调查	大数据方法，辅以线下调查
协议签订	当面签订、纸质协议	远程签约、电子合同

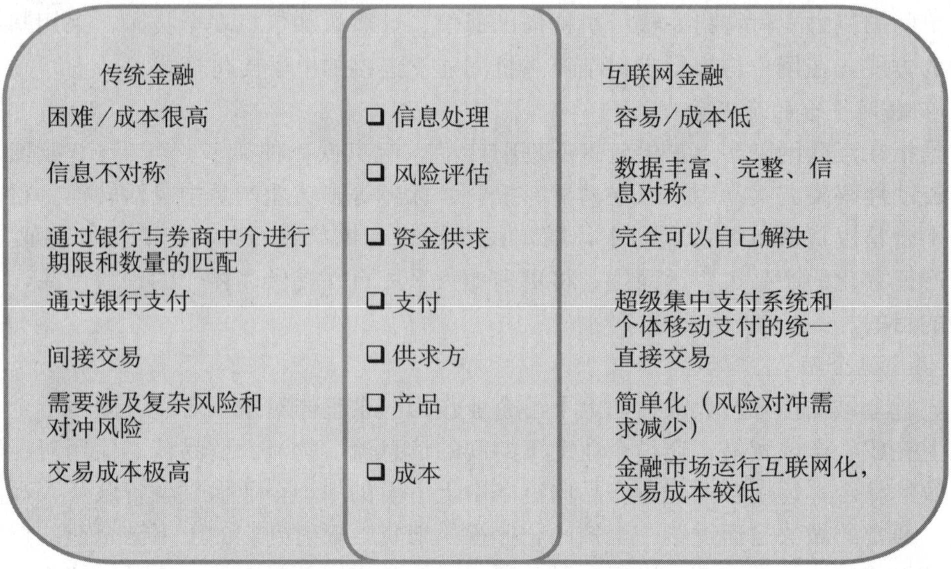

图 11—2　传统金融 VS 互联网金融

互联网金融对传统金融的冲击甚至颠覆是全方位的，主要体现在盈利模式、服务模式、目标客户、组织结构、管理模式、业务创新模式等几个方面。表 11—2 给出了互联网金融对传统金融的冲击。

表 11—2　　互联网金融对传统金融的冲击

	传统金融模式	互联网金融模式
盈利模式冲击	直接收费模式	免费模式
服务模式冲击	渠道服务、销售服务	平台服务、定制服务、综合服务
目标客户冲击	高端客户为主	碎片客户、“屌丝”客户、长尾客户
组织结构冲击	科层组织	扁平化、社区化、生态圈化
管理模式冲击	泰勒式科学管理	宽松式创新管理
业务创新模式冲击	销售产品创新	用户体验创新
产品推广模式冲击	广告宣传为主	客户流量转化
核心资源冲击	金融资源、渠道数量	数据信息

七、对互联网金融的监管

西方发达国家网络银行业务发展较早，对网络银行的风险监管已逐步探索出一整套较为成熟的经验和办法。比如美国基本形成了对电子商务、互联网交易乃至电子银行监管的法律框架。

各个发达国家对网络银行的监管主要包括市场准入、业务扩展管制、日常检查和信息披露等。美国、德国监管当局一般都要求网络银行接受日常检查，检查内容包括资本充足率、流动性、交易系统的安全性、客户资料的保密与隐私权的保护、电子记录的准确性和完整性等。

2015 年 7 月 18 日，中国人民银行等十部委发布了《关于促进互联网金融健康发展的指导意见》。该指导意见指出要落实监管责任，明确风险底线，保护合法经营，坚决打击违法违规行为。其中，互联网支付业务由中国人民银行负责监管；股权众筹融资业务由证监会负责监管；互联网基金销售业务由证监会负责监管；互联网保险业务由保监会负责监管；互联网信托业务、互联网消费金融业务由银监会负责监管。

该指导意见坚持以市场为导向发展互联网金融，遵循服务好实体经济、服从宏观调控和维护金融稳定的总体目标，切实保障消费者的合法权益，维护公平竞争的市场秩序，在互联网行业管理，客户资金第三方存管制度，信息披露、风险提示和合格投资者制度，消费者权益保护，网络与信息安全，反洗钱和防范金融犯罪，加强互联网金融行业自律以及监管协调与数据统计监测等方面提出了具体要求。

八、对传统金融与互联网金融业态的判断

将来标准化、大众化、规模服务的产品会更多地由网上银行和互联网金融来完成，取代传统金融网点服务和人工服务。而个性化、差异化、面对面的金融服务则要通过高素质的、和颜悦色的、给人春风拂面般和蔼感觉的银行客户经理与高尊贵感的银行网点来完成。

将来笔数多、金额小、更平民、更大众、更通用的金融产品将更多地交给网上银行或互联网金融销售。而笔数少、金额大、有更高价值的投资产品即更精英化、更顾问式、管家式的产品和服务将交给线下的银行客户经理来做，因此对银行的专业性要求将更高。

将来无论是“淘宝淘金”还是“金融触电”，传统金融与互联网金融都是主流与分支的关系，是共存、竞争和互补的关系，而不是颠覆和替代的关系。当然，可喜的是互联网金融以它的快速、高效、低成本、全天候、碎片化、高信息化的金融模式，倒逼了传统金融的进一步变革。总之，互联网金融是对主流金融的重要补充。

第二节 互联网金融中的支付与结算实践

一、中国的支付生态圈

中国特定的国情决定了第三方支付机构及其竞争者、合作者，以及商户、消费者/用户、政府、监管机构等利益相关者，构成了共生、互生的支付生态圈。在支付生态圈中，各机构各司其职、互利共存、资源共享、竞争合作，共同维持这个支付商业系统的延续和发展。支付生态圈的成员除了商户、消费者/用户以外，还有传统支付公司、创新型支付

公司、商业银行（以及证券等金融机构）、通信运营商、底层外包服务商、支付软硬件供应商、监管机构七大类（见图 11—3）。

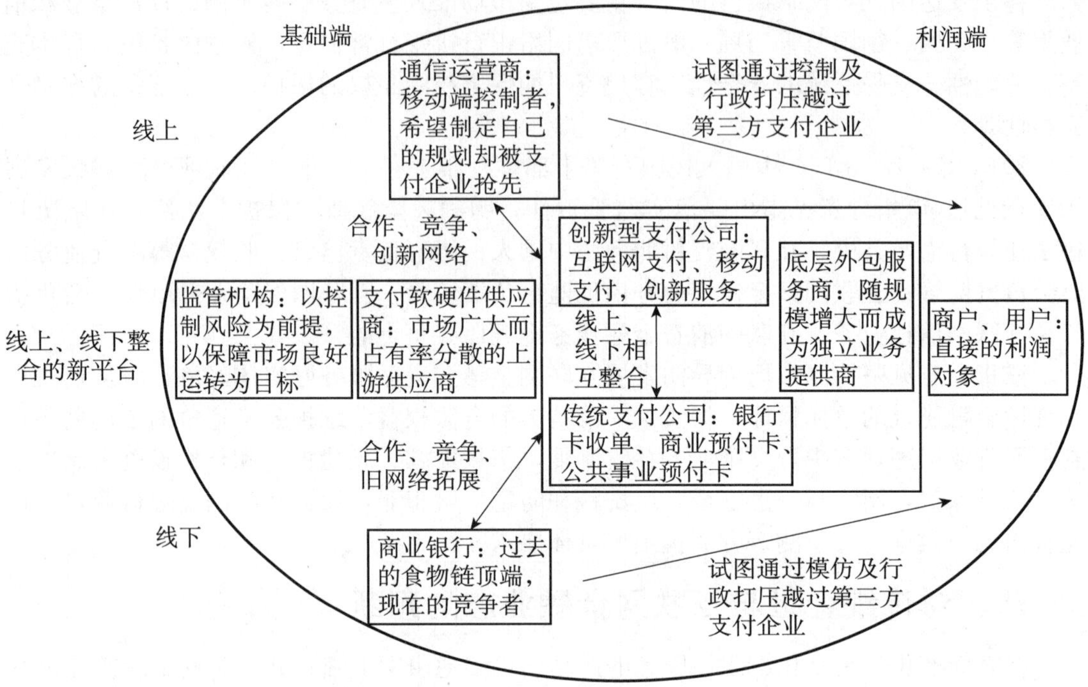

图 11—3　支付生态圈

资料来源：马梅等：《支付革命》，北京，中信出版社，2014。

二、中国创新型第三方支付机构

创新型第三方支付机构是互联网、移动互联网发展大潮席卷支付领域而催生的新兴力量。创新型第三方支付机构主要从互联网支付业务（含线上收单业务）发展而来，其特点是基于互联网技术创新，运用电子化货币甚至虚拟货币，面向中小微客户以及个人客户端，服务于 C2C、B2C、B2B 交易或电子社交媒体、电子娱乐等支付需求。互联网支付的开放式网络环境，争夺网上客户极为激烈的市场竞争，使创新型第三方支付机构成为支付领域中创新度最高的一员。

创新型第三方支付机构主要有三大类（见表 11—3）。

表 11—3　　　　　中国主要的创新型第三方支付机构

机构名称	成立时间（年份）	企业性质	平台/股东背景	定位及业务特点
支付宝 Alipay.com	2004	民企	阿里巴巴电子商务交易平台	提供独特的业务担保，并不断向金融领域拓展

续前表

机构名称	成立时间（年份）	企业性质	平台/股东背景	定位及业务特点
TENPAY.COM 财付通	2005	民企	腾讯社交平台	贴近QQ用户的基本需求，打造本地化生活服务平台，做生活好帮手，强调对用户个人生活的服务
腾讯微生活	2012	民企	腾讯社交平台	依托腾讯财付通开展微信支付
汇付天下	2006	民企	无	定位于金融支付公司，在基金零售领域和航空领域具有行业优势
快钱 99Bill.com	2005	民企	无	专业化的金融服务提供商，集中于细分市场、差异化竞争策略，在保险行业具有业务优势
UnionPay 银联 在线支付 Online Payment	1999	国企	无	银行卡网上交易转接清算平台，也是首个具有金融级预授权担保交易功能、全面支持所有类型银联卡的集成化、综合性网上支付平台
易宝支付 YEEPAY.COM	2003	民企	无	在教育、电信等行业具有专业化优势，电话支付业务领先
IPS 环迅支付	2000	民企	无	提供金融咨询、清结算、资金融通等一系列服务，国际业务优势明显
易极付	2011	民企	全球最大威客平台	独立的第三方支付平台，致力于提供“极易、极便捷”的互联网电子商务在线支持解决方案
拉卡拉 lakala.com	2005	民企	联想集团	便民金融服务的开创者和领导者，是中国最大的线下支付公司，是联想控股旗下金融服务板块的旗舰企业
钱袋宝 qiandai.com	2008	民企	无	为用户提供基于网络支付、手机支付等第三方支付账户管理平台，用户在钱袋宝网站上可以对自己的账户进行管理
乐富 lefu8.com	2011	民企	无	乐富网络旗下的综合电子支付平台，致力于为中国互联网提供“便捷、安全、快速、简单、快乐”的在线支付解决方案

资料来源：马梅等：《支付革命》，北京，中信出版社，2014。

第一类脱胎于成功的电子商务或电子社区、电子娱乐平台。例如产生于淘宝 C2C 交易的支付宝、产生于腾讯社交平台的财付通和腾讯微生活、服务于盛大网络游戏支付的盛付通，以及服务于全球最大威客网站的易极付等互联网第三方支付机构。

百度的百付宝、新浪的新浪支付也于近期获得第三方支付牌照。苏宁、京东等电商也在加紧布局第三方支付。例如京东商城收购了网银在线，以实现电商、物流、采购、商户、买家之间的现金流转。苏宁电器并购安徽华夏通，自己来进行原有与11家银行网银和第三方支付机构的网银接口开发。

第二类独立于电子商务或其他电子平台，专注于行业细分领域的互联网支付，如汇付天下、快钱等互联网第三方支付机构。

第三类是移动电子商务的发展催生的北京拉卡拉、钱袋宝、乐富这样跃入移动支付市场的机构。

三、支付宝的贸易结算流程

使用支付宝担保交易的网上流程如下（见图11—4）：

（1）预备步骤：买家需要注册一个支付宝账户，并将自己在某银行账户中的钱充值到自己在支付宝的账户中（此步骤不一定在交易的时候进行，买家在任何时候都可以为自己在支付宝的账户充值）。

（2）买家在网上订购商品。

（3）买家付款到支付宝担保账户：买家可以选择使用自己在支付宝账户中的余额支付货款，也可以选择使用自己在某银行的账户支付货款。利用支付宝支付方式，买家可以通过支付宝交易管理器查看账户和交易情况。

（4）支付宝确认收到付款后，通知卖家发货。

（5）卖家发货给买家。

（6）买家收到商品确认无误后，通知支付宝向卖家付款。如果货物有问题或没收到货物，可和卖家沟通，或向支付宝投诉，并可以申请退款（为保证交易的安全，支付宝有条件地履行付款义务）。

（7）支付宝将货款从担保账户转移到卖家在支付宝上的虚拟账户或卖家在某银行的真实账户。

（8）买家也可以将支付宝的虚拟账户中的钱转移到自己的银行账户中提现（此步骤不一定在交易阶段进行，买家、卖家在任何时候都可以将自己在支付宝账户中的钱提现）。

支付宝账户不仅提高了支付的便捷性和安全性，也极大地促进了电子商务和整个网络销售市场的发展。支付宝账户的基本功能有：一是集中收付功能；二是充值功能；三是担保功能。

四、快钱公司供应链融资平台支付结算流程

（1）下游经销商向IT制造核心企业赊销采购。

（2）IT制造核心企业向快钱供应链融资平台发出支付指令。

（3）快钱供应链融资平台将资产包发送给银行。

（4）银行将再保理融资款打给快钱供应链融资平台。

（5）快钱供应链融资平台将银行的再保理融资款打给IT制造核心企业。

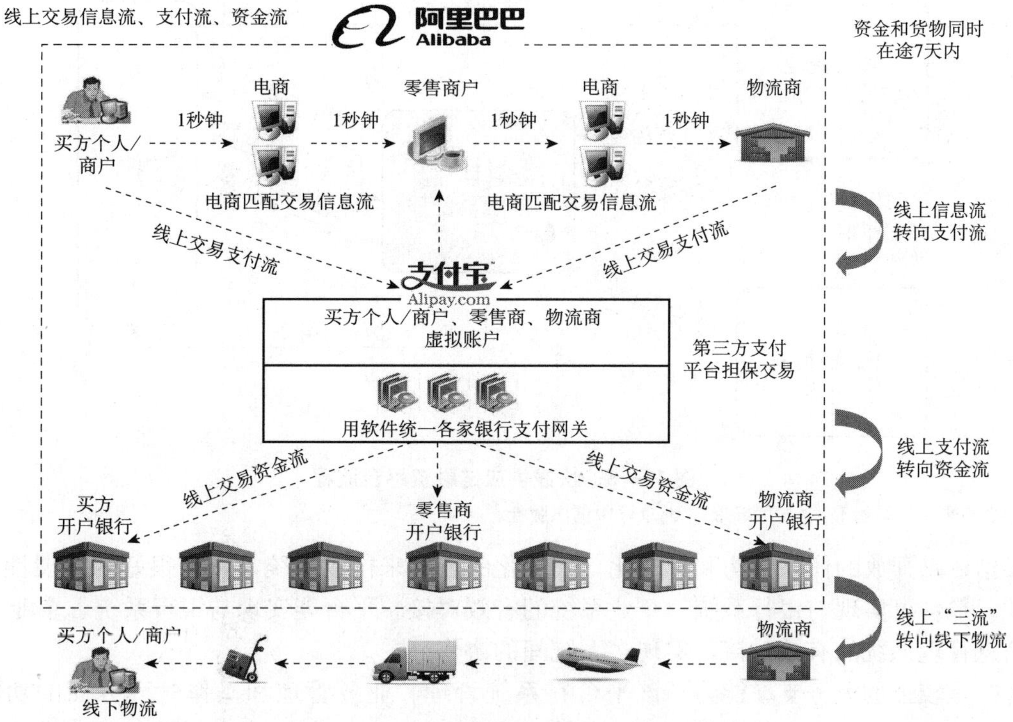

图 11—4　B2B/B2C 支付宝交易流程

资料来源：马梅等：《支付革命》，北京，中信出版社，2014。

（6）下游经销商将买方回款打给快钱供应链融资平台。

（7）快钱供应链融资平台向银行发出核销融资指令。

（8）快钱供应链融资平台将融资款本息支付给银行。

（9）快钱供应链融资平台将尾款支付给 IT 制造核心企业。

（10）若有，IT 制造核心企业将卖方回购款支付给银行。

快钱公司开展的供应链融资业务模式的本质是基于 IT 供应链上发生的逐笔应收账款保理。快钱公司依托自建的供应链融资平台，审查整条 IT 供应链（见图 11—5）。基于对核心厂商的信用实力以及供应链上下游信息的充分掌握，由快钱公司受让供应链成员企业间的采购、销售所产生的应收账款，根据应收账款的质量和金额给予对应的融资金额，从而为供应链上的企业提供金融产品和服务。该业务模式有以下两大特点：

第一，自偿性的供应链结构设计。快钱的供应链融资服务将 IT 供应链视为一个整体，根据供应链上下游企业之间的交易关系和 IT 分销行业特点设定融资方案。通过自偿性的结构化设计，利用风险分离技术，将资金投向对象与风险承担对象分离开来。这一服务创新实现了资金有效注入供应链上下游企业，解决了供应链中资金分配不平衡的问题。在完成对企业融资的同时，还使供应链内各个节点的关系更加紧密，稳定了供应链。

第二，兼容性、扩展性、集成性好的信息技术平台。快钱线上供应链融资平台采用国际先进的应用服务器和数据库系统，具有五大特性。

一是强大的跨系统协作性。该平台采用国际标准 Java2 平台企业版（J2EE）的整体技

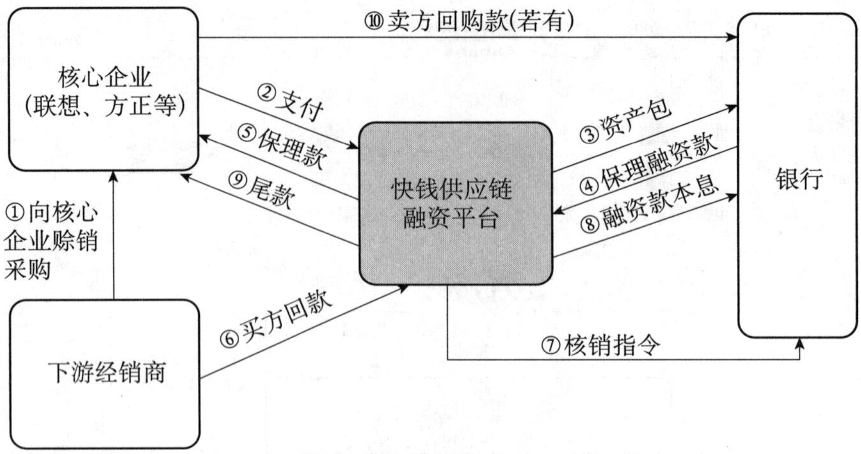

图 11—5　快钱供应链融资平台流程

资料来源：马梅等：《支付革命》，北京，中信出版社，2014。

术架构，以开放的体系结构和标准化、模块化的方式来构建系统，具备很好的扩展性和兼容性。平台可实现与银行系统、企业系统的有效对接。平台能实现与银行系统、企业 ERP 等信息管理系统的有效对接，实现多系统间的协作。

二是较强的业务支撑能力。该平台在系统管理、业务管理和操作管理方面的功能完整，能够有效支撑业务的顺利开展，提高操作效率，降低业务风险。平台采用模块化设计、参数化配置，业务品种配置灵活，可根据业务发展需要增加业务模块、扩展业务范围和功能。这有效支撑了业务创新和差异化市场营销。

三是灵活的报表管理。基于不同侧重点的业务数据统计要求，该平台开发了多种成熟的报表，以达到不需要人工统计就能对大量的数据信息进行统计及分析，对整个平台业务进行管理监督的目的。

四是完善的风险管理能力。在专业的额度控管方面实现了对交易和客户的有效额度控制及额度控管的动态、关联管理。有关额度控管的专业数学模型也经过了实践检验，日趋成熟。在业务操作过程中，系统还通过纠错机制来有效控制操作风险。

五是较强的数字安全技术支撑能力。支付信息的传输采用了 128 位的安全套接层（SSL）加密算法，整套安全体系完成了支付卡行业（PCI）安全标准委员会 PCI-SSC 的 PCI 数据安全标准 V1.2 的合规性评估，由美国甲骨文公司、VeriSign 数字安全公司和迈克菲网络安全公司提供即时、全面的安全服务，确保了交易资金往来的安全。

通过快钱供应链融资平台，IT 供应链上的上下游交易相关各方可登录平台提供的集成式管理界面，对涉及自身的应收账款转让、融资款发放、应收账款核销、尾款清分、账户管理、额度管控、账款催收等业务环节进行在线实时处理，并按照业务流程进行流转。平台还内嵌快钱支付清结算系统，为融资款发放、应收账款回款、尾款清分、融资款的闭环流动提供系统支持。

快钱供应链融资服务在 IT 分销行业的应用突破了时间、空间界限，有针对性地解决了 IT 分销下游经销商小、急、频的融资需求，为不同层次和不同地区的企业提供了金融服务。快钱供应链融资服务更看重应收账款质量、买家信誉、货物质量等，而非卖家资质，真正做到了无抵押和坏账风险的完全转移。平台简化了企业融资申请及审批环节，融资款项可随借随还，按实际使用时间计息，有效降低了企业的融资成本。

基于该平台合作银行在系统管理、业务管理和操作管理方面的完整功能，快钱供应链融资平台能够有效地支撑业务的顺利开展，提高操作效率，降低业务风险。

快钱供应链融资服务很好地把电子信息化技术手段与供应链融资服务相结合，在业务实施过程中能有效控制企业的资金流与信息流。根据需求，企业在生产销售过程中的融资款封闭流动防止了资金挪用，从而系统性地降低了企业的信用风险和道德风险。

参考资料

直销银行是互联网时代应运而生的一种新型银行运作模式，在这一经营模式下，银行没有营业网点，不发放实体银行卡，客户主要通过电脑、电子邮件、手机、电话等远程渠道获取银行产品和服务。因没有网点经营费用，直销银行可以为客户提供更有竞争力的存贷款价格及更低的手续费率。降低运营成本、回馈客户是直销银行的核心价值。

直销银行诞生于 20 世纪 90 年代末北美及欧洲等经济发达国家，因其业务拓展不以实体网点和物理柜台为基础，具有机构少、人员精、成本低等显著特点，因此能够为顾客提供比传统银行更便捷、优惠的金融服务。在近 20 年的发展过程中，直销银行经受了互联网泡沫、金融危机的历练，已积累了成熟的商业模式，成为金融市场重要的组成部分，在发达国家直销银行业的市场份额仍在不断扩大。

参考资料

网络银行（以阿里巴巴为例）

阿里巴巴组建的民营银行是纯粹的网络银行，它将对接阿里小贷和其他金融服务。网络银行主要借助互联网开展业务，借助各种平台和流量端口获得客户。它可以在任何时间、任何地点、以任何方式为客户提供服务，因此也被称为 AAA（Anytime、Anywhere、Anyway）银行。

笔者认为阿里巴巴发展网络银行是有它的优势的。第一，与传统银行相比，阿里巴巴的海量网络客户是一座金矿。对阿里巴巴这样一个存在明显的网络效应的互联网商业模式来讲，网络效应的巨大威力使已经积聚了海量客户的互联网商业平台可以轻松地植入金融服务。

阿里巴巴的金融业务发展路径很清晰。它开始于最初的网络平台（阿里巴巴、淘宝、天猫）。由于电子商务业务需要便捷的网络支付工具来支持，阿里巴巴推出了支付宝。随着电子商务平台的扩大，自然又衍生出融资需求，从而产生了阿里小贷。由于支付宝中有大量闲置资金，于是阿里巴巴与天弘基金合作推出了余额宝。

从这个发展路径我们可以看出，阿里巴巴做纯网络银行一个最大的优势就是阿里巴巴的各种网络平台上的巨大存量客户资源。阿里巴巴聪明地运用了这些既有资源，并加以适度的营销宣传，吸引了更多的客户加入到它庞大的网络中。所以，就像阿里小贷、支付宝、余额宝一样，网络银行对于阿里巴巴来说，也是水到渠成、顺理成章的一件事。

第二，海量网络客户使得阿里巴巴可以在很短的时间内向大量中小投资者或储户提供现有银行所不能提供的相关服务。互联网公司业务发展迅速，其重要特点是可以覆盖到广大的受众人群，且每人涉及的资金也不是很多。传统银行更注重服务少数的个人（比如高净值储户）和少数的企业（比如大规模、高收益的企业），却忽略了大量中小储户，尤其是小储户。而通过互联网金融，能够快速覆盖到很多人。

因此，如果网络银行能够提供良好的产品和服务，那么它可能会在很短的时间内发展到很大的规模。

第三，阿里巴巴的大数据使得它拥有大量消费者的信息。支付宝具有上亿的消费者信息，阿里巴巴可以通过这些信息掌握消费者的消费习惯。很多国外的研究发现，如果一类人群的消费是很有计划的、不铺张浪费的，向这类人贷款实际上风险是很小的。

因此，要预测贷款人的行为，预测贷款人最后是否会违约、是否会破产，实际上看他平时的消费行为就可以了。而小微企业的行为则是由个人行为构成的，如果你能够掌握消费者的信息，当这个消费者成立了小微企业并需要贷款的时候，现在掌握的消费信息在预测企业违约可能性上也将会非常有价值。

第四，在美国，商业银行三分之二的贷款并不是企业贷款，而是个人贷款和家庭贷款，其中最大的一方面就是住房按揭贷款，以及信用卡或者消费贷款。在这方面中国有很大的潜力。尤其像阿里巴巴和腾讯，它们掌握了大量的个人消费信息，可以在这方面做得更好，这就是差异定位。现在的大银行在这方面做得还远远不够。

阿里巴巴的纯网络银行迄今在国内外都没有先例。纯网络银行是否符合我国现有的国情，笔者认为有待商榷。金融是跨期价值交换，金融交易的成功需要交易双方的信任。金融的本质决定了银行不能没有网点，因为在出现问题、需要服务的时候，人们都想要去一个看得见、摸得着的网点得到服务。中国人如今普遍缺乏诚信，亲朋好友都不一定敢借钱。

网络银行的不足之处是，很难想象人们会把辛辛苦苦赚来的钱投资给看不见、摸不着的网络银行。单纯的互联网界面虽然能带来便利，但却不增强信任。虽然网络银行可以省去做传统物理性网点的成本，但没有物理网点可能意味着金融交易难以发生。

另外，网络银行令违约和欺诈的风险大大增加。互联网金融产品在普及面、广泛度方面发挥作用的同时，欺诈空间也增加了。在对大数据的运用上，还没有一家公司能用大数据为金融资产风险定价，最多只是做一做精准营销。网络银行现在还不能做到不需要与客户见面，也不需要实地考察，更不需要抵押担保质押来为资产风险定价。

目前，纯网络银行模式在我国属于新兴事物，在法律监管方面还处于真空。笔者认为，发展网络银行的环境、机制尚未成熟。民营网络银行能否成功诞生、生存，且拭目以待。

注：本文作者朱蕾介绍：美国哥伦比亚大学商学院博士。上海交通大学高级金融学院教授、波士顿大学管理学院教授。曾任波士顿著名咨询公司经理。

参考资料

网络银行是技术引领创新、互联网思维传播发展的产物，也是互联网金融造成支付脱媒、融资脱媒、信息脱媒之后在更高层次回归银行业，因此不会复制实体银行“水泥+鼠标”（设立营业网点，同时提供网银、电子渠道服务）的发展路径，而是一个拥有合法商业银行身份的互联网企业。2014 年，银监会批复深圳前海微众银行、温州民商银行、天津金城银行、浙江网商银行、上海华瑞银行进入筹建阶段。从目前已披露信息及发起人股东的行业背景来看，深圳前海微众银行、浙江网商银行将会沿着互联网金融的道路，发展成为没有营业网点的网络银行。网络银行“轻资产、重服务”的发展模式所产生的鲶鱼效应、示范效应，将对中国银行业及其监管模式产生深远影响。

网络银行具有广阔的发展空间

1995 年 10 月 18 日，世界上诞生了第一家网络银行——美国安全第一网络银行（SFNB，Security First Network Bank），完全在互联网上提供银行非现金服务，但此后网络银行并未如人们预期的那样成为银行业的主流。2013 年，互联网金融浪潮席卷中国，说明互联网企业已成功探索到可持续发展的金融服务模式，网络银行作为互联网行业应用发展到一定阶段和规模的产物，并非“早产儿”。作为互联网原住民的“90 后”，平均网龄达 7.53 年，日均上网时长达 11.45 小时，已经进入社会，正源源不断地充实网络银行的用户队伍。2014 年 9 月 19 日，阿里集团登陆美国股市融资 250.2 亿美元，创造了全球史上最大规模的首次公开募股（IPO），成为中国互联网经济、互联网金融发展历程的里程碑。种种迹象表明，中国网络社会已经形成，互联网金融前景广阔。

为了规范网上支付业务，中国人民银行已把支付机构纳入监管范围，从 2011 年 5 月 18 日到 2014 年 7 月 15 日，合计颁发了 269 张支付业务许可证，支付机构获得了从事获批复业务的合法资质，互联网支付、理财、融资活动蓬勃发展。2013 年，我国互联网支付规模达到 5.37 万亿元。阿里小微金融服务集团在支付宝的基础上相继推出小贷、余额宝、招财宝、娱乐宝等系列产品，建立了全国性金融网络（包括 163 家中外资银行），形成了一个完整的银行业务和代理金融业务链条，占据非金融支付约 50%的市场份额。与此同时，财付通也挟其微信支付占据了非金融支付 20%以上的市场份额。可以说，脱胎于支付机构的两家网络银行，已实际拥有可持续发展的商业模式。

就银行业务本身而言，支付机构、网络银行并不会比实体银行做得更好，这也是国外网络银行发展不理想的重要原因之一。但在工业化与信息化融合发展、电子商务成为第三产业发展重点的大背景下，网络银行拥有雄厚的业务基础。中国的支付机构背靠成体系的电子商务企业，形成了“客户—服务—平台—合作伙伴”的生态圈，“网融结合”的运营模式大为流行，存贷汇业务成为嵌套在整个供应链中的不可替代的场景和操作。

网络银行的发展模式

网络银行、实体银行都高度依赖于网络设施，其差异并非使用网络设施的多与少，也并非依赖网络设施的深与浅。实体银行奉行外延扩张路径，以机构和资本规模带动业务规模，形象的描述就是“设网点、通汇路、拉存款、放贷款”，并建立一系列与之相适应的机构、员工、业务、风险管理体系。实体银行推出网上银行，是运用互联网等新技术改进现有产品和服务的提供手段与渠道。网络银行则是运用互联网思维“重新设计”适合网民使用的产品与服务，所有的组成要素均围绕网络活动（即网络空间和物理空间的映射关系）来布局和运营。与实体银行相比，网络银行具有以下显著特点：

（1）轻资产运营布局。

不设营业网点。除了少数办事机构、体验性网点之外，网络银行不以大楼、网点作为实力和信用的标志，不以客户经理作为联系客户的纽带，一步到位直接成为全国性银行，减少或向合作伙伴外包同“现场与实物”相关的现金、凭证、合同等服务，以视频交流取代面谈、面签、面查等环节。

重点发展中间业务。存款立行、早放贷早收益一向是实体银行倚重的法宝，全国性商业银行75%以上的利润来自利差收入。网络银行则实行服务立行，重视发展中间业务和小贷业务（“贷短，贷小，贷分散”），以同业存款“消耗”富余资金并换取合作伙伴提供各种服务。

线上开立电子账户。网络银行采用业内俗称为“弱实名制”的做法：用影像识别软件比对开户人上传的身份证影像和人脸影像、个人预留公安部照片三者的一致性；依托合作银行绑定银行卡（账户）并完成转账操作；记录客户终生不变的生物特征数据（包括人脸、虹膜、声纹、指纹、掌纹、心率等）。

拥有强大的技术团队。技术能力和创新思维是网络银行的两大支柱，是其与传统银行业竞争的利器。如同科技企业一样，网络银行尤为重用技术人员，持续开展前沿技术研究，以技术能力支撑其运营能力和管理能力，而且将技术能力转化为可输出、可盈利的软件产品和技术服务。

（2）实施生态圈发展策略。

建立垂直支付链。电商圈包括社交、娱乐、资讯、餐饮、旅游等各种业态（网民活动），网络银行抽取其中的支付、理财、融资需求及场景，并提供便利的技术实现手段，将电商圈积聚的流量（注册网民与业务规模）导向金融圈。反之，金融圈又为电商圈实现人与人、人与硬件、人与服务的连接和O2O（线下与线上）业务转化提供无缝连接的服务。2014 年 10 月 16 日，阿里集团宣布启动“千县万村”计划，将在 3～5 年内投资 100 亿元在全国建立 1 000个县级运营中心和 10 万个村级服务站，由此将衍生出大量稳定的银行业务。

建立全国性金融网络。借助支付宝、财付通等支付机构打下的基础，网络银行很快就可以建成全国性金融网络，向实体银行以及保险、证券、期货、信托等公司推送交易，以从业者或代理者身份开展各种跨机构、跨行业的业务。更重要的是，网络银行很有机会发展成为一个支付清算组织，或聚集金融机构、非金融机构形成产融结合、协同创新的群众性组织。

构建互联网金融门户。互联网领域面向海量用户，特别是针对互联网“原住民”，马太效应十分明显，一般规律是每个细分市场前 3 家占有超过一半的市场份额、前 10 家占有 9 成以上的市场份额。网络银行抢占先机，将大量金融产品聚集在一起，有对比、有选择，“成行成市”效应将十分明显。

（3）立足需求端设计产品。

业务门槛较低。网络银行利用技术投入具有边际成本递减的特点，降低业务门槛，扩大用户基础，做大交易规模，特别是可以吸引到“长尾”用户。更进一步，则是提供技术或设备支持，在网上为用户提供收付款、进销存管理、财务管理、信用贷款、移动办公的集成服务，从而深度“绑住”用户。

嵌入增值和定制服务。增值服务是网络银行重要的收入来源，它们以低价或免费的跨行还款、转账、缴费等基本服务为基础，做实用户流量，针对一些特殊场景提供增值服务。例如，针对分类客户群体提供定制服务，包括大额收付款、一对多批量付款、国外购物退税等；提供无抵押、短期、小额贷款，甚至开展具有创造货币性质的“白条”透支服务。

以手机钱包为服务手段。据统计，截至 2014 年 6 月，中国手机网民规模达到 5.27 亿，手机上网比例为 83.4%，首次超越个人计算机的上网比例（80.9%），成为第一大上网终端。随着 4G 时代的到来，手机成为“网络银行—业务—客户”之间的载体，“手机银行”将从立足客户数据向立足客户体验、客户服务转变。

（4）大数据的处理模型。

开展精准营销。在互联网时代，数据已经成为银行的重要资产。基于云计算的大数据分析以及机器学习能力，是网络银行目前明显领先于实体银行的技术特点和商业优势。实体银行长于结构化数据的统计，建立涵盖客户、账户、产品、交易、管理数据的“银行业务数据管理体系”，用于银行业务管理。网络银行长于非结构化数据的关联分析，进一步补充建立“客户行为数据管理体系”，用于发掘客户需求、预测用户风险偏好，从而开展精准营销。

提高运营效率。大数据分析可以挖掘众多与用户信用相关的信息（例如，常去高档场所消费、拥有高级游戏装备的人群往往具有较强的经济实力，长期使用同一个 IP 地址或网购地址的人工作更稳定），而不是仅仅盯住已经发生的交易记录、违约率和违约损失率，从而规模化推行非现场身份验证、小额信贷快速审批、直通式交易处理，显著减少人工干预和事后稽核，并运用“大数法则”评估和控制潜在风险。其中，大数据分析对目前实体银行以信贷、授信还款记录为主的客户征信是一个重要补充，对首次申请信贷客户的征信将发挥重要作用。

提供云计算服务。网络银行将延续互联网企业的技术路线，采用个人计算机服务器的“分布式”技术架构，与实体银行采用高端服务器的“集中式”技术架构相比，成本更低，横向扩展性和容错性更好。支付宝在 2014 年“双十一”的交易峰值达到创纪录的 285 万笔/分钟，完全可向社会提供技术、数据服务。“网络银行卖技术”将改变银行业长期以来买技术的传统。

加强对网络银行的监管

修订现有监管规则。网络银行是金融与科技融合、创新的产物，其物理布局、运营方式、风险表现、发展思路都和实体银行存在差异。现有的监管规则（包括《中华人民共和国商业银行法》以及各种业务管理规定、技术指引）以及监管模式都需要按照“审慎研究、包容发展、保持平稳”的原则进行修订、调整，既为网络银行的创新留下空间，又在整体上保持银行体系的稳定发展。

建立新型监管模式。面对金融互联网化的趋势，监管模式由机构监管向功能监管发展，由合规性监管向风险性监管发展，审慎性监管与行为监管相结合已成为共识。创新既意味着探索，也可能是监管套利，风险的未知性、复杂性、隐蔽性都有所提高，简单如转账快捷交易，复杂如股票高频交易，均需要进一步从操作层面建立监管方法论。一是明确风险兜底原则。为了防止网络银行开展“发散式”创新、脱离实体经济需求的创新并将创新风险转嫁给社会，有必要明确网络银行的风险管理主体，引导其开展与其风险管控能力相匹配的创新，从而保护金融消费者的权益。二是完善统计监测指标体系。资本充足率、拨备、杠杆率、流动性等传统监管指标仍然适用于网络银行。为满足风险评估与测算需要，必须补充“网络银行影响力与风险度量”指标，初步考虑因素包括覆盖面（主要包括注册用户数、活跃用户数、联网机构数）、交易规模（主要包括交易金额/全国GDP、交易金额/社会零售商品总额）、服务能力（主要包括笔均支付金额、笔均贷款金额等）、赔付规模（主要包括赔付笔数与金额、赔付原因、赔付率）等。

统筹谋划银行卡市场的发展与监管。一是明确网络银行加入大额支付系统。目前，全体商业银行均加入中国现代化支付系统（包括大额支付、小额支付、网上支付跨行清算、电子商业汇票、支票影像交换等系统）。网络银行至少应加入大额支付系统，从其在中国人民银行开立的清算账户中逐笔实时完成跨行大额支付、紧急小额支付的资金清算。这一安排有利于中国人民银行测算金融市场的流动性、畅通货币政策传导机制。二是监管重点定位为保护消费者权益。网络银行不可避免地会与中国人民银行清算总中心、中国银联、农信银资金清算中心、城市商业银行资金清算中心发生竞争。同时，大型商业银行可能以互联方式建立支付清算网络，市场主体也会与国际银行卡组织、境外汇款机构开展合作。中国人民银行只有站稳了保护消费者权益的立场，明确风险底线的具体内容，才不会被所谓的“支付乱象”所迷惑。三是研究网络银行发卡的问题。近年来，中国人民银行大力推动银行磁条卡芯片化迁移工程，引导以芯片卡为基础的手机近场支付（即NFC），突破技术壁垒，实现线上与线下支付工具的融合发展。今后，如果网络银行发行独立品牌或国外品牌的实体卡或虚拟卡（例如二维码银行卡），显然会引起银行卡市场的结构性变化。在一个多银行卡品牌的市场上，中国人民银行有必要将部分涉卡管理权限“还给”银行卡组织，由其加强对发卡行、收单机构的管理和约束。

结束语

与金融制度改革带来的创新不同，网络银行是技术引领的创新，是互联网行业基于网络思维从事业务、基于电子商务拓展空间、基于资本市场壮大实力，其发展可以概括为“依托新技术，铸造新平台，面向新生代，创造新模式”。互联网将与利率市场化、人民币国际化一样，深刻影响中国银行体系的发展路径，并正在引导和带动金融要素市场的网络化以及数据化。当前，各种创新此起彼伏，对创新风险的识别、监测、管控需要一个过程，监管部门应尽快建立有效的监管框架，为创新提供正向激励，推动网络银行围绕服务于实体经济、解决融资难融资贵问题开展创新，推动银行业加强技术储备持续创新，把握好创新风险和金融稳定的平衡，从而塑造一个充满活力的现代银行体系。

在世纪之交，随着互联网（Internet）在全球范围内的迅猛拓展，电子商务风起云涌。银行作为电子贸易不可缺少的服务机构，担负着完成电子货币的支付和清算的重任。世界银行业正进入一个新的黄金发展期，网络银行（Internet Bank）正蓬勃发展。

建立在Internet基础上的网络银行是以逼真的虚拟银行大楼、服务大厅、业务房间和走廊等三维立体空间概念设计而成的，使客户具有亲临现场的感觉，且服务质量极高。

目前，网络银行发展的模式有两种：一种是完全依赖于Internet发展起来的全新电子银行；另一种是在现有的传统银行基础上，运用公用互联网服务，开展传统银行业务交易处理服务，通过其发展家庭银行、企业银行等服务。

网络银行是对现有银行专用网的延伸和对银行传统业务方式的补充，银行只需增加路由器、服务器等软、硬件设备，不必另外投资租用通信线路，就能把自己的网络延伸到客户的办公室或家里，弥补传统银行业务中营业网点少和营业时间短的不足。

网络银行的实质是为各种通过 Internet 进行电子商务活动的客户提供电子结算手段。网络银行的特点是客户只要拥有账号和密码，便能在世界各地与 Internet 联网，进入网络银行处理个人交易。在网络银行中，客户除了能办理储蓄、转账等简单业务和信用卡、证券交易、保险、付款申请等业务以外，还可以查询各种银行信息及根据实时数据进行现金分析和财政状况分析，而且在不受干扰的情况下，24 小时随时随地尽情浏览。

1996 年 6 月，美国的安全第一网络银行建立了全球第一家无任何分支机构的网络银行，在开业短短的几个月里，就有近千万人次上网浏览，给金融界带来了极大的震撼。随后各地都纷纷在网上开设银行。1997 年末中国香港的浙江第一银行正式推出较全面的国际互联网络服务系统，成为中国香港第一家推出网上服务的银行。

网络银行的最终目标在于推出全方位的金融服务，存款、取款、贷款以及汇兑、代收等服务都在 Internet 上实现，乃至实现与其他金融机构连接的虚拟银行。它使得客户可以不受银行营业地点的限制，从而形成一个融银行账户和银行自身于一体的全开放银行体系，促使社会向“无现金、无支票”方向发展。

对于“信用重于一切”的银行来说，网络银行的安全尤为重要。对于网络银行来说，信息安全涉及数据与存取控制、数据的加密传输、身份认证等关键技术。

网络银行的出现向传统银行发起了挑战，成为银行最便利的服务手段。网络银行无须“自助银行”及“无人银行”的固定场所，省掉了自动柜员机（ATM）等价格昂贵、维护频繁的银行设备，客户只需要输入用户名及密码便可进入系统。因此，未来有形银行的营业网点将大量减少，那种传统大银行引以为豪的星罗棋布、遍及全球的分支机构将来恐怕只能成为“摆设”了。

就知名的网络银行而言，国外有安全第一网络银行（http：//www. sfnb. com）、美洲银行（http：//www. bankamerica. com）等，国内有中国银行（www. bank-of-china. com）、招商银行（www. cmb. com. cn）和中国建设银行（www. ccb. cn. net）等。

注：本文作者为中国人民银行科技司司长王永红。

本章小结

本章重点阐述了互联网金融的含义、互联网金融诞生的背景、互联网金融的主要特征和它在经济发展中的作用及风险。本章的重点是互联网金融的模式，以及它与传统金融的区别。在此基础上，描述了互联网支付结算的流程模式。本章的参考资料动态地反映了还在发展的互联网金融和一些新的概念及理念。货币结算的互联网化、第三方化、线上线下化带来了贸易、非贸易结算上投融资的突破，引发了互联网金融的迅猛发展，而且这种发展还没有停止，随着水泥（银行网点）＋鼠标（网上银行）＋手指（手机银行）的发展，货币结算和金融服务会变得更加快捷和方便。

本章关键术语

互联网金融	传统金融	第三方支付	P2P
众筹	供应链金融	大数据金融	支付生态圈

本章思考题

1. 简述互联网金融的含义。
2. 简述互联网金融的特征与风险。
3. 互联网金融有哪些主要模式？
4. 什么是大数据金融？
5. 简述对互联网金融的监管。
6. 第三方支付机构的类型有哪些？
7. 如何正确看待传统金融与互联网金融这两种金融业态？

本章练习题

一、填空题

1. 互联网金融是______精神与______功能的融合。

2. 互联网最主要的精神是______、______、______、______。

3. 金融的主要功能有______、______、______、______、______、______。

4. 以互联网为代表的现代信息技术主要指______、______、______、______，它们对现代经济产生了深远的影响。

5. 将来______、______、更平民、更大众、更通用的金融产品将更多地由网上银行或互联网金融操作。

6. 将来______、______、有更高价值的投资产品将由线下的银行或金融机构操作。

7. 互联网金融具有快速、高效、______、______、______、高信息化的特征。

8. 网络银行被称为 3A 银行，3A 即______、______、______。

二、选择题

1. 互联网金融中的 P2P 模式是指（　　）。

A. 个人对个人的信贷平台　　B. 公司对公司的信贷平台
C. 公司与个人的信贷平台　　D. 以上都不对

2. 对互联网金融“众筹”模式的正确表达是（　　）。

A. 一种非法集资活动　　B. 一种风险投资活动
C. 一种大型企业的融资活动　　D. 一种网上的游戏

3. 中国互联网第三方支付结算特指（　　）。

A. 银行间货币结算平台　　B. 商家间直接货币结算平台
C. 银行与企业间货币结算平台　　D. 经央行批准的非银行机构结算平台

4. O2O 是指（　　）。

A. 办公室对办公室　　B. 门到门
C. 线上与线下　　D. 开放与封闭

练习题参考答案

第一章　国际贸易结算导论

一、1. 支付工具　划账冲抵
　　2. 票据　单据　银行
　　3. 协定贸易结算
　　4. 货物单据化　所有权

二、1. F　2. F　3. T　4. F　5. F　6. T

三、1. A　2. C　3. A　4. C

第二章　国际贸易结算工具——票据

一、1. 拒付　退票
　　2. 2007 年 4 月 3 日
　　3. 商业本票　银行本票
　　4. 银行汇票　商业汇票
　　5. 光票　跟单汇票
　　6. 非票据义务人　义务　被保证人

二、1. F　2. F　3. F　4. T　5. F　6. F

三、1. B　2. B　3. D

第三章　国际贸易结算方式——汇款

一、1. （1） remitter （2） payee （3） remitting bank （4） paying bank

2. （1） outward remittances （2） inward remittances

3. （1） T/T （2） M/T （3） D/D

4. （1） chips （2） fed wire （3） bank's internal payment by book entries

5. （1） mail advice （2） payment order

6. （1） banker's cheque （2） bank's promissory note

7. on center

8. （1） goods sold （2） selling on consignment

9. 略

二、1. T　2. T　3. F　4. T　5. F　6. F

三、1. D　2. B　3. A　4. A　5. C　6. A

第四章　国际贸易结算方式——托收

一、1. acceptance　payment

2. bills of exchange　invoices

3. （1） clean （2） documentary （3） direct

4. （1） principal （2） remitting bank （3） collecting　presenting （4） drawee

5. collection instruction　URC 522

6. blank　special

7. address　presentation　address

8. （1） payment　D/P （2） acceptance　D/A

（3） tenor draft （4） paid at sight　acceptance

（5） signed trust receipt （6） promissory notes

（7） letter of undertaking

9. （1） collection bills purchase

（2） advance against collection

（3） accommodation bills for discount

（4） trust receipt

10. 略

二、1. T　2. F　3. F　4. T　5. T　6. T　7. T　8. F　9. F　10. F

第五章　国际贸易结算方式——信用证

一、1. 有条件
2. 代理行
3. 背对背信用证
4. 信用证的有效期内
5. 符合信用证条款规定的单据
6. 开证行
7. 受益人提交的单据
8. 进口商/申请人
9. 第一性的
10. 偿付行

二、1. F　2. T　3. F　4. T　5. T　6. F　7. F　8. T　9. T　10. F

三、1. B　2. C　3. A　4. C　5. B　6. D　7. B　8. B　9. C　10. B　11. A　12. D　13. A　14. A　15. A　16. D　17. B

四、1. C　2. B　3. C　4. C　5. D　6. A　7. C　8. C　9. D　10. B

五、1. 分析：BANK1 的拒付理由成立。因为此份信用证规定的有效期到期地点是在法国的开证行，而不是通知行中国银行江苏省分行。在本案中，中国银行江苏省分行仅仅是寄单行，甲公司将单据在有效期内交给寄单行并不能满足信用证的要求。对于这种境外到期信用证，甲公司应该在至少一个邮程（至少 5 天）前将单据交给寄单行中国银行江苏省分行，这样，单据才能在有效期前到达开证行柜台。

2. 分析：从理论上来说，由于信用证支付方式是银行信用，开证银行承担第一性付款责任；信用证项下的付款是一种单据买卖，因而，只要受益人提交的单据符合信用证的规定，开证行就应履行付款义务。本案中，尽管我方出运前获悉开证申请人已经倒闭，但因有开证行第一性的付款保证，所以，如果我方根据信用证的规定装运出口，及时制作一整套结汇单据在信用证的有效期内提交相关银行，是可以获得支付保证的。但是，从实务的角度来看，信用证尽管是开证银行承担第一性付款责任，但是信用证项下的款项最终是来自进口商的支付，在进口商已经倒闭的情况下，开证行势必要百般挑单，即使出口商有绝对把握单据质量无从挑剔，遇到开证行无理挑单，在货物已经出运，可能面临高额的滞港费用及其他费用的情况下，进行一项跨国诉讼也是一项吃力的事情。因此，出口商在这种情况下必须谨慎从事，在进口国没有办事处不能方便处理货物的情况下，贸然发货风险很大。

3. 分析：开证行拒绝有理。我方要求开证行拒付，实质为撤销信用证，而不可撤销信用证未经有关当事人同意不得撤销。除非单证不符，否则开证行必须付款，不管货物是否与合同相符。有关品质与合同不符，进口方应直接向出口方索赔。

第六章　国际贸易结算方式——银行保函

一、1.《国际备用信用证惯例》(1998 年)

2. 投标人　中标人

3. 银行信用　交易活动

二、1. F　2. T　3. F　4. F　5. F

三、1. AB　2. D　3. D　4. B　5. A　6. D

第七章　国际保理与包买票据

一、1. 资信调查　信用额度

2. 销售分户账管理　债款回收　信用销售控制　坏账担保　贸易融资

3. 国际单保理　国际双保理　三个当事人　四个当事人

4. Assignment　Issuing credit note

5. factor　importer

二、1. T　2. F　3. T　4. T

三、1. ABCD　2. ABCD　3. CD　4. B　5. AEF

第八章　国际贸易融资方式

一、1. 银行　进口商

2. 信用证（仅供参考）

3. 货到付款（仅供参考）

二、1. F　2. F　3. T　4. F

第九章　国际贸易结算中的单据

一、1. 商业发票

2. 卖方　索取货款

3. 已装船提单　待运提单

4. 大保单

5. 商品检验证明

二、1. C　2. B　3. B

第十章　国际贸易结算风险管理

一、1. T　2. T　3. F　4. T　5. F

二、1. ABCEF　2. C

第十一章　互联网金融与结算

一、1. 互联网　金融

2. 开放　平等　协作　分享

3. 信用中介　支付中介　资源配置　货币创造　价格发现　风险分散

4. 移动支付　云计算　社交网络　大数据

5. 笔数多　金额小

6. 笔数少　金额大

7. 低成本　全天候　碎片化

8. Anytime　Anywhere　Anyway

二、1. A　2. B　3. D　4. C

参考书目

1. 冯勤等. 国际贸易结算实务与风险防范. 太原：山西经济出版社，1996
2. 李晓洁，徐曙娜等编著. 国际贸易结算. 上海：上海财经大学出版社，2003
3. 林孝成. 国际结算实务. 北京：高等教育出版社，2004
4. 庞红，尹继红，沈瑞年编著. 国际结算. 北京：中国人民大学出版社，2015
5. 史万钧. 外汇业务案例选. 上海：复旦大学出版社，1999
6. 苏宗祥，景乃权，张林森编著. 国际结算. 3 版 . 北京：中国金融出版社，2004
7. 中华人民共和国海商法.
8. 庞红，刘震 . 国际结算 . 北京：中国人民大学出版社，2008
9. 马梅，朱晓明，周金黄，季家友，陈宇 . 支付革命 . 北京：中信出版社，2014
10. 吴晓求等 . 互联网金融——逻辑与结构 . 北京：中国人民大学出版社，2015